PRIMER TIEMPO

MAURICIO MACRI

PRIMER TIEMPO

HISTORIA PERSONAL
DEL PRIMER GOBIERNO DEL CAMBIO
EN LA ARGENTINA

En cuanto a mí, busqué la libertad más que el poder,
y el poder tan sólo porque en parte favorecía la libertad.
MARGUERITE YOURCENAR, *Memorias de Adriano*

Me ha causado dolor registrar estas discrepancias con tantos
hombres a los que admiré y respeté, pero estaría mal no
disponer las lecciones del pasado ante el futuro.
WINSTON CHURCHILL, *La Segunda Guerra Mundial*

No hemos dado el último paso,
sino el primero de un camino aún más largo y difícil.
NELSON MANDELA, *El largo camino hacia la libertad*

Índice

Introducción

En los últimos días de la presidencia tomé la decisión de escribir este libro para contar lo ocurrido durante los cuatro años en que mis compatriotas me honraron con el cargo de presidente de la Nación. Quiero decirle a cada argentino qué hice y por qué lo hice, con toda honestidad, como siempre. Está escrito desde el corazón y también desde la razón.

A lo largo de todo el mandato fui tomando breves apuntes con el propósito de ir guardando un registro personal de mis ideas y mis emociones ante lo que me tocó vivir. Ese material, junto con muchas horas de conversaciones y escritura durante varios meses, dio origen a este libro.

Ningún periodista puede imaginar lo que vive por dentro un presidente. Al contrario, son las personas comunes las que mejor lo entienden y lo demuestran todos los días en cada «¡No aflojes!», «¡Fuerza!», «¡Vamos!». Es un trabajo muy duro. Es al límite, las veinticuatro horas, todos los días. La tensión y el estrés son enormes. Y si ya era mucho, a partir de abril de 2018 se multiplicó por cien para no detenerse más.

El 10 de diciembre de 2019 sólo concluyó el primer tiempo del cambio. Aún queda mucho por hacer. Logramos muchos avances y también atravesamos muchas dificultades. Tuvimos aciertos y cometimos errores. Pero cada día tuve muy presente la razón por la que millones de hombres y mujeres me llevaron a la Casa Rosada: terminar para siempre con las causas de nuestro largo retroceso como nación.

Estuvimos muy cerca de llegar a la meta en un solo viaje. Hoy vemos que tendremos que ir hacia atrás para poder ir otra vez hacia adelante. Aprendimos que esta lucha será más larga y que somos muchos más de lo que creíamos. Aprendimos a defender nuestros valores y nuestras convicciones en las calles. Aprendimos que se puede.

Tuve la suerte de haber trabajado junto a un grupo maravilloso de aliados y colaboradores que supieron estar a la altura de las circunstancias, decididos a marchar unidos en la dirección del Cambio, el desarrollo y la modernización de nuestro querido país. Sigo pensando que conté con el mejor equipo de los últimos cincuenta años. Algunos de ellos están mencionados en las páginas de este libro. Otros no. Pero sin su esfuerzo y su compromiso no hubiéramos podido hacer nada. Va una vez más mi agradecimiento para todos y cada uno de ellos.

Hay cosas que volvería a hacer y otras que no. Me he dado el tiempo para reflexionar críticamente sobre toda nuestra experiencia no con ánimo de flagelarnos sino para tomar de ella todo lo que pueda enseñarnos para el futuro. Porque nuestro proyecto, el de cambiar la Argentina, continúa tan vigente y necesario hoy como ayer.

Tal vez el contenido de estas páginas no coincida con otros relatos sobre mi gobierno. Pero esta versión tiene una ventaja sobre las demás: yo estuve ahí.

Mauricio Macri
Febrero de 2021

1

De vuelta a casa

Quería juntarme con todos por última vez esa última noche. Quería despedirme, agradecerles, mirarlos a los ojos. Muchos de los que me rodeaban no parecían demasiado convencidos. «¿Otra despedida?», me preguntaban con ganas de terminar con todo de una vez. Las seis semanas que habían pasado desde las elecciones habían sido demasiado largas y el clima era el de un larguísimo adiós y todos en el equipo estaban cansados y con ganas de volver finalmente a sus casas. Pero yo había insistido y finalmente allí estábamos reunidos, detrás del quincho, en una noche calurosa, para compartir un choripán, ministros, secretarios, funcionarios de diverso rango, algunos con sus esposas o maridos en ese Olivos ya sin inquilino, el lunes 9 de diciembre, a eso de las 9.30 de la noche.

No es fácil vivir en Olivos. Es una mezcla de hotel con destacamento militar. El 9 de diciembre a la noche hacía algunos días que estábamos viviendo junto con Juliana, Antonia y Valentina, la hija de Ju, en Los Abrojos, mi lugar de toda la vida. Esa quinta fue muy importante para mí durante los cuatro años de la presidencia. Fue mi cable a tierra. Olivos era el trabajo. Los Abrojos en cambio fue la posibilidad de no perder el contacto conmigo mismo, con mis afectos de siempre. En los más de 200 fines de semana que fui presidente, sólo uno lo pasé en Olivos. Todos los demás transcurrieron en aquella vieja y querida quinta que forma parte de mi historia. De alguna manera, esa distancia expresaba una especie de respeto por Olivos como institución. Olivos les pertenece a todos los argentinos. No es del presidente. Olivos me recordaba que el poder es algo temporal, que es algo que me habían confiado los ciudadanos por un tiempo. Que no es para siempre. Mi preocupación personal más importante fue mantener ese equilibrio esencial hacia el trabajo que me había sido encomendado por quienes nos habían votado: debía evitar que el poder me cambiara. No sólo que me cambiara a mí, que impactara sobre cada uno de nosotros lo menos posible. Esto requiere un profundo equilibrio emocional y mental que no es nada fácil. Al fin y al cabo, el poder es un bicho al cual aprendí a tenerle mucho respeto.

Allí nos encontrábamos entonces, reunidos, con algo de tristeza y melancolía, en la despedida. Algunos hacían bromas, a otros se les notaba la emoción en la mirada, estaban los que mostraban la incertidumbre frente a su futuro profesional o laboral. Mientras hablaba con unos y otros sentí el orgullo de haber construido un equipo. La cuestión del trabajo en equipo tuvo una importancia extraordinaria. Sobre esto se ha escrito poco y la mayoría de las veces, mal. Quiero ser claro: nunca antes había existido el objetivo de formar un equipo en serio en un gobierno. Los gabinetes, las personas que ocupan puestos en los gobiernos siempre fueron, y lamentablemente siguen siendo, elegidas por compromisos políticos, internas partidarias, favores de un sector a otro y rara vez se tienen en cuenta sus habilidades para integrarse al funcionamiento de una entidad mayor y más significativa, como es el caso de un equipo. Esto es, un grupo humano que funciona a partir de objetivos comunes, en un marco de coordinación y que comparte valores y respeto recíproco, donde unos se complementan con otros. Observándolos a todos los que me rodeaban en Olivos aquella noche —porque el equipo total del gobierno eran muchos más de los que estaban allí— me di cuenta de que eso lo había logrado.

Comencé a entender el funcionamiento de los equipos desde muy chico en el colegio. Los curas de allí tenían una obsesión con el rugby, donde la coordinación y la complementación es más importante que en otros juegos, incluido el fútbol. Más adelante comencé a armar y a organizar todos los equipos de fútbol que tenía a mi alcance por una única razón: era muy malo con la pelota. Pero esto me permitió descubrir algo nuevo y clave: que hay dos tipos de líderes, los positivos y los negativos. El líder de un equipo puede tener un efecto muy malo, muy nocivo, si actúa con desidia o desprecio sobre los suyos y los puede llevar a la ruina. Los puede dejar sin herramientas de motivación y entrega. Por otro lado, el líder positivo tiene que motivar permanentemente, sobre todo a los que están más atrás.

Esta cualidad de armador de equipos estaba en mi padre. Él siempre entendió la importancia que tienen los recursos humanos. Inventó la beca Socma, por la cual los jóvenes profesionales aplicaban y se sometían a un examen. Los que aprobaban atravesaban distintas áreas de las empresas del grupo y los que eran buenos se quedaban en una posición definitiva. Todo eso me llevó a creer y a ver el efecto positivo de la complementación entre los seres humanos. No siempre hacen falta genios. Hacen falta personas que tengan la capacidad de complementarse, de coordinarse entre sí, de trabajar juntas. Todos ellos en equipo tienen una potencia enorme, mayor que la de cualquiera que se sienta el centro del universo. Estos principios los apliqué en la empresa, en Boca Juniors, en la ciudad de Buenos Aires y durante estos años en la Presidencia. Y es una metáfora que es útil para salir de la Argentina como el país de las individualidades, para empezar a pensarnos como un gran equipo compuesto por millones de personas capaces de una potencia enorme si nos organizamos, coordinamos y complementamos mejor.

Llegado el momento del brindis, hablé y agradecí. No quise ponerme emotivo porque sabía que me podría quebrar en cualquier momento y, cuando estaba terminando, Juliana se acercó y tomó la palabra. Ella, de alguna manera, representaba en ese momento a todas las parejas de funcionarios que estaban allí, que habían bancado lo duro que había sido todo para cada familia. Mi orgullo fue enorme al escucharla. Allí estaba esa otra parte que nos sostiene y que nos da fuerza cuando parece que las dificultades nos vencen. Que hace que nuestros pequeños mundos privados permanezcan inalterables mientras afuera explotan las batallas cotidianas.

Subimos al helicóptero y miré por última vez al grupo. Pese a haber pasado una linda noche, nuevamente apareció la tristeza. Veía mucha gente muy talentosa, muy comprometida, llena de ganas de seguir haciendo cosas positivas por el país. Y al mismo tiempo veía su frustración, la mía y la de tantos por haberse cortado su recorrido en la mitad, en los tres cuartos, en el primer cuarto de sus carreras. Habíamos atravesado juntos la etapa del aprendizaje y justo cuando estábamos listos para la consolidación del cambio, todos más experimentados, más duchos, nos teníamos que ir a casa. Supe que va a llevar un tiempo convertir toda la tristeza en más fuerza para seguir cambiando y en ese momento trepé al helicóptero pensando en cada uno de ellos, en lo que habían dado y, sobre todo, en lo que aún tenían para darle a la Argentina. Unos minutos después estaba en Los Abrojos. Me acosté y dormí profundamente, la última noche como presidente de la Nación.

En el Congreso

El martes 10 me levanté temprano. Caminé bastante mientras los pensamientos iban y venían. Estaba tranquilo y en paz. Dejaba pasar el tiempo sabiendo que se trataba de un día importante para la historia institucional de nuestro país. Había pasado casi un siglo desde que un presidente no peronista terminaba su mandato en tiempo y forma. Hay muchos motivos y es trabajo de historiadores e intelectuales dilucidar las razones. Pero una vez que pasaron un par de horas alguna explicación pareció entreverse cuando llegué al Congreso.

Al ingresar, el ambiente estaba cargado con una energía diferente. No era un clima de ilusión. No se sentía que predominara la alegría. El ambiente que se respiraba era de revancha. No estaba presente aquel sentido de sueño compartido, de ganas de construir una Argentina diferente que habíamos vivido a finales de 2015, más bien se trataba de todo lo contrario. Parecían querer mostrarme y mostrarle al 41% de los argentinos, a los que habían confiado en nuestra propuesta, un mensaje del tipo de «¡VOLVIMOS. AHORA BÁNQUENSELA!». Ese sentimiento (o mejor dicho, ese resentimiento) se manifestó aún más claramente cuando comenzaron a cantar la marcha peronista. No había alegría. Incluso parecían cantarla con la intención bien marcada de prolongarla hasta el infinito. Una actitud provocadora y desafiante que buscaba algún tipo de reacción de mi parte o de la gente que me acompañaba.

Como siempre, yo estaba despojado de cualquier emoción de bronca, resentimiento u odio. No la tuve nunca. No sirve, enferma. Al contrario, estaba muy contento por haber contribuido a darle al país la continuidad democrática que nos había faltado durante tanto tiempo. Soy un optimista inclaudicable. Era un momento que debíamos capitalizar todos, los que nos estábamos yendo y los que estaban llegando. Teníamos la oportunidad de mostrar el aprendizaje e inaugurar una nueva etapa mostrando lo que ya no hay que hacer.

Con esos sentimientos a cuestas y una vez cumplido mi rol en la ceremonia de traspaso, me fui lo más rápido que pude para dejar el espacio libre a los festejos de los nuevos inquilinos del poder. No fui consciente de ninguno de los gestos de la vicepresidenta. Realmente, elijo no engancharme con esas cosas. Sé que algunos no están de acuerdo con esta característica mía y quisieran verme respondiendo todos los días en los medios ante cada insulto, cada denuncia falsa o cada crítica infundada. Pero hace mucho que prefiero no escucharlos. Cuando uno no escucha el odio de los demás se libera del dolor, del aspecto humano del dolor que pone en cuestión el amor propio, lo que genera la bronca que no produce nada positivo.

Creo que si hay algo que me ha permitido mantenerme sano a lo largo de toda esta experiencia política y de gobierno es haber logrado no odiar a nadie. Ese ha sido mi secreto fundamental. El odio no tiene ningún efecto sobre los otros, lo tiene sobre uno mismo. Y ese efecto es enormemente corrosivo. Tanto que puede terminar matándote. Aquel a quien se odia termina apropiándose de uno hasta dominarlo por completo.

La expresidenta no está bien. No sé si alguna vez lo estuvo. Ya durante sus mandatos notaba un padecimiento interno muy grande. Tiene una verdad de sufrimiento muy dura, una serie de cosas no resueltas desde muy atrás que sólo ella debe saberlas. La psicología de cada ser humano es muy compleja. En mi caso, después de la experiencia de haber estado secuestrado opté por el psicoanálisis, precisamente, para alejarme de todo tipo de construcciones artificiales y poder entenderme todo el tiempo. Pero ella es una persona que hoy es toda una construcción artificial o irreal. Ella cree de verdad, se ha convencido, de que todos sus problemas con la Justicia son producto de decisiones arbitrarias de los medios y los jueces. Jamás en mi vida me preocupé por una sola causa de ella, no hablé con ningún juez acerca de sus causas. Tal vez esto explique su permanente deseo de venganza. Yo creo en una sociedad donde exista la ley, que la ley sea igual para todos y que nadie pueda cometer abusos. No voy a ser cómplice de ocultar cosas que pasaron y que están mal. Y tampoco puedo hacerme cargo de cuestiones que no me corresponden, esto también va para los fanáticos del otro lado, que desde el primer día me pedían que la metiera presa. No es la tarea de un presidente meter preso a nadie. La tarea de un presidente es respetar y fomentar la independencia de los poderes.

Muchos me preguntaron cómo hago para no odiar con todo lo que han hecho o dicho. Creo que es parte de la sabiduría que viene con los años. Es un tema en el que he sido un tanto autodidacta. En el colegio había un par de muchachos más grandes que me habían tomado de punto. Hoy se llamaría *bullying*, pero hace cincuenta años era normal que algunos chicos hostigaran a otros. Es parte del cambio positivo que tuvo nuestra sociedad. Ambos eran más fuertes que yo y más grandes. Tuve que aprender a resistir, a bancar, porque de otra manera me hubieran partido la cabeza. Había también un cura que se la agarró conmigo y me maltrataba. En ambos casos aprendí a pasar de eso.

Desde muy chico estoy acostumbrado a enfrentar los prejuicios de algunas personas: por ser hijo de un italiano inmigrante, por provenir de una familia rica, por ser el hijo de un empresario poderoso. Y a ese sentimiento le tuve que sumar la subestimación de muchos al ingresar a ámbitos que me eran ajenos, como la dirigencia del fútbol o la política. Y si bien todo eso hizo que me fortaleciera, también me llevó a estar muy atento a mis propios prejuicios y a nunca subestimar a nadie.

A los 17 años, un libro tuvo un impacto muy fuerte sobre mí en estos temas: *Esta noche, la libertad*, de Dominique Lapierre y Larry Collins. Esa especie de biografía novelada del Mahatma Gandhi, su historia, la historia de la India en 1947, sacudió mi mente. El modo en que las ideas de Gandhi y la no violencia pudieron transmitirse a lo largo de un país inmenso. Creo que me encontré allí a mí mismo. En esa idea de la paz como una fuerza muy poderosa. Reencontré valores muy parecidos años más tarde en Nelson Mandela. Descubrí que el tiempo de la vida es uno y es muy corto. Mi aprendizaje siempre fue que los sentimientos negativos llevan a que uno desperdicie su propia vida. Es mi manera de pensar. Y también es mi manera de gobernar. Si pude hacer tantas cosas en los lugares donde estuve fue porque me enganché siempre con el hacer, con el crear. Jamás puse la energía en destruir al otro. Es tan simple como eso.

Salí del Congreso tan rápido como pude y volví a Los Abrojos. El 10 de diciembre terminó siendo un día especial. Poco a poco fueron llegando los amigos de toda la vida que querían estar cerca de uno. Amigos de esos que no necesitan invitación. Y fueron cayendo, primero uno, después otro, otro más. Improvisamos un asado y al final éramos casi treinta. Como siempre, fue todo risas, anécdotas, chistes. Nadie quería irse. Como si no quisieran dejarme solo. Pero claro, el que se había quedado sin trabajo ese día era yo, el resto tenía que seguir ocupándose de sus cosas y con el correr de las horas se fueron yendo. Unos pocos se animaron al paddle. La mayoría, ya grandes para el calor que hacía. El cuerpo nos recordó que ya no estamos para ciertas cosas. Y así, rodeado del cariño de los amigos, en mi casa, empecé a ser el expresidente. Algo que todavía no sé bien qué es, pero que intento descubrir mientras escribo este libro.

2

Una bomba en la Casa Rosada

El viernes 10 de diciembre de 2015 entré a la Casa Rosada con una mezcla de emociones. Dominaban el entusiasmo, el orgullo y la sensación de responsabilidad histórica, por la oportunidad de enderezar el rumbo de nuestra democracia y nuestra economía. Pero también había preocupación e incertidumbre, por el tamaño de los desafíos, porque a medida que pasaban los días iba viendo con más precisión el tamaño del desastre que habíamos heredado y porque sabía que debíamos dar señales urgentes de que se estaba iniciando una nueva etapa, tanto en lo institucional como en lo económico.

La primera vez que me senté en mi despacho, esa misma tarde, tuve una sensación extraña, como de irrealidad. Parecida, supongo, a la de todos los presidentes que llegan ahí por primera vez y les cuesta dimensionar el lugar al que han llegado. Lamentablemente, no tuve tiempo para adaptarme. Ni de seguir pensando en las ceremonias de aquella mañana, parcialmente arruinadas por mis predecesores, que se habían negado a entregarme el bastón y la banda presidencial en la Casa Rosada. Había una bomba y ya había decidido que no la iba a dejar explotar, que iba a hacer todo lo posible para desactivarla y evitar otra crisis como la de 2001 y su consiguiente costo social.

La llegada a la Casa Rosada fue planificada lo mejor posible para el poco tiempo que habíamos tenido —menos de tres semanas— para preparar la transición. A pesar de los planes diseñados en la Fundación Pensar y que llevábamos varios meses conversando sobre qué hacer si nos tocaba llegar al gobierno nacional, nuestra victoria también había sido inesperada, en parte para nosotros mismos, pero especialmente para el sistema político y buena parte del mundo del poder, que durante la campaña había puesto sus fichas en otros candidatos.

Habíamos arrancado 2015 terceros en las encuestas, lejos de Sergio Massa, que había empezado el año como favorito, y de Daniel Scioli, que parecía el ganador inevitable dada su condición de heredero de un régimen poderoso y con los recursos suficientes como para dominar la campaña. Con el correr de los meses, sin embargo, a medida que se fortalecía nuestra alianza con la Coalición Cívica y la Unión Cívica Radical, mi candidatura empezó a ser vista por el círculo rojo y por la sociedad como una alternativa válida para reemplazar el estancamiento y el autoritarismo de los años anteriores.

En esos meses recorrí el país de punta a punta, estuve en caravanas por una docena de ciudades y visité a cientos de argentinos en sus casas. El contacto con ellos me fortaleció y me dio una energía que no sabía que tenía para afrontar el larguísimo año electoral argentino, que empieza al final del verano y no tiene pausa, si hay segunda vuelta, hasta fines de noviembre.

Les ofrecí a los argentinos la posibilidad de una cultura política distinta, menos obsesionada con el poder por sí mismo y más basada en usar la política como una herramienta de transformación para mejorar su vida cotidiana. No les ofrecimos grandes relatos políticos o históricos —en parte porque no está en mi temperamento y en parte porque sinceramente lo pensaba así—

sino, principalmente, un compromiso por hacer cosas para facilitarles la vida y un estilo de liderazgo más honesto, sin soberbia ni autoritarismo y más abierto al diálogo.

Y fue por eso por lo que nos votaron: para tener una política más tranquila y más enfocada en solucionar problemas que en buscar culpables. Argentinos que quizás no estaban de acuerdo con algunas de mis ideas confiaron en nuestra propuesta y decidieron darme una oportunidad.

Una muestra de esta demanda fue mi primera conversación con la ascensorista del pequeño ascensor presidencial de Casa Rosada. Subíamos con Juliana, el día de la asunción, y le dije a la ascensorista: «Qué calor, ¿no?». La mujer se puso a llorar instantáneamente. Su gesto me sorprendió y no me animé en ese momento a preguntarle qué le pasaba. Después supe que Cristina Kirchner jamás les dirigía la palabra y que tenían prohibido hablarle a ella. Un simple comentario sobre el clima, que a mí me pareció natural —además veníamos de la procesión bajo el sol por Avenida de Mayo, en un mediodía pleno de verano—, para ella fue el final de años de miedo y silencio. Ahí reconfirmé la enorme demanda de calidez y conexión que tenían los argentinos con respecto a la política, y en los años siguientes hice todo lo posible, aun en los momentos más difíciles, para cumplirla y mantener esa capacidad de escucha. No siempre pude hacerlo.

Aquel primer día sabía cuáles eran las urgencias que requerían decisiones inmediatas, pero al mismo tiempo ya tenía claros cuáles quería que fueran los seis ejes principales de mi gestión. El primero era mejorar la cultura del poder y la calidad de nuestra democracia, incluyendo la libertad de prensa y el fin de la guerra contra el periodismo, que tanto daño le había hecho a nuestra convivencia en los años anteriores. El segundo era resolver nuestro vínculo con el mundo, muy dañado después de una década de relaciones exteriores confrontativas y que nos habían dejado aislados, con alianzas poco útiles para nuestros intereses y una casi nula promoción de nuestros productos o el turismo.

El tercero era combatir el narcotráfico y la inseguridad, porque daba la sensación de que el Estado argentino se había dado por vencido en su lucha contra el delito y hacía falta un nuevo impulso para recuperar la autoridad en barrios de todo el país tomados por las bandas de narcotraficantes. El cuarto era impulsar una política social que tomara lo hecho por el kirchnerismo y le diera un giro democrático, es decir, quitarles a los programas sociales los vínculos con los intermediarios que lucran con la pobreza y transformarlos en verdaderos puentes hacia el empleo formal.

El quinto desafío era recuperar nuestra energía y nuestra infraestructura, que llevaban años de abandono. Especialmente la energía. La política energética del kirchnerismo había sido una de las peores políticas públicas de un gobierno desde el regreso de la democracia: había transformado a un país productor y exportador en un país que importaba miles de millones de dólares de combustible por año y que cada vez producía menos gas y petróleo. Cuando llegamos había cortes de luz generalizados, tanto para los hogares como para las industrias, y un esquema de tarifas obsoleto, que subsidiaba a quienes no lo necesitaban y obligaba al Estado a gastar miles de millones de dólares todos los años.

En infraestructura, nos propusimos dejar atrás años de estancamiento y de un esquema de licitaciones armado para generar sobreprecios y corrupción, y reemplazarlo por un sistema transparente, con menores costos para el Estado, que permitiera poner en marcha un plan ambicioso de obras en todo el país, con más y nuevas autopistas, aeropuertos, trenes de cargas y puertos.

Finalmente, el sexto eje era el de corregir los desequilibrios económicos históricos de la Argentina, para iniciar un período de crecimiento con bases sólidas. En todos estos ejes, incluido el económico, donde los resultados no llegaron en los tiempos que habíamos deseado y prometido, logramos avances importantes que, si se hubieran continuado, podrían haber marcado un punto de inflexión en nuestra historia política.

A pesar de tener esto tan claro, me preocupaba ya desde aquel primer día la difícil correlación de fuerzas que íbamos a tener que enfrentar. Pasada la euforia de los primeros días, en las que estábamos todos muy contentos por haber derrotado al kirchnerismo y por haber interrumpido un proceso de creciente autoritarismo político y populismo económico, volví a la realidad de que, a pesar de estar sentado en ese despacho en Casa Rosada, tenía mucho menos poder del que parecía. Aunque la Argentina es un país presidencialista, la realidad es que Cambiemos tenía minoría en ambas cámaras del Congreso y gobernaba en sólo cinco provincias; teníamos un economía quebrada, sin energía y en *default*; la Corte me había recibido con un fallo que había dejado de rodillas las cuentas del Estado nacional; e íbamos a tener, como les pasa a todos los gobiernos no peronistas, un recibimiento frío (en el mejor de los casos) por parte de los sindicatos.

Tenía claro hacia dónde quería ir, tenía claro que debía tomar decisiones urgentes y también tenía claro que iba a tener que negociar cada pasito en condiciones desventajosas.

Contar la herencia

Una de las críticas más habituales durante mi gobierno, especialmente entre personas que nos apoyaban, era que no les contamos con claridad y detalle a los argentinos la gravedad de la situación que recibimos en diciembre de 2015. Periodistas, analistas y dirigentes de todo tipo nos decían que, si hubiéramos explicado mejor el punto de partida, la sociedad habría entendido mucho más el origen de la crisis de 2018 y nos habría acompañado más convencida en las urnas en 2019. Mi respuesta a esa crítica es que tienen razón y no tienen razón al mismo tiempo.

Digo que no tienen razón porque en los primeros meses de gestión contamos varias veces los graves problemas que tenía la Argentina cuando llegamos. Sin ir más lejos, mi primer ministro de Energía, Juan José Aranguren, decretó la emergencia eléctrica cuatro días después de asumir y contó en una conferencia de prensa los detalles de la dramática situación energética en la que estábamos. Pocas semanas después, el ministro de Hacienda, Alfonso Prat-Gay, hizo lo mismo con el deterioro de los números fiscales, los peores en mucho tiempo.

En mi primer discurso ante la Asamblea Legislativa, el 1º de marzo de 2016, tracé un diagnóstico detallado de todos los problemas que habíamos encontrado (no sólo en la economía). «Encontramos un Estado desordenado y mal gestionado, con instrumentos de navegación rotos, se ocultó información, faltan documentos, no hay estadísticas, cuesta encontrar un papel», dije aquel día en el Congreso. Más tarde agregué: «Nos encontramos con un país lleno de deudas, deudas de infraestructura, deudas sociales, deudas de desarrollo. En estos años de vacas gordas no ahorramos, sino que nos comimos nuestro capital, como tantas veces nos ha ocurrido en el pasado».

Expuse los datos sobre el déficit récord y la presión tributaria récord, el crecimiento de la inflación y la pobreza, y la caída en las reservas del Banco Central. Dije que el gobierno anterior había contado con más de 300 000 millones de dólares extras que en los años 90, y que aun así no había logrado transformaciones productivas profundas ni crecimiento sostenido. Fue un discurso duro, pero necesario. Un par de semanas más tarde publicamos un informe todavía más extenso, llamado *El estado del Estado*, en el que describimos en detalle la historia reciente del Estado argentino y la situación que habíamos recibido área por área.

Por eso digo que no tienen razón aquellos que sistemáticamente nos reclaman por no haber puesto un eje permanente en la situación que recibimos. Pero digo que sí tienen razón porque es cierto que contar la herencia no fue el eje principal de nuestra política aquellas primeras semanas. ¿Por qué? Por una variedad de razones.

La primera es que, en efecto, nos habían dejado una bomba sin explotar cuya mecha era extremadamente corta. Quien mira los números en detalle puede ver que con ese déficit, ese atraso cambiario, ese Banco Central con reservas netas negativas y esa inflación contenida artificialmente, con cepos de todo tipo, la bomba ahí estaba. Pero mi responsabilidad como piloto del avión, en aquellos días, era convencer a los argentinos y a los mercados de que la bomba no iba explotar. Me habían entregado un avión en problemas que requería maniobras urgentes para ser estabilizado. Si en lugar de calmar a los pasajeros y decirles que la situación estaba bajo control, los asustaba diciendo que teníamos una bomba a punto de explotar, la situación podría haberse vuelto caótica. Mis hijas Agustina y Gimena me plantearon con toda claridad lo difícil que era para buena parte de la sociedad ver la explosión inminente que yo veía. Una bomba que explotó deja rastros reales y concretos. Pero para la que no explotó aún hay que determinar su existencia mediante indicios. Y esto es más fácil detectarlo para los economistas que para las personas cuya vida cotidiana continúa como si la bomba no existiera.

Necesitábamos, además, generar rápido un clima de que se había cerrado una etapa y empezaba otra, generar confianza en los argentinos de que podíamos salir adelante. Entonces, nuestro primer objetivo fue evitar otra crisis como la de 2001-2002, que perfectamente podría haber ocurrido por la trayectoria que traía la economía. Ese objetivo fue cumplido con éxito, y una muestra de eso es que levantamos el cepo cambiario, que ya llevaba cuatro años, en nuestra primera semana de gobierno, todavía sin reservas en el Banco Central. A pesar de los números terribles de la economía y de la fragilidad en la que estábamos, los argentinos no salieron como locos a comprar dólares apenas les dimos la oportunidad de hacerlo legalmente. ¿Por qué? Porque confiaban en el nuevo gobierno.

Otra razón por la cual contamos la herencia recibida pero sin transformarla en el eje de nuestro mensaje político fue que la sociedad no quería escuchar ese mensaje. Mi impresión, quizás equivocada, era que los argentinos querían mirar hacia adelante y construir un futuro juntos, para ellos y para sus hijos, y dejar atrás una etapa de divisiones que no había servido para nada. Y se sentían así en buena parte porque no percibían que el país estaba al borde de una crisis. Es cierto que hacía varios meses que estábamos en recesión y que los diversos parches que tenía la economía mostraban que la cosa no estaba funcionando bien. Pero una parte importante de la sociedad no percibía la necesidad de hacer reformas profundas, ni sufría la desesperación o la resignación que generan las situaciones de crisis. Por el contrario, había optimismo. Y además no nos habían votado para eso. Nuestro mandato político —recordemos que habíamos ganado el balotaje por menos de 3 puntos— era dejar atrás el estilo político y la prepotencia del kirchnerismo, y no muchos veían la necesidad de hacer un cambio drástico de régimen económico.

Además, existía el riesgo de que, por advertir sobre la existencia de la bomba, se generara la gran crisis que queríamos evitar.

Eso nos habría permitido tener razón sobre todo lo que decíamos respecto de la herencia del kirchnerismo. Pero en el medio estaban los argentinos. Habría sido irresponsable políticamente y moralmente jugar con la posibilidad de una crisis, por el sufrimiento que eso habría traído a una sociedad que necesitaba dejar atrás el pasado y empezar a mirar hacia el futuro.

Eso es lo que pensaba en aquel momento. Con la distancia que tengo ahora, pienso que quizás podría haber puesto más énfasis en el diagnóstico y que las críticas posteriores tenían algo de razón. Pero no estoy seguro. Era un equilibrio muy delicado y también es cierto que los objetivos iniciales que nos pusimos en aquel momento —evitar una gran crisis, ordenar el mercado cambiario y salir del *default*— los logramos con mucho éxito.

Lo que sí me cuestiono, y mucho, es que pudimos hacer algo parcial, que habría mostrado bien el desbarajuste sin castigar a los argentinos por eso. Cuando María Eugenia Vidal asumió en la provincia, se dio cuenta de que en la caja no había fondos ni para pagar el aguinaldo o los sueldos de diciembre. Y vino a pedirme que la ayude. La única solución posible, dado que la Nación tampoco tenía plata de sobra, era pedirle al Banco Central que emitiera los pesos necesarios para que la provincia les pagara a sus empleados.

Le propuse un camino alternativo. «Pensemos si no sería bueno que no pagues el aguinaldo, así queda claro el desastre que te dejó Scioli», le dije. «Proponé pagarlo escalonadamente, a lo largo de varios meses, a medida que se van recuperando los números de la provincia». Reconocí que era una medida difícil, que iba a generar resistencia y que probablemente era injusta con los empleados de la provincia, que no tenían la culpa de la irresponsabilidad de Scioli. «Pero te puede servir para marcar claramente este desastre», insistí.

María Eugenia prefirió no hacerlo, en parte porque sentía lo mismo que yo, que era mejor empezar con un buen clima en la provincia y tratar de gestionar rápido después de tantos años de abandono. Además, era una tarea para la cual ella aún no estaba convencida, porque había sido candidata por un pedido personal mío. Ahí pesó la lealtad incondicional que siempre tuve con ella y desistí. Pero sigo pensando que habría sido una buena idea, porque nos habría permitido mostrar, con una disrupción muy fuerte, el tamaño del desastre que nos habían dejado, sin que lo tuvieran que sufrir todos los argentinos. Habríamos tenido a los empleados públicos de La Plata en la calle, reclamando con justicia lo que les correspondía, pero también les podríamos haber dicho, con la misma justicia: «No nos dejaron un peso, esto es lo mejor que podemos hacer».

Este episodio muestra también la diferencia de calidad humana y política entre María Eugenia y Axel Kicillof. María Eugenia, que realmente no tenía un peso para pagarle a nadie, hizo su mayor esfuerzo para no quejarse y salir adelante. Kicillof, que recibió más de 30 000 millones de pesos en la caja, se quejó amargamente de la situación recibida, como si no le alcanzara ni para pagar una caja de fósforos.

La Corte me da la bienvenida

Otra situación urgente que tuve que enfrentar en las primeras semanas de gobierno fue la Corte Suprema. El mismo día que llegamos presentó su renuncia Carlos Fayt, después de años de acoso por parte del kirchnerismo, y la Corte quedó con sólo tres miembros (Lorenzetti, Maqueda y Highton de Nolasco), por lo que probablemente iba a operar en los hechos como una mayoría automática de sus dos miembros peronistas, Lorenzetti y Maqueda.

La Corte me recibió con uno de esos fallos que condicionan gobiernos. Unos días antes de mi asunción les dio la razón a Santa Fe, Córdoba y San Luis por un viejo reclamo contra la Nación cuyo origen databa de 1994 y cuyas demandas se habían iniciado en 2006. O sea, dos décadas después de iniciada la situación irregular y una década después de la presentación judicial de las provincias, la Corte finalmente había tomado una decisión durante las tres semanas entre nuestro triunfo electoral y el día de la asunción.

En su fallo, que era correcto en su sustancia pero peculiar en el momento elegido, la Corte obligaba a restituir a estas provincias el 15% de la coparticipación federal que la Nación había retenido durante dos décadas para financiar el sistema jubilatorio, después de la privatización del sistema en 1994. Era muchísima plata, sobre todo porque debíamos aplicarlo a todas las provincias, incluidas las que no habían presentado reclamos. De hecho, para aprovechar la situación Cristina Kirchner había publicado un Decreto de Necesidad y Urgencia en sus últimos días para ampliar a todas las provincias el fallo de la Corte, para seguir cargando la bomba.

Ambas decisiones, el fallo y el DNU, condenaban al Estado nacional a una situación de extrema fragilidad durante muchos años, que se sumaba a la extrema fragilidad en la que ya estaba. Recibimos un Estado con un déficit total de más del 7% y encima ahora teníamos que resignar recursos (que los gobiernos nacionales habían tenido durante 25 años) para dárselo a las provincias.

¿Qué debía hacer ante esta situación? Sentíamos que teníamos dos cuestiones urgentes por resolver. La primera era nombrar lo más rápido posible dos nuevos miembros de la Corte Suprema, porque creíamos que una Corte con sólo tres miembros era una situación de fragilidad institucional. Y la segunda era llegar a un acuerdo con los gobernadores para ver cómo podíamos cumplir con el fallo.

En las semanas anteriores ya había estado pensando en posibles nombres para la Corte. Después de analizar varios perfiles que me habían acercado, mis preferidos eran Carlos Rosenkrantz, un abogado y académico muy respetado, en ese momento rector de la Universidad de San Andrés, y Domingo Sesín, presidente del Tribunal Superior de Justicia de Córdoba, quien me había impresionado por su compromiso con la ley y su perfil en derecho administrativo. Cuando circulamos los nombres de ambos candidatos entre los miembros de la coalición, para obtener su aprobación y apoyo, Rosenkrantz fue aceptado unánimemente. Sesín, sin embargo, fue cuestionado por algunos dirigentes importantes de Cambiemos y se llegó a un acuerdo para nominar en su lugar a Horacio Rosatti. Me arrepiento de haber cambiado a Sesín por Rosatti. Rosatti terminó fallando sistemáticamente en contra de las reformas y la modernización que impulsamos, favoreciendo así el statu quo populista.

Decididos los nombres, tenía que resolver el tema de la urgencia. La Corte estaba incompleta desde hacía casi dos años, después de la muerte de Carmen Argibay y la renuncia de Fayt. La falta de actividad del Senado durante el verano iba a prolongar esa situación durante varios meses más. Esa fue la razón principal por la que decidí, en los primeros días de gobierno, nombrar a Rosenkrantz y Rosatti «en comisión», es decir, temporariamente, a la espera de la confirmación oficial por parte del Senado. La medida era perfectamente legal y constitucional, pero generó mucha oposición. Se me acusó de querer nombrar a ambos jueces «por decreto», un argumento que a mí me parecía exagerado, porque sólo el Senado puede designar permanentemente a los jueces. Con el correr de los días, y después de que senadores peronistas nos garantizaron los nombramientos de Rosenkrantz y Rosatti una vez iniciado el año legislativo, dimos marcha atrás.

Creo ahora que fue un error haber promovido la designación en comisión de los jueces. Lo atribuyo a aquella urgencia por cubrir los cargos vacantes y a la gran cantidad de temas que debimos resolver en los primeros días de gestión. El costado positivo de aquel episodio es que nadie cuestionó a Rosenkrantz y Rosatti, que meses después fueron votados por muy amplias mayorías en el Senado.

La segunda parte de esta cuestión, la negociación con los gobernadores, se fue resolviendo en los meses siguientes. A los gobernadores los recibí en mi segundo día de gobierno, en Olivos, y les dije que no había futuro para la Argentina si no salíamos del unitarismo espantoso del que veníamos, en el que todo empezaba y terminaba en la capital y el Gran Buenos Aires, y en el que ellos tenían que venir de rodillas a la Casa Rosada para pagar los sueldos o mendigar obras a cambio de apoyo político.

Insistí mucho en este punto. Les dije que muchos de los mejores recursos del país están en sus provincias: el turismo, la energía, el campo, la minería, todo está en las provincias. La capital todavía tenía ventaja en la economía del conocimiento, otra gran oportunidad para la Argentina, pero gracias a nuestras buenas universidades en todo el país ya había empezado a expandirse por todo el territorio. «Si no desarrollamos todo eso, que está en las provincias, no tenemos futuro como país», les dije. Y les di un argumento que para mí siempre fue muy importante: el arraigo. Si en cada provincia argentina hay oportunidades de desarrollo, sus habitantes, especialmente los jóvenes, van a querer quedarse cerca de sus afectos y del lugar que más quieren. «Vamos a trabajar juntos para que esto funcione», les prometí.

Un problema inicial de mi relación con los gobernadores era precisamente el fallo de la Corte, que rompió el equilibrio político entre la Nación y las provincias. Hasta antes del fallo, todos teníamos un déficit gigantesco, pero compartido. Después del fallo, la Nación quedaba aún más quebrada pero las provincias, sobre todo las mejor gobernadas, empezaban a sanearse. Por este desequilibrio dejamos de compartir objetivos y solidaridades, que en política existen poco, y se me hizo difícil convencerlos de que de esta situación debíamos salir todos juntos. Aun así, nunca me cansé de insistirles en que sin equilibrio presupuestario iba a ser imposible bajar la inflación y dejar de necesitar endeudarnos. En los años siguientes firmamos varios acuerdos con los gobernadores, algunos muy importantes, pero siempre me quedé con la sensación de que eran acuerdos en los que la Nación ponía mucho y ellos, más bien poco.

Específicamente sobre el fallo, acordamos devolver aquel 15% en cinco cuotas acumulativas de 3% a lo largo de cinco años. Eso quiere decir que, a medida que pasaban los años, las transferencias automáticas de la Nación a las provincias eran cada vez más altas. No me quejo, porque así es como debe funcionar un Estado federal y quería cumplir mi promesa inicial de volver al federalismo. En mis años como presidente las provincias recuperaron la autonomía del gobierno central y muchas de ellas alcanzaron el equilibrio, gracias al fallo y gracias a que algunos de los gobernadores más jóvenes hicieron reformas que les permitieron administrar mejor sus provincias.

Pero a cambio de estas mayores transferencias la Nación recibió poco. Quisimos que las provincias tomaran mayores responsabilidades, gracias a los nuevos fondos, y en algunos casos lo conseguimos. También quisimos que se animaran a bajar impuestos, sobre todo el de ingresos brutos, que tanto daño le hace al sector privado. Obtuvimos éxitos moderados y, por lo visto en el último año, poco duraderos. En este dar y recibir apoyos con los gobernadores no logramos una ecuación justa: negociamos mal y ellos entendieron rápido que nuestra debilidad política era muy grande.

El equipo de gobierno

Una de las primeras decisiones que tuve que tomar, y esto ya veníamos pensándolo durante la transición, fue la definición del Gabinete y del sistema de gobierno. Para mí siempre había sido importante —desde cuando fui jefe de Gobierno en la ciudad— tener una Jefatura de Gabinete robusta, que hiciera un seguimiento de la gestión de los ministerios, los ayudara a ponerse metas cumplibles y que después estuviera encima de las áreas para que cumplieran esas metas. Por eso decidí complementar a Marcos Peña en la Jefatura de Gabinete con dos vicejefes, Gustavo Lopetegui y Mario Quintana, para que hicieran este trabajo que en la ciudad había llevado a cabo Horacio Rodríguez Larreta.

A Gustavo y a Mario los conocía, pero nunca habíamos trabajado juntos. Había compartido con ellos algunas reuniones en Pensar, durante la campaña de 2015, y los vi para ese cargo porque, además de su capacidad y su compromiso, me pareció que no estaban desesperados por ser funcionarios, y lo que yo tenía en mente era precisamente dos cargos que no compitieran por la vidriera con los ministros. Con estos dos vicejefes, Marcos podía concentrarse en lo estratégico, lo político, lo internacional y lo institucional, que además son los temas que más le interesan y donde en estos años ha dejado una marca imborrable.

Esto me da pie para decir lo siguiente: a Marcos se lo criticó mucho en estos años por su supuesta influencia en la política económica, pero lo cierto es que participó poco de los debates sobre la economía. La mayor influencia de Marcos en la gestión de gobierno fue precisamente en algunas de las áreas donde más elogios recibimos: la transparencia en el Estado, la política exterior, el respeto a las instituciones y el cuidado de las libertades, entre otras.

Muchas veces me preguntaron por qué no elegí tener un ministro de Economía más poderoso, que concentrara todas las decisiones económicas. De hecho, fue una crítica habitual en algún período de nuestra gestión: se decía que la falta de un superministro de Economía generaba fallas de coordinación que dificultaban la ejecución de un plan económico integral. También escuché que yo había decidido no tener un ministro poderoso porque no quería que nadie compitiera conmigo.

Nunca lo vi de esa manera. Para empezar, nunca me molestó el crecimiento de las personas que tengo a mi alrededor. Al revés: siempre impulsé a la gente que trabajaba conmigo a asumir nuevos roles y convertirse en dirigentes importantes. Marcos, María Eugenia y Horacio, por ejemplo, crecieron a mi lado y me produce mucho orgullo ver los roles que han tomado y su recorrido en estos años. Y los tres tienen un futuro enorme por delante, que continuará más allá de lo que haga yo o de lo que dure mi carrera política.

Por otra parte, el esquema que decidimos es el habitual en la mayoría de los países, donde el Ministerio de Hacienda se ocupa de las cuentas públicas y del equilibrio general de la economía y después hay otros ministerios específicos para el desarrollo productivo, la energía o el transporte. Nunca creí en el modelo donde un macroeconomista maneja todas estas cosas. Primero, porque no se puede ser especialista en todo. Y segundo, porque poniendo tanta responsabilidad en una sola persona, el destino del gobierno queda atado al talento, la capacidad y la suerte de esa persona.

Preferí, entonces, un sistema de coordinación y supervisión diaria de la tarea de los ministerios, con Mario y Gustavo a cargo de un equipo nuevo, que instalamos en el Salón de las Mujeres de la Casa Rosada. Transformamos un espacio de propaganda (era la sala donde Cristina daba muchas de sus cadenas nacionales frente a un coro de aplaudidores) en un ámbito de trabajo y de coordinación profesional de todo el gobierno, que funcionó razonablemente bien —y en algunos casos, muy bien— hasta que, por demandas políticas del momento, lo tuvimos que desmantelar en septiembre de 2018.

La idea inicial era ayudar a los ministerios a ponerse metas, diseñar una manera de medir cómo se cumplían esas metas y después verificar que efectivamente se cumplieran. Y cuando había temas que excedían a un ministerio y requerían la colaboración de otros, facilitar esa coordinación. En gran medida, estos objetivos se cumplieron. Creo, sí, que Lopetegui representó mejor este espíritu inicial de coordinar, ayudar a los ministros a pensar y darles una mano con proyectos específicos a veces muy difíciles de llevar adelante. Quintana, quizás por su temperamento, en ocasiones avanzó en imponer su liderazgo sobre los ministros, lo cual no era la idea, y generó resistencias dentro del Gabinete.

Con ellos, además, cometí un error grave a finales de 2016, cuando dije en una reunión de Gabinete ampliado, en el CCK, que eran «mis ojos, mis oídos y mi inteligencia». No fue una frase premeditada ni un mensaje indirecto contra nadie: simplemente quise mostrar mi satisfacción por el vínculo que habíamos formado con Mario y Gustavo y por el valor que para mí tenían su tarea y la de sus equipos. Pero me arrepentí casi instantáneamente después de haberla dicho, porque con esa frase les di un protagonismo y una relevancia que generaron un contraataque inevitable, dentro y fuera del gobierno. Empezaron a criticarlos justo después, como una manera indirecta de criticar a Marcos o de criticarme a mí, y desde entonces les resultó más difícil encontrar aquel equilibrio inicial, que requiere de ellos un rol clave pero de bajo perfil.

En cualquier caso, sigo creyendo que es indispensable un equipo de coordinación estratégica, muy cercano al presidente y al jefe de Gabinete, que ayude a impulsar proyectos y a mantener una velocidad alta de ejecución. Es una ilusión creer que un gobierno puede funcionar por la sumatoria de voluntades políticas sin ningún componente técnico o un esquema de medición de impacto. Un ejemplo claro del éxito de este modelo es la ciudad de Buenos Aires, que vivió una transformación radical desde nuestra llegada en 2007. Buenos Aires es hoy una ciudad de avanzada, sustentable, moderna, eficiente, con un sistema de transporte distinto, gracias en buena parte a que en estos 12 años trabajamos con el mismo esquema de ponernos misiones claras, objetivos grupales e individuales, plazos y el seguimiento de resultados.

Horacio siempre dice que la gestión pública es como mover una piedra hacia arriba en un plano inclinado: si uno deja de empujarla, no se queda quieta, vuelve para atrás. Por eso en la gestión pública hay que empujar siempre, porque todo es muy difícil y porque, si uno deja de empujar, la situación no se queda quieta: empeora. Por eso sigo convencido de que el mejor modelo para empujar, todos los días y de manera coordinada, es el que implementamos en la ciudad de Buenos Aires y el que llevamos, con las complejidades del caso, a nivel nacional.

Otra lección de la experiencia en la ciudad, donde mi equipo se consolidó muchísimo en el segundo período de gobierno, es que en los gobiernos hay un inevitable proceso de aprendizaje. En la experiencia nacional, diría que nuestro gobierno funcionó mucho mejor en la adversidad, en el último año y medio, que desde el inicio hasta la crisis de abril de 2018. Ahí se compactó el equipo y el ministro de Hacienda, Nico Dujovne, tuvo mucho más poder para implementar las medidas de austeridad fiscal que tantas reacciones en contra despiertan siempre en la Argentina, tanto dentro como fuera del gobierno. Insisto: armar un equipo lleva tiempo, pero hoy creo que dejamos para el futuro del país cientos de cuadros que aprendieron a trabajar en el Estado, que tienen vocación y honestidad, y entendieron la importancia de trabajar en equipo.

En esas primeras semanas también viajé a Davos, donde el recibimiento de los líderes políticos y empresarios fue de mucho entusiasmo hacia el proceso que estábamos empezando. Invité al viaje a Sergio Massa, como representante de una oposición sensata dispuesta a apoyar las medidas centrales de normalización de la economía. Quería mostrarle el mundo a Sergio y a Sergio frente al mundo, para que vieran que había peronistas racionales, democráticos y con visión de largo plazo, tan convencidos como yo de lo que había que hacer. Lamentablemente, el tiempo demostró que esa caracterización de Massa era más una ilusión mía que una realidad.

Una noche en Davos comimos con él y con Juliana. Tuvimos una conversación franca, como no habíamos tenido antes y no volvimos a tener. Le dije que, por su juventud y su capacidad, estaba en él ser presidente en algún momento. «Sólo te falta una cosa —agregué—. Ser confiable». Le expliqué que una persona confiable, en mi definición, era alguien que se comprometía a algo y después cumplía su palabra aun si las circunstancias cambiaban y ese compromiso se hacía más difícil. Sergio ya era percibido en ese momento, por la sociedad y por la dirigencia, como alguien que cambiaba de opinión y de lealtades según la conveniencia del momento. Yo le dije en aquella comida que para ser presidente debía cambiar esa percepción. Y que una buena manera de hacerlo era, en su nuevo rol como opositor responsable, admitir que el rumbo que estábamos iniciando era el correcto y argumentar que él y el peronismo lo podían hacer mejor. Sergio asentía, aprobando lo que le decía. En ese momento me entusiasmé con haberlo convencido. Quedó contentísimo con el viaje, con el trato que le dieron en Davos y el buen trato que le dispensamos nosotros. Conoció a personajes importantes y vio cómo nos felicitaban por los cambios que estábamos introduciendo. Lamentablemente, el entusiasmo no le duró mucho. Pocos meses después, apenas el humor político se complicó un poco, Sergio prefirió impulsar proyectos que le daban estrellatos de corto plazo pero rompían la confianza que habíamos establecido. La percepción sobre él, en la sociedad y la dirigencia, no ha cambiado. Sigue siendo visto como alguien poco confiable, enamorado del corto plazo, incapaz de sostener un proyecto de país o un armado político según sus convicciones.

3

El círculo rojo

Mi llegada a la política incluyó muchos rasgos diferentes al modelo clásico de experiencia y formación de los dirigentes. Yo no era un hombre de partido hasta que creamos el PRO, sino que venía de la actividad privada como empresario y de la presidencia de Boca Juniors. Además, soy ingeniero. No es lo habitual en nuestro país, donde todos los presidentes desde 1983 han surgido de largos años de militancia en los partidos históricos y han sido abogados.

Ser ajeno a buena parte de nuestra cultura política me permitió pensar el cambio con mayor libertad y cometer muchas transgresiones a lo esperable en un dirigente. Haber contado con Jaime Durán Barba como consultor y amigo fue una más de estas transgresiones.

Durán Barba, junto con sus socios Santiago Nieto y Roberto Zapata, fueron un aporte invalorable. Tanto en las formas como en el contenido, Jaime marcó siempre una profunda ruptura con la reflexión y las ideas sobre la política. Mucho de lo que hemos hecho en la ciudad o en la nación había sido ya escrito en los libros de Jaime y Santiago, en particular en uno de ellos: *Mujer, sexualidad, internet y política*. Allí uno encuentra las razones que hicieron posible el nuevo empoderamiento de los ciudadanos.

Muchas veces se me han ocurrido ideas que no son políticamente correctas. Por ejemplo, en 2005 durante la campaña en la que fui electo diputado nacional, encontramos un bache gigante en Arzobispo Espinosa y Martín Rodríguez, en el barrio de La Boca. Ese bache era un símbolo poderoso de la desidia que había mostrado la gestión de Aníbal Ibarra. Decidí convocar a un grupo de periodistas para mostrarlo. Hasta ahí, todo estaba dentro de lo lógico y esperable dentro de una campaña electoral. Pero de pronto se me ocurrió proponer algo y les dije: «Miren el tamaño de este bache. Es tan grande que no creo que alguien pueda saltarlo. Pero yo lo voy a intentar». A muchos les pareció un disparate que un candidato saltara un bache. A otros, una frivolidad. Pero a mí me pareció una forma original e innovadora de mostrar lo que teníamos que dejar atrás. Muchos en nuestra fuerza me criticaron internamente. Pero Jaime me dijo: «Me encantó eso que hiciste al saltar el bache». Y la foto del «Salto al bache» se reprodujo al infinito.

Este tipo de manifestaciones disruptivas frente a lo que se espera las fui repitiendo una y otra vez. Otro hito significativo fue el haber bailado junto con Gabriela Michetti sobre el escenario del búnker cuando ganamos las elecciones para jefe de Gobierno en 2007. Nuevamente aparecieron los que me decían que había sido incorrecto hacerlo. Y ante esas críticas Jaime me dijo que le parecía maravilloso: «¿Por qué no se puede festejar en un momento así, de un modo espontáneo y tan comunicativo?». Ya vimos todos que el baile y los globos por los que tanto fuimos criticados son hoy un recurso que fue adoptado por prácticamente todos los sectores políticos. Hoy bailan todos.

Creo que si no hubiese contado con alguien como Jaime a mi lado yo mismo me hubiera autocensurado o me hubiera limitado a mí mismo. Jaime alentó siempre el contacto personal con la gente, que también empezó cuando ya era jefe de Gobierno y comencé a salir a tocar timbres en Barracas, en una zona que siempre se inundaba para preguntarle a la gente qué estaba pasando, cómo se sentía y cuáles creía que eran las causas de esas inundaciones permanentes. Lo mismo sucedió con las visitas a las casas de las personas que me invitaban a través de Facebook. Todas estas maneras novedosas de pensar la comunicación con los ciudadanos fueron muy estimuladas por Jaime.

A su vez, Jaime trabaja de manera muy rigurosa sus investigaciones sobre los sentimientos y las emociones de los diferentes sectores de la sociedad. Siempre busca ir más allá de los sí y los no de las encuestas y los fenómenos sociales. Este criterio siempre se llevó muy bien con mi propia manera de trabajar y con la idea de no quedarme encerrado en la oficina.

Muchos le atribuyeron a Jaime un poder que nunca tuvo. No participaba del día a día de las decisiones. Es más, mis encuentros con él, ya fuera como consultor o como amigo una vez llegado a la presidencia, se fueron espaciando cada vez más precisamente porque lo impedía la intensidad del ritmo cotidiano.

Existe algo que siempre valoré en Jaime Durán Barba, en Santiago Nieto y en Roberto Zapata y es su honestidad intelectual. La capacidad de sostener sus opiniones aun cuando fueran duras y contrarias a las mías. El mayor ejemplo de esto ocurrió en 2011, cuando yo estaba completamente decidido a ir por una candidatura presidencial. Jaime fue contundente y lapidario. No sólo me dijo que significaba el fin de mi carrera política sino que esa decisión pondría en peligro el equilibrio político del país al arriesgar nuestra mayoría en la ciudad de Buenos Aires. Jaime pensaba, con razón, que mi tarea era precisamente conservar la ciudad para resistir el avance del kirchnerismo en los tiempos del «vamos por todo». En un equipo de campaña o de gobierno, la in-

45

dependencia de criterio de sus integrantes es un pilar clave. Es el núcleo del respeto por el equipo que uno formó.

Con el correr de los años, Jaime se fue convirtiendo en una figura pública y a través de sus intervenciones impuso la idea del círculo rojo para definir a ese conjunto bastante diverso de personas que intentan influir en la sociedad. Son un grupo importante de empresarios, periodistas, sindicalistas, hombres de la Iglesia, políticos e intelectuales. Forman parte del juego de la democracia. No menos cierto es que, desde que todos contamos con los celulares inteligentes en nuestros bolsillos, la incidencia del círculo rojo se ha relativizado bastante. Pero aún existe y tratar con sus integrantes fue parte de nuestro trabajo.

A diferencia de lo que escuchamos durante los 12 años del kirchnerismo, no estoy entre los que piensan que el periodismo es el gran culpable de todos los males de la política. Los medios ocupan un lugar muy importante en una democracia y es natural que su relación con el poder sea siempre una relación tensa. Esto va más allá de las ideas políticas de los propios periodistas e incluso de las ideas de los periodistas sobre las personas o los gobiernos. He conversado regularmente con muchísimos periodistas a lo largo de mi mandato. Entiendo y comparto que su trabajo no es elogiar a los presidentes. Es la lógica de su oficio. Si uno cree que hizo un trabajo que merece ser calificado con un diez, el periodismo naturalmente lo evaluará con un seis. O como decía Lyndon Johnson: «Si mañana el presidente comienza a caminar sobre las aguas del río Potomac, la prensa dirá "El Presidente no sabe nadar"». Esto es así y nadie me ha visto jamás enojarme con un periodista por una crítica. Los respeto mucho como para fastidiarme porque alguien cumpla con su trabajo. Creo que quien se enoja con un periodista sencillamente pierde su tiempo.

Muchos periodistas han valorado las intenciones y los logros de nuestro gobierno. Pero sé que no ha sido fácil para ellos expresar en público la importancia y la necesidad de las reformas que emprendimos. Ningún periodista quiere ser considerado oficialista y es lógico que así sea. Pero esto derivó muchas veces en una paradoja: igualarnos al kirchnerismo. Como si se tratara de compensar cada opinión crítica al kirchnerismo con una crítica de igual volumen a nuestro gobierno. No somos lo mismo y no representamos los mismos valores. La distancia con el poder es esencial para poder ser críticos. Pero no todos los que ejercimos el poder en nuestro país somos iguales. Por supuesto, no creo que los periodistas que igualan a unos y otros sean malas personas. Creo que las razones hay que buscarlas en las tensiones de un oficio que está atravesando una revolución tecnológica. Es fundamental que estos cambios no terminen con el periodismo independiente, que es una de las garantías de la democracia.

Más allá de los periodistas, con los dueños de los grandes medios tuve muy poca relación. No me interesó a mí ni les interesó a ellos. A Héctor Magnetto, el CEO del Grupo Clarín, el mayor grupo de comunicaciones de nuestro país, lo vi tres veces en cuatro años. Siempre me manejé en el marco de lo que correspondía a mi función. En este tipo de vínculos lo mejor es llevar la relación dentro de los carriles institucionales para evitar cualquier tipo de interpretación maliciosa. Aun así, hubo muchas especulaciones acerca de los motivos por los cuales nuestro gobierno aprobó la fusión entre Cablevisión y Telecom. Mi respuesta es muy simple: la aprobamos porque era lo correcto. Andrés Ibarra, nuestro ministro de Modernización, tenía a su cargo el área de telecomunicaciones. Se estudió el caso, y a partir de los análisis e informes producidos por el Enacom y por la Comisión de Defensa de la Competencia, tal como marca la ley, se determinaron las condiciones en las que se definió aprobar esta fusión. El objetivo fue asegurar la existencia de un mercado equilibrado y competitivo en el que se garantizara a todos los argentinos el mejor servicio y el más bajo costo posible para internet y para la telefonía móvil. En la posición en la que quedaba este grupo tenía la obligación de devolver algunas áreas y las devolvió, así como también debía efectuar la devolución de frecuencias del espectro radioeléctrico en función de sus vencimientos. Un presidente y un gobierno no toman ni deben tomar decisiones en base a prejuicios. Si se cumplen las reglamentaciones, adelante. No pueden intervenir otro tipo de consideraciones.

La enorme mejora de la conectividad fue otro de los éxitos de nuestro gobierno y fue fundamental para sobrevivir nuestra cuarentena, una de las más largas del mundo. Imaginemos si al encierro hubiéramos tenido que sumarle el bajísimo nivel de conectividad con que contaba nuestro país en 2015. Imaginemos por un instante la cuarentena sin internet. Sólo algunos ejemplos: cuadruplicamos la fibra óptica iluminada de la empresa Arsat hasta alcanzar más de 30 000 kilómetros en todo el país y pudimos conectar a través de ella a 1300 localidades. Y esto, sumado al despliegue de más de 100 000 kilómetros de redes de empresas privadas, hizo que la velocidad de banda ancha fija pasara de algo más de 4 megabits por segundo a más de 20.

Cuando asumimos el gobierno apenas unas 600 localidades contaban con antenas aptas para que los celulares funcionaran con 4G. Cuatro años después ese número se había cuadruplicado. El impacto fue enorme en infinidad de áreas, pero hay una que me quedó grabada para siempre por su significado: la educación. Llegamos con internet a 3600 escuelas rurales desde el norte hasta el sur. Desde la Escuela Rural de La Ciénaga, a 30 kilómetros de La Quiaca, hasta Puerto Almanza, frente al Canal de Beagle, donde los alumnos pudieron conectarse con el mundo por primera vez.

Como en todos los rubros, en las empresas de comunicación y en los medios existen diferentes tipos y estilos de empresarios. No son todos iguales. A veces los que acusan de lobby a los demás son peores que los supuestos lobbistas. Un ejemplo de este tipo de conductas es Daniel Vila, uno de los más complicados en el rubro. Vila es el clásico exponente del círculo rojo que considera que la ley debe aplicarse a todos los demás menos a sí mismo. ¿Cómo no reaccionar cuando alguien se queda con una frecuencia sin pagar, no la devuelve a los argentinos —que son sus dueños— y encima termina interponiendo un recurso de amparo ante un juez para no pagar una deuda cercana a los 500 millones de dólares?

Otra situación para destacar fue la relación que mantuvimos con Jorge Fontevecchia, el accionista principal y director de Editorial Perfil. A través de sus medios, Fontevecchia siempre mantuvo una obsesión perversa con mi familia y conmigo, en particular desde mi ingreso a la política. Su ego suele estar muy por encima de sus capacidades. Sin embargo, nunca tuve en cuenta su maltrato permanente ni sus agresiones cuando solicitó frecuencias y permisos para crecer con señales de radio y televisión, y no dudé en aprobarlos porque estaba en su derecho y cumplía con todos los requisitos. Lo mismo hicimos cuando se trató de medios que sostuvieron una posición fanática de alineamiento con el kirchnerismo, como es el caso de C5N y otros, que jamás fueron molestados por sus expresiones desde mi gobierno. La libertad en la que creo es para todos, incluidos quienes practican un periodismo cuyas prácticas no comparto.

Algunos quisieron construir una brecha entre el gobierno y los medios de comunicación. Se había instalado con bastante mala intención que nosotros despreciábamos a los periodistas o a los medios tradicionales en beneficio de las redes sociales. Esta certeza, que me llegaba a través de mis conversaciones con periodistas importantes y por lo que leía en algunos comentarios en las redes sociales, nos presentaba como un equipo arrogante que no valoraba el rol de la prensa clásica. Como en tantos otros casos, la realidad ofrecía un contraste gigantesco con esa percepción: tuvimos el récord de conferencias de prensa y de entrevistas. Sin embargo, varios periodistas no perdían la oportunidad de decirme, en público o en privado: «Ustedes sólo creen en las redes sociales, no creen en los medios». La idea parecía verosímil para algunos. Pero era y es falsa. Las redes no reemplazan a los medios y los medios no reemplazan a las redes. Coexisten, generan nuevas audiencias, modifican los modos de comunicarnos. Y todos fueron utilizados por nosotros para informar a los ciudadanos.

Durante la campaña electoral de 2015 eran muchos los periodistas que creían que nuestro triunfo era definitivamente imposible. Casi ninguno de los analistas políticos más leídos y consultados confiaba en las chances de Cambiemos y sus candidatos. Mucho menos en las mías. Y sin embargo, los ciudadanos decidieron nuestra victoria con su voto. Allí se acuñó el mito: habíamos ganado gracias a Facebook. Era el uso de las redes sociales y no la voluntad libre de los ciudadanos. Era Facebook y no el error de análisis de algunos sectores del periodismo o del círculo rojo. Creo que la sorpresa ante el resultado electoral fue un factor importante en la construcción del malentendido.

Luego, a poco de asumir, una medida presupuestaria le dio motivos a la visión conspirativa que tenían algunos: tomamos la decisión de llevar adelante un drástico recorte del 70% de los fondos destinados a la pauta de publicidad oficial para destinar esas decenas de millones de pesos a otras necesidades más urgentes y menos discrecionales. La pérdida de algunos privilegios económicos por parte de ciertos medios tras ver reducidos sus ingresos fue malinterpretada como desprecio. Una apreciación falsa e injusta.

Desde luego, la velocidad cada vez mayor en la producción y la circulación de las noticias ha venido con nuevos riesgos, el primero de los cuales es una mayor superficialidad. Y a eso se suma que al periodista profesional, formado en el trabajo o en las universidades, le han surgido millones de competidores anónimos: ciudadanos comunes que emiten y producen su propia información. El resultado es la publicación de más errores y *fake news* y una necesidad creciente de obtener más clics, *likes*, *retweets* y demás. A lo que se suma una obsolescencia cada vez más acelerada de la información. La noticia de la mañana ha quedado tapada por la del mediodía, la del mediodía es vieja a la tarde y así sucesivamente. Y las noticias que perduran requieren ser alimentadas de manera constante, no siempre con la misma calidad.

Siempre me sentí cómodo con la idea de ser y estar accesible. Si lo era en mi vida personal no veía por qué cambiaría eso en mi rol como presidente. La tecnología es una gran ayuda para eso. Me convertí en un hábil usuario de WhatsApp, hacia adentro y hacia afuera del gobierno. Resultó una herramienta simple y poderosa para comunicarme con periodistas que querían chequear alguna información, pero sobre todo para poder interactuar con las segundas o terceras líneas del equipo de gobierno y poder seguir los circuitos para que las cosas sucedieran. Sé que para muchos funcionarios era muy valioso saber que el presidente estaba cerca aunque fuera por WhatsApp. Se convirtió en una parte de mi manera de gestionar, de poder estar sobre los temas. Y sobre todo, de lograr que la palabra del presidente llegara de manera directa. El cambio que produjo esta tecnología portátil y móvil sobre la comunicación aun en el nivel más alto de los Estados es algo revolucionario. Con otros presidentes y jefes de Estado de diferentes países mantuve y sigo manteniendo conversaciones a través del chat, algo que hubiera sido impensable una década atrás. Este cambio atravesó los límites del antiguo protocolo de las llamadas oficiales y hoy genera nuevos desafíos para los servicios diplomáticos, que fueron pensados para un tiempo en que una conversación entre jefes de Estado era algo que requería un proceso formal que en el siglo XXI ya resulta anacrónico. Los innumerables diálogos y consultas mantenidos a través del chat generaron vínculos personales más próximos, mayor cercanía y confianza, que fueron claves para lograr reinsertarnos rápidamente en un mundo hipercomunicado.

Empresarios para competir o subsidiar

Los empresarios son miembros clave del círculo rojo. Los conozco bien. Al fin y al cabo, yo mismo vengo de ahí. Como en todo conjunto humano, existe una gran diversidad. Están los que quieren trabajar de verdad en un ambiente de reglas claras, sano y sin corrupción. Y, por supuesto, están los otros, los vivos, los que prefieren un entorno amañado, los que apuestan a la trampa y han aprendido a vivir a costa de los beneficios que se pueden obtener en un sistema que permite ese tipo de conductas. Las mismas características de nuestra cultura están también en la vida empresaria y se expresan muy claramente en términos generacionales. La edad es un fuerte indicador de las marcas que dejó en cada uno la historia del país y la idea del país en el que cada uno quiere vivir. Incluso, acerca de las posibilidades y el compromiso con la construcción de ese país deseado. Por eso confío mucho en la renovación cultural que viene del mundo digital, en particular en lo que lideran nuestros «unicornios», que han construido compañías que han alcanzado un valor enorme en poco tiempo. Allí la transparencia viene con la propia lógica del negocio de internet.

Una parte importante de nuestro empresariado ha tenido comportamientos corporativos y proteccionistas y tiene su cuota de responsabilidad en nuestro estancamiento colectivo. Esto se verifica cuando nos comparamos con los países que más han crecido en las últimas décadas, que fueron siempre aquellos que más se abrieron al comercio multilateral y aceptaron, permitieron e impulsaron la disrupción tecnológica en sus sociedades.

En mi visión de la vida, que incluye mi visión de la economía y de la política, la competencia ocupa un lugar central. Esto no implica un punto de vista exitista, ni una sociedad de ganadores ni nada por el estilo, quiero ser claro. El desempeño en la competencia construye nuestra identidad, es lo que nos lleva a ser quienes somos. En todos los campos. Como persona, uno crece cuando compite, empezando por competir con uno mismo. La capacidad o no de superarnos aparece ahí. Cuando ganás, pero también —y sobre todo— cuando perdés, porque te ofrece la posibilidad de mejorar, de generar nuevas estrategias para enfrentar el futuro. Cada golpe que me di en mi carrera lo viví siempre como una oportunidad para ser mejor. En la vida y en la empresa, en el deporte y en la política.

Nuestra historia económica y el desorden del Estado contribuyeron a generar muchos empresarios poco competitivos que impunemente nos transfieren su ineficiencia a todos, en vez de pensarnos como consumidores con derechos. Y esto queda claro cuando el hilado cuesta tres veces más en nuestro país que en otros lugares del mundo, cuando el empresario no reinvierte su capital, cuando no sale a buscar nuevos mercados y prefiere quedarse atrincherado en su pequeño segmento, cerrado y lejos del mundo, buscando que el Estado —o sea, todos nosotros— financie su incompetencia.

Me eduqué al lado de un gran empresario, que se hizo desde muy abajo. Franco Macri, mi padre, que era muy crítico. Pensaba que la Argentina no contaba con una política industrial que desembocara en una estrategia de crecimiento de largo plazo. Para él, esta ausencia de visión estratégica nos destinaba más tarde o más temprano a ser una provincia de Brasil. Aún recuerdo el escándalo que armó al plantear su punto de vista en una reunión de IDEA en tiempos de Domingo Cavallo como ministro de Economía durante la presidencia de Carlos Menem. Le dijeron de todo. Fue durante uno de los tantos intentos en vano de abrir nuestra economía y que, al hacerlo de golpe, generó un daño mayor que los beneficios.

Muchas veces durante la presidencia recordé aquel episodio. No podemos seguir siendo una de las economías más cerradas del planeta. Pero, ¿cómo abrir nuestra economía sin generar un colapso de nuestras industrias, poco acostumbradas a competir con productos a veces de mayor calidad y menor precio provenientes de otros lugares del mundo? ¿Cómo evitar que miles de personas queden desempleadas? ¿Cómo generar las condiciones para que el consumo de algunos no sea el empobrecimiento de otros? Por todo esto es que diseñamos un proyecto estratégico más consistente y sólido durante nuestra gestión y lo que intentamos fue de más largo aliento, para que diera el tiempo necesario para producir las adecuaciones que hicieran falta. Fue por esta razón que dispusimos de diez años para implementar el acuerdo entre la Unión Europea y el Mercosur. Necesitábamos y seguimos necesitando exportar muchísimo, pero no podemos exportar el costo argentino, no podemos exportar nuestros impuestos distorsivos. No podemos exportar los costos de convenios laborales obsoletos. No es justo con el mundo ni con nosotros mismos. Y más temprano que tarde tenemos que enfrentar esta realidad, tan bien descripta en el libro *Por qué fracasan los países* de Daron Acemoglu y James Robinson. Nuestro caso es ejemplar. Estuvimos 70 años haciendo las cosas al revés: eliminando incentivos para la competencia mediante un sinfín de regímenes delirantes. Los resultados quedaron a la vista.

Aun así, he conocido empresarios admirables a lo largo de mi vida. Uno de ellos fue Vittorio Orsi, la figura que más me inspiró después de mi padre y de quien sólo puedo decir cosas positivas. En él vi la austeridad, el culto al trabajo, la audacia, la curiosidad, el desafío intelectual, el liderazgo. Ojalá hubiéramos tenido más empresarios como Orsi en la Argentina. A los 90 años seguía trabajando como si tuviera 40 y se subía a un avión para visitar una obra de Sade, la empresa constructora de Pérez Companc que lo tuvo al frente durante décadas. Un tipo que dejó marcas en la Argentina y en mí.

Muchas veces me he sentido como un puente entre generaciones. También entre los empresarios de aquella generación de Vittorio Orsi y mi padre con la de los nuevos empresarios de internet, con los que me puedo pasar horas conversando y aprendiendo de sus modelos de negocio, su pensamiento práctico y lateral y su capacidad para optimizar y obtener métricas sobre los datos de su operación. Gente como Martín Migoya, Marcos Galperin, Mariano Bosch y muchos otros. Ellos, con sus compañías, su inteligencia y su perseverancia encarnan la idea de que hay otro tipo de empresarios. Y lo que es aún más importante: que nuestro país está en condiciones de generarlos y, a través de ellos, construir los nuevos trabajos que estamos necesitando. Mientras unos sólo pedían prebendas y privilegios, otros querían libertad y más libertad, para crear, para desafiar, para producir bienes y servicios nuevos y para expandir sus actividades desde la Argentina. Para competir, que es de lo que se trata.

Mientras escribo estas líneas leo con una enorme tristeza que Marcos Galperin, el fundador de Mercado Libre, la empresa más valiosa de la Argentina, decidió radicarse en Uruguay. Si un hecho resume todo lo que está mal en nuestra vida económica es difícil encontrar uno que sea peor. Necesitamos muchos Galperin, muchas compañías como la suya, que combinan innovación, trabajo joven, creación de valor, talento. Y de pronto, en lugar de cuidarlos y multiplicarlos… los expulsamos. El reino del revés. Necesitamos que la mayor cantidad posible de pymes logre transformarse en grandes empresas, para que así puedan generar mucho empleo y capaciten a los argentinos.

De Bergoglio a Francisco

Hace muchos años, un amigo me contó aquel viejo dicho que tiene diversas versiones, según el cual hay tres cosas que ni el mismísimo Dios conoce: ¿cuánta plata tienen los salesianos?, ¿cuántas congregaciones de monjas hay en el mundo? y, sobre todo, ¿qué piensa un jesuita? Durante mis ocho años como jefe de Gobierno tuve una relación excelente con Jorge Bergoglio, mi obispo de Buenos Aires. Trabajamos muchísimo en conjunto. Hicimos un importante trabajo social, del cual estuvimos todos muy orgullosos. Eran tiempos muy difíciles, durante los cuales el kirchnerismo lo había elegido como uno de sus enemigos principales. Los ataques eran constantes producto de sus críticas. Nuestra relación era muy cercana, a tal punto que, cuando viajó a Roma para el concilio que debía reunirse para tratar la renuncia de Ratzinger, me confesó que a su vuelta pediría su jubilación. Bergoglio estaba convencido de que iba a ser elegido uno de sus adversarios. «Ni bien esté de regreso, tráigamela a Antonia así la conozco», me dijo y nos despedimos en el Obispado sin saber que esa sería nuestra última reunión en la Argentina. Bergoglio sería consagrado papa para orgullo de todos los argentinos y no regresaría a Buenos Aires durante los años siguientes.

El 19 de marzo de 2013 fue una jornada inolvidable. Ese día tuvo lugar la misa de inauguración del pontificado de Francisco ante decenas de delegaciones internacionales. Había pasado menos de una semana desde aquel histórico «*Habemus Papam*» y de su aparición en la famosa ventana frente a la Piazza San Pedro. Yo había llegado a Roma invitado por el propio Bergoglio y él mismo se había ocupado de darme un lugar, porque la presidenta había decidido que yo no formara parte de la delegación de nuestro país. Era una situación absurda ya que los obispos representan a las ciudades y no a los países. Jorge Bergoglio lo era de la ciudad de Buenos Aires, de cuya administración yo estaba a cargo por segundo período consecutivo, pero así de malas o inexistentes eran las relaciones entre la expresidenta y yo en aquel tiempo, pese a mis esfuerzos en contrario.

Bergoglio se ocupó personalmente de asistirme por medio de monseñor García, uno de sus colaboradores más cercanos. Yo me había alojado en un hotel en Piazza Spagna y habíamos llegado el día anterior. Federico Suárez, que trabajaba en nuestro equipo de comunicación, se había reunido con García apenas llegamos para informarle que no contábamos con una invitación «oficial». García habló con el papa inmediatamente y nos mandó decir a través de Suárez que no nos hiciéramos problema, que de alguna manera nos acomodarían.

Antes de las 8 de la mañana del día siguiente Fede Suárez, Fulvio Pompeo y Marcos Peña partieron rumbo a la plaza San

Pedro. Me quedé en el hotel con Juliana desayunando tranquilo. Sabía que, con bajar a las 8.15, llegábamos bien ya que la ceremonia comenzaría a las 9. Conozco bien Roma, con el camino despejado, en 20 minutos estaríamos en San Pedro sin inconvenientes. Los minutos pasaban y notaba que el vehículo que debía pasar a buscarnos no llegaba. Ju, nerviosa, me miraba y yo sonreía tratando de transmitirle calma. Pero por dentro yo mismo empezaba a transpirar. 8.20, 8.25 y ni noticias del auto que tenía que llevarnos. En la puerta del hotel descubro que la mayoría de los huéspedes se iban subiendo a distintas camionetas con el mismo destino que teníamos nosotros, todos invitados especiales a la misma ceremonia. Todos impecables, hasta que sólo quedamos Juliana y yo, mirándonos sin saber qué hacer.

El chofer había entendido que debía esperarnos en San Pedro. En ese momento ya era Juliana la que me calmaba a mí. 8.45 apareció nuestra camioneta, a la que nos arrojamos como en las películas. Cuando llegamos a la Via del Corso estaba todo trabado. Siete cuadras y yo sufría frente a lo que percibía como un papelón inminente: llegar tarde y sin invitación. Los que me conocen o han trabajado conmigo saben que hay pocas cosas que no tolero en los demás. La impuntualidad es una de ellas. El colmo de esto es ser yo mismo el impuntual.

8.52. El tráfico no se mueve. Vine desde Buenos Aires a la asunción del primer papa argentino, al que conozco, me invitó personalmente… ¡y voy a llegar tarde! Y de golpe escucho unas sirenas y ruido de motos. Con perdón de la herejía, Dios me salvó. Era el auto que trasladaba a mi amigo el presidente de Chile, Sebastián Piñera. Le ordené al chofer, también como en las películas: «¡Siga a ese auto!». Creo que atinó a esbozar un «Pero…» porque le estaba pidiendo que fuera a contramano pero debo haber sonado muy convincente porque se puso nomás detrás de la caravana de Sebastián y llegamos. Eran las 8.57.

Lo primero que vi fue una plaza San Pedro más imponente que nunca. Había cientos de sillas ocupadas a un lado, un ancho pasillo en el medio, la escalera, los jefes de Estado, los obispos, todos sentados en sus lugares. Voy caminando junto a Juliana y veo a monseñor García y a Federico Suárez gesticulando desesperados a los gritos: «¡No sé dónde está! ¡No sé dónde se metió!». Federico nos ve llegar caminando rápido, alcanzo a darle el sobretodo y paso por delante de la delegación argentina, desde donde me observan como quien ve pasar un fantasma. Aún recuerdo el gesto entre sorprendido y malhumorado de Aníbal Fernández como si pensara «Este tipo llega un minuto antes de que empiece la misa y sin que lo inviten...». Monseñor García nos colocó dos sillas arriba, detrás de las delegaciones oficiales, justo detrás de la entonces princesa Máxima, cuando veo a lo lejos que el papa está saliendo y García me dice: «Por favor, espérenme acá que en cuanto termine la ceremonia los vengo a buscar».

Juliana y yo seguimos la ceremonia muy conmovidos. Observábamos ese río de cardenales que iban saliendo y aparece alguien que nos dice «Vengan» y, apenas caminamos unos pocos metros, sale el papa y nos damos cuenta de que estamos entrando a San Pedro justo detrás de él. Ingresamos prácticamente juntos a la Basílica. Unos instantes después, el papa se ríe, nos mira y me dice: «Qué bueno que vino, ¡pero no me la trajeron a Antonia!».

Desde luego, nos volveríamos a ver siendo yo presidente, en Santa Marta y con Antonia, que, celular en mano, con toda inocencia le pedía al papa que dijera «¡whisky!» una y otra vez para tomarle una foto. Nuestra relación estuvo siempre rodeada de especulaciones políticas. Es cierto que cada palabra suya, cada gesto, cada persona a la que recibía y lo que luego cada una de esas personas declaraba era interpretado en nuestro país de mil maneras. Para algunos hubo un distanciamiento, que yo nunca generé. Que las fotos, que si había querido decir esto o aquello. En nuestro equipo había personas que tenían un vínculo muy estrecho y personal con él, como Jorge Triaca, Carolina Stanley o Esteban Bullrich. Siempre traían mensajes positivos y de aliento. Creo que muchos quisieron hacer un uso político de su figura. Y él no siempre fue claro en su rechazo a ese rol que muchos le atribuyen. Por otro lado, en cada uno de los encuentros personales que mantuvimos su actitud fue muy positiva.

Veo su vocación como la de un pastor que quiere contener a todo su rebaño. Y cuando esto implicó tender puentes con el kirchnerismo, que tanto lo había atacado, al punto de conspirar contra su propia elección como pontífice, muchos de nuestros votantes reaccionaron de manera muy negativa y lo interpretaron como una toma de posición ideológica de su parte. Algunos sectores de la Iglesia dejaron entrever que nosotros controlábamos las redes sociales, que digitábamos mensajes en contra de tal o cual persona, de tal o cual institución. Y eso es completamente falso. Y no sólo es falso, es completamente imposible de llevar a cabo. Quien piense así desconoce el funcionamiento de las redes sociales. Nunca hemos financiado *trolls*. Y aun sin contar con evidencias, muchos sectores, entre ellos algunos allegados a Bergoglio, han expresado que había funcionarios en nuestro gobierno llevando adelante estrategias anticlericales o anticatólicas, lo cual es completamente equivocado e injusto. Nuestro gobierno se ha caracterizado por la diversidad de sus integrantes. He contado con creyentes, ateos, agnósticos, integrantes de distintos credos y todos hemos convivido con pleno respeto por las creencias y la fe de cada uno. Jamás atacaríamos a alguien por sus ideas y sus convicciones y muchísimo menos por su religión.

Independientemente de todas estas especulaciones, el diálogo con la Iglesia fue permanente. Y el entendimiento fue mutuo en muchos niveles. En la política social, en cuestiones educativas, en valores compartidos hemos pensado y buscado soluciones a problemas. Y lo mismo sucedió con todos los cultos y confesiones. En particular, tuvimos un excelente vínculo con las iglesias evangélicas, que hacen un gran trabajo, de enorme proximidad con la vida cotidiana de muchísima gente.

Podemos pensar diferente y respetarnos. Y uno de los motivos de orgullo que tengo con respecto a nuestro espacio político es cómo pudimos atravesar los temas más controvertidos, que ponen en discusión convicciones muy profundas, sin por eso perder nuestra unidad. Como jefe de Gobierno tuve una fuerte diferencia con Bergoglio al decidir no apelar el matrimonio igualitario en la ciudad de Buenos Aires, que fue pionero en la región. Y esto lo hice aun dudando sobre el uso del término «matrimonio» para la unión civil entre personas del mismo sexo, porque consideraba que era agresivo con quienes creían que el matrimonio debía ser entre hombres y mujeres. Pero así como sostenía esto también estaba profundamente convencido de que las personas homosexuales que deciden vivir en pareja deben tener los mismos derechos que las que conviven siendo de diferente sexo. Esta es mi postura en este tema, lo fue y lo seguirá siendo.

La decisión de abrir la discusión sobre el aborto generó apoyos y críticas. Recuerdo perfectamente el llamado de Carmen Polledo. Fue un fin de semana de febrero de 2018 y me dijo que estaba muy preocupada por la manifestación pro aborto que se iba a realizar con motivo del Día Internacional de la Mujer. «Nos van a querer llevar por delante, tienen mayoría en el Congreso y van a intentar imponerse de cualquier manera». Fue allí que Carmen propuso la idea de adelantarnos y abrir el debate. El lunes siguiente estuvo Carmen contando su idea, junto con Nicolás Massot, en nuestra reunión de coordinación, de la que participaban el jefe de Gabinete y varios ministros, junto con el presidente de la Cámara de Diputados, Emilio Monzó. La situación de mayorías y minorías la confirmó Emilio y tomé la decisión de ir adelante con el debate. Todo puede ser debatido en una democracia y en el Congreso. Y llegado el momento, se vota. Y la mayoría impone su criterio y la minoría tiene que aceptarlo.

La Iglesia se enojó, los evangélicos se enojaron. Me llegaron a plantear ideas disparatadas como que la responsabilidad de la decisión había sido del Fondo Monetario Internacional. O que yo estaba planteando la discusión por mera conveniencia, como una cortina de humo frente a los problemas de la economía. Uno de los obispos que estaban convencidos de estas ideas era monseñor Ojea, obispo de San Isidro y presidente de la Conferencia Episcopal, y me lo preguntó en un almuerzo en Olivos. Yo le respondí que las teorías conspirativas son algo muy peligroso. Hay muchos argentinos a los que les encantan porque permiten explicar un hecho complejo con una sola frase. Así es que, mientras muchos hacen elucubraciones acerca de cuáles fueron mis motivos ocultos, yo sólo pienso que alguien que conduce y lidera debe generar los espacios para que todo el mundo se manifieste. En el siglo XXI no pueden seguir existiendo temas de los que no se pueda hablar.

Para mí fue un proceso traumático. Yo estoy a favor de la vida y lo he repetido en innumerables ocasiones. Por mi formación, por el colegio al que fui, por la influencia decisiva que tuvo mi abuela. Pero también sé que esto choca de frente con mi liberalismo. Existe una tensión porque, de acuerdo con mi visión, cada uno debe poder vivir de acuerdo a sus convicciones en tanto no dañe a los demás. Y la cuestión del aborto puso de manifiesto esas tensiones. ¿Podemos o no podemos decidir si traemos esa vida al mundo? ¿Son iguales todos los casos? Es muy difícil responder estas cuestiones con una única respuesta que les sirva a todos. Yo fui padre muy joven, a los 22 años, y en aquel momento alguien planteó la posibilidad de interrumpir el embarazo. Obviamente, me casé y el embarazo de Agustina siguió adelante. Entiendo perfectamente la sensación de incertidumbre frente a ese tipo de decisiones vitales que te llevan a tomar uno u otro camino. Se trata de decisiones que no tienen vuelta atrás. Estoy orgulloso de lo que hice y no puedo imaginar mi vida sin mis hijos. Yo no sería quien soy ni hubiera tenido la vida que tuve sin ellos. Por un lado, estás tomando una decisión sobre otra vida. Por el otro, estás obligando a una persona a tomar decisiones involuntarias que van a condicionar el resto de su vida. Entiendo lo conflictivo del tema y por eso volvería a abrir el debate tantas veces como fuera necesario. Casi dos años después, el Congreso finalmente legalizó la interrupción voluntaria del embarazo, con votos de todos los bloques parlamentarios.

Más allá de las fuertes diferencias mantenidas por mi decisión de avanzar en el debate de la cuestión del aborto, el Episcopado sostuvo posiciones críticas sobre nuestro gobierno y llegó a alinearse con la oposición kirchnerista en más de una oportunidad. El titular de la Pastoral Social, Jorge Lugones, fue uno de los más duros. Pese a que nuestro gobierno batió todos los récords históricos en materia de inversión social, Lugones manifestó en un encuentro en junio de 2018 sus dudas acerca de la existencia de sensibilidad social en nuestro gobierno. Lo más curioso fue que lo hiciera delante de Carolina Stanley y María Eugenia Vidal, dos mujeres cuyo compromiso con los más humildes está fuera de toda discusión.

El 20 de octubre de 2018, el arzobispo de Luján, Agustín Radrizzani, llevó adelante una misa que se convirtió en un verdadero acto partidario. Desde Hugo y Pablo Moyano hasta Juan Grabois, pasando por buena parte del sindicalismo y una larga lista de dirigentes kirchneristas, se unieron a la Iglesia para exigir un cambio de modelo económico. Las palabras eran más que elocuentes ya que nos acusaba «de poner en peligro la vida y la paz social de los argentinos».

Hoy creo que al menos un sector importante de la Iglesia tomó partido en contra de nuestras políticas y se convirtió de manera activa en parte de la oposición. Esta situación causó mucho dolor en el enorme número de católicos que nos manifestaban su apoyo, aun en los momentos más duros. Y también en ministros, funcionarios y en mí mismo, que sintiéndonos parte de la Iglesia por nuestra fe y nuestro compromiso vimos con mucha tristeza cómo esta se alineaba con la crítica más dura al gobierno.

No sé cuáles fueron las razones de este alineamiento. No sé por qué la Iglesia agitó el tema del hambre en plena campaña electoral o cuál fue el objetivo de sus hombres al hacerlo. Tampoco sé si desde el Vaticano esto fue estimulado en las numerosas reuniones que el papa Francisco mantuvo con sindicalistas y opositores. Hay quienes dicen que sí. Algunos lo explican por la antigua relación del peronismo con la jerarquía eclesiástica y a partir de lo que algunos llaman la «ideología del pobrismo», esa interpretación que parece ensalzar la pobreza en lugar de combatirla a través del crecimiento y el desarrollo económico. En cualquier caso, será un tema para los historiadores en el futuro. Hoy creo que este alineamiento fue tan contundente como desafortunado.

Los ámbitos sobre los que trabaja un gobierno y sobre los que trabaja la Iglesia son diferentes. El gobernante debe generar espacios de desarrollo, tiene que generar un marco de reglas que le permita al país sacar lo mejor de las personas. Y yo creo que lo mejor es el resultado de la competencia. Creo en el sentido de la competencia y en el de la superación personal. El mundo espiritual, el de los sacerdotes y los pastores de las diferentes iglesias funciona a partir de otra lógica y allí se convoca desde el corazón. Ambos mundos conviven y se alimentan entre sí, pero son distintos. Con monseñor Ojea mantuvimos una conversación que ejemplifica esta diferencia de miradas.

En otro almuerzo en Olivos, monseñor Ojea, un hombre con un profundo sentido social, me planteó que debía transmitirles a los empresarios que tenían «que reducir sus ganancias y poner más». Recuerdo mi respuesta: «Oscar, el ser humano no funciona así. Ustedes deben pedir eso desde el púlpito. Ese es su trabajo. Yo tengo que hacer el mío. Y lo que yo tengo que hacer es lo que pasó con RenovAR en el primer ciclo de licitaciones de energías renovables». Y les conté a Ojea y a quienes nos acompañaban que la primera licitación se adjudicó a un valor de 60 dólares por megavatio/hora. Algunas compañías muy importantes que cotizaron por encima de ese monto quedaron indignadas y sus representantes dijeron que era una locura, que el precio adjudicado era inalcanzable, que no podía ser. Me enteré que, cuando llegó la siguiente licitación, algunas de las compañías que habían perdido en la anterior ganaron con precios cercanos a los 50 dólares por megavatio/hora, que fue el promedio que se alcanzó. Y sus representantes estaban contentos porque era un buen negocio para la compañía. Hicieron lo que había que hacer para poder competir: revisaron sus costos, ajustaron sus márgenes y bajaron los precios. La competencia necesariamente trae consigo mejores productos, menores precios y mayores beneficios para los consumidores sin que surjan de imposiciones arbitrarias.

La competencia es el elemento clave para que los productos incrementen su calidad y bajen sus precios para ser accesibles a cantidades cada vez más grandes de consumidores. En esta discusión la historia juega a favor de esta idea. Donde no hay competencia los mejores bienes y servicios son un privilegio de aquellos que los pueden pagar. Competencia y democracia van de la mano. Allí donde hay libertad para competir, la democracia prospera. Una cosa lleva a la otra.

Sé que se trata de una discusión eterna. La conozco bien. Esto no implica en absoluto que las empresas y los empresarios deban desentenderse de su contexto social, cultural, educativo o ambiental. El concepto de «responsabilidad social empresaria» surgió precisamente para decirle al mundo empresario que su rol no es completamente independiente del medio en el que se desenvuelve. Y es una idea que debe expandirse y promoverse. Son muchas las organizaciones y las personas que contribuyen con proyectos de enorme importancia para mejorar la realidad. Pero la idea de señalar al que genera riqueza como culpable ante la sociedad encierra un enorme peligro y nos ha llevado a esa noción que el maestro Daniel Barenboim definió de manera brillante en uno de los varios encuentros que mantuvimos como una «contagiosa mediocridad».

Mi conciencia de católico y creyente estuvo siempre en paz. El domingo 8 de diciembre de 2019, Día de la Inmaculada Concepción, a pocas horas del final de mi mandato, la Iglesia me convocó a Luján para la celebración de una Misa por la Unidad y la Paz, junto al presidente electo Alberto Fernández. Apenas llegamos con Juliana, se acercó monseñor Ojea a recibirme. Me agradeció mi presencia y sin más prolegómenos recuerdo que le dije: «Monseñor, gracias por invitarme. Siempre es bueno estar cerca de Dios. El mismo Dios que espero les perdone todas las maldades que me han hecho durante estos últimos meses».

4

Las dificultades del cambio

Un año antes de la elección de 2015 me reuní con Jorge Ferioli, un empresario petrolero que quería contarme sus ideas sobre el potencial de la Argentina como productor de energía. No era un momento para optimistas: después de casi 12 años de errores y arbitrariedades, habíamos pasado de ser un país exportador a un país importador de gas y petróleo, que gastaba miles de millones de dólares por año en traer barcos desde Qatar para compensar el gas que nos faltaba. Había apagones todos los veranos en las ciudades y todos los inviernos en las fábricas, las tarifas estaban atrasadas y los subsidios, mal repartidos porque premiaban a quienes podían pagar más y castigaban a los que no.

Lo que más recuerdo de la presentación de Ferioli, con quien nos vimos una mañana en la vieja sede del gobierno porteño, en Bolívar 1, fue que ahí tomé conciencia del papel estratégico que Vaca Muerta podía tener para solucionar nuestra crisis de energía. Por supuesto que había oído hablar de Vaca Muerta y había seguido de cerca los intentos, poco exitosos, del gobierno de entonces por desarrollarla. Entrando al año electoral, supe entonces que una parte importante de nuestro futuro energético debía pasar por Vaca Muerta.

El crecimiento de Vaca Muerta no sólo nos iba a permitir equilibrar la balanza energética. Además, pensé en aquel momento, como es una industria de procesos continuos, en la que siempre hay que estar excavando y buscando y construyendo instalaciones, podía ser una fuente de empleo fenomenal y beneficiar a muchas otras industrias nuestras. Es lo que finalmente pasó, sobre todo con la metalmecánica de Santa Fe, Córdoba y la provincia de Buenos Aires, que muy rápido encontraron maneras de venderles sus productos y servicios a las empresas que operan en el yacimiento.

¿Qué hacía falta, entonces, para despertar a Vaca Muerta, que en 2015 estaba parada? Varias cosas. De algunas de ellas podría ocuparme yo mismo, como ofrecer reglas claras y quitar el cepo al dólar. Otras requerían procesos que un presidente no decide por sí mismo y necesitan acuerdos más amplios. Un problema clave era el costo: explorar en Vaca Muerta era demasiado caro para los resultados que ofrecía.

Sabiendo esto, empecé a hablar seguido, todavía durante la campaña, con Guillermo Pereyra, el principal dirigente gremial del petróleo y entonces senador nacional por el Movimiento Popular Neuquino. Pereyra no es un tipo fácil, maneja su gremio con puño de hierro desde 1984 y es ladino y desconfiado. De a poco lo fui ablandando. «Si usted logra que su gente acepte ceder un poco, y las empresas ceden un poco y el gobierno de Neuquén y la Nación ceden un poco, esto puede explotar —le decía yo—. Podemos generar decenas de miles de puestos de trabajo para su gremio y cientos de miles de empleos en todo el país».

El objetivo, le insistía, era que los costos de Vaca Muerta fueran parecidos a los de Eagle Ford, la formación rocosa de Texas que era la principal fuente de gas y petróleo no convencional en Estados Unidos. «Tenemos que ser más parecidos a los gringos, salir a competir contra ellos», le decía yo, y al final logré entusiasmarlo. Me dijo que entendía lo que quería hacer y que, si ganaba la elección, me iba a apoyar en ese camino.

Por eso apenas ganamos lo cité en Olivos y le dije: «Bueno, ¿empezamos?». Creo que ahí Pereyra se dio cuenta de que la cosa iba en serio. Le dije que iba a llamar a YPF, a las otras empresas y al gobierno neuquino y le pedí que me acercara al otro gremio, el de los profesionales de la actividad petrolera. Eso hicimos y ahí arrancaron las reuniones, ya con el liderazgo de Juanjo Aranguren, que tomó el tema con pasión y una enorme capacidad para unir posiciones. Viajamos a Houston a presentar nuestro plan, hablamos con todo el mundo, para convencerlos de que esta vez Argentina iba en serio con Vaca Muerta. Llevó un tiempo llegar al acuerdo final, pero en enero de 2017 pudimos anunciarlo. Todos los actores se comprometieron a ceder una parte de sus exigencias porque estaban entusiasmados con ser protagonistas de la transformación del país en una potencia energética.

Los resultados fueron inmediatos y, con los años, espectaculares. A medida que bajaba el costo de producir en Vaca Muerta llegaban nuevas inversiones y aumentaba nuestra producción de gas y petróleo, lo que a su vez permitía volver a bajar los costos. Volvimos a exportar gas mucho más rápido de lo que habíamos planeado, porque aprovechamos los caños abandonados hacia Chile. En todas las áreas dimos vuelta la situación dramática con la que habíamos arrancado, en buena parte gracias al proceso que puso en marcha Aranguren y que continuaron Javier Iguacel y Gustavo Lopetegui: volvió a crecer la producción de petróleo (después de 20 años de caída) y también la producción de gas.

Durante mi mandato los cortes de luz bajaron un 40%, gracias a que se construyeron 29 centrales eléctricas de generación térmica y se terminaron otras 12 que estaban en obra. Como la capacidad para generar electricidad aumentó un 30%, los argentinos ya no estamos al borde del colapso si un día de verano hace demasiado calor. El nuevo gobierno pudo beneficiarse de esta situación en su primer verano, en el que prácticamente no hubo cortes.

En mis años como presidente visité varias veces Vaca Muerta. Me encantaba ir, porque veía concentrada ahí la energía y el entusiasmo que quería para todo el país. Sobre todo en el último año y medio, cuando era difícil encontrar buenas noticias en otras partes. En aquel desierto, donde la gente vivía en campamentos y bajo un clima duro, empresas nacionales y extranjeras competían para ver quién hacía más fracturas y producía más, los caminos y las instalaciones mejoraban constantemente, jóvenes que habían estudiado ponían su conocimiento al servicio del desarrollo del país: se sentía el espíritu del progreso. Vaca Muerta era un lugar con una mística especial, una mística de pioneros muy argentina y también muy patagónica, de la que me sentía orgulloso de haber contribuido al menos en una parte.

Lamentablemente, un año después Vaca Muerta está en una crisis absoluta. En parte por el derrumbe del precio del petróleo, pero ya desde antes los cambios de reglas, el aumento de las retenciones y el regreso de cepos durísimos al dólar la habían dejado en una situación de espera. Es una pena. Con cuatro años más del ritmo al que veníamos, podríamos haber llegado a exportar en gas y petróleo casi lo mismo que exporta el campo.

Es cierto que el gas y el petróleo siguen ahí, que nadie nos lo va a robar y que en unos años puede venir otro gobierno que sepa cómo volver a darle vida. Pero el tiempo que tenemos no es infinito. A fin de cuentas, en Vaca Muerta hay recursos fósiles y el mundo está haciendo esfuerzos y progresos enormes para dejar atrás los combustibles basados en petróleo y gas. Todavía falta mucho para que eso ocurra, pero en algún momento va a pasar, y ahí Vaca Muerta dejará de ser valiosa. Por eso, cada año que el yacimiento no crece es un año menos con energía barata para nuestras familias e industrias, un año menos sin los dólares que aportan sus inversiones y sus exportaciones, y un año menos sin los empleos que podría generar en Neuquén y en todo el país.

Me gustaría usar esta historia de Vaca Muerta como un ejemplo típico de lo que fue buscar y obtener acuerdos en mis años como presidente. Pero admito que fue más una excepción que una regla. Logramos éxitos similares en el sector de la carne, donde también armamos una mesa con todo el sector y pudimos transparentar una industria acostumbrada a la informalidad. En este camino sin dudas nos ayudó la condena a Alberto Samid, referente de una corporación que se negaba a aceptar reglas parejas para todos. La mayor formalidad y competencia en el sector contribuyó a multiplicar por cuatro las exportaciones de carne, después del derrumbe y las prohibiciones de la etapa kirchnerista. También logramos éxitos muy buenos en la mesa de logística, de donde salieron ideas que después se implementaron, como los camiones bitrenes, el crecimiento del Belgrano Cargas (que en nuestros años multiplicó su carga por tres) y el funcionamiento de los puertos. En muchos otros sectores, en cambio, encontramos fuertes resistencias.

En Vaca Muerta logré que los actores entendieran que debían confiar entre sí para que el conjunto saliera beneficiado. En pocos otros lugares pude aplicarlo: lo más habitual en la Argentina es que los actores desconfíen entre sí y terminen saboteándose los unos a los otros en juegos de suma cero, donde al final nadie gana. Pero tampoco nadie pierde. Todos los dirigentes se quedan con lo que tenían. Gana el statu quo, pierde el cambio.

La Argentina que no quiere cambiar

En los años en que fui presidente y en estos meses después de haber dejado la Casa Rosada, mucha gente me pregunta por qué no fuimos más a fondo con las reformas que queríamos hacer o por qué no logramos cambios más profundos en la estructura política y productiva argentina. Es una pregunta para la que tengo varias respuestas.

La primera es que no estoy tan seguro de que las reformas que hicimos hayan sido insuficientes o poco satisfactorias. El tiempo dirá cuánto contribuyeron nuestros cuatro años a cambiar la cultura del Estado y la política en la Argentina, a la que creo que hicimos avanzar varios pasos en la dirección de más transparencia, más modernidad, más tecnología y más profesionalismo en la gestión estatal. En lugares como el Pami y la Anses, por ejemplo, los cambios han sido profundos. Lo mismo en la modernización del Estado, la evaluación educativa, el sistema energético, el mercado aerocomercial, el marco jurídico para investigar la corrupción, el transporte público, las industrias del conocimiento y la inclusión financiera, el funcionamiento cotidiano de la Justicia, el acceso a internet, la cultura pro exportadora del Estado, el acceso a la información pública, las fuerzas federales de seguridad y los programas sociales, entre otros.

Después está la cuestión de si al Estado argentino le hacen falta tres o cuatro grandes reformas, como suelo escuchar a mi alrededor —una reforma tributaria, una reforma laboral, una reforma previsional, etc.—, o si necesita mil pequeñas reformas para desatascar procesos y reparar injusticias acumuladas durante décadas. A mí me gusta pensar que son las dos cosas, pero siento un cariño especial por el segundo tipo de reformas, cuyo espíritu resumí en algún momento como el «reformismo permanente». Una buena organización, bien liderada y con una cultura saludable es aquella que está todo el tiempo mejorándose a sí misma. El Estado argentino tenía poco de esa cultura cuando llegué —la tenía en contados lugares, como el Instituto Nacional de Tecnología Agropecuaria (Inta) o en áreas del Ministerio de Hacienda— y espero haber contribuido a cambiar eso durante mis años a cargo.

Por ejemplo, cuando asumí, los camiones que llegaban con la cosecha a Rosario tenían que realizar una cola de más de dos días en el puerto para dejar su carga. ¿Cómo podía creer alguien que eso fuera un sistema que funcionaba correctamente? ¿Por qué los camioneros no iban en patota a quejarse a la oficina del gobierno para protestar por semejante desprecio por su tiempo, por su salario, por su familia, por la productividad de su camión? Y no estamos hablando de construir un túnel subfluvial, ¡lo único que hacía falta era un sistema de turnos! Bueno, eso hicimos, y bajamos inmediatamente la cola de dos días a seis horas. Otro ejemplo: los productores agropecuarios tenían que hacer 300 kilómetros en promedio todas las semanas para llenar un trámite en el Senasa, la agencia de salud animal, perdiendo tiempo y plata y arriesgando sus vidas en la ruta. Ahora lo pueden hacer desde el celular.

Por supuesto que las grandes reformas son importantes, por su contenido y porque envían señales fuertes al sistema político, a la sociedad y a los inversores de que hay un proceso de cambio en marcha. Pero estos pequeños cambios de reformismo permanente, multiplicados al infinito, pueden tener y a menudo tienen el mismo impacto en la economía y en la vida cotidiana de las personas. La receta electrónica del Pami, por ejemplo, les ahorra a los adultos mayores tener que ir cada dos semanas a su médico a buscar la receta para su medicación. Son cambios importantes. Por eso espero que los beneficiarios de estos procesos no se vuelvan a resignar. Cuando llegamos estaban resignados: no esperaban casi nada del Estado, salvo problemas y molestias (y transferencias de plata). Con nosotros, en diversas agencias y puntos de contacto, con las limitaciones y los obstáculos habituales, incluidos los nuestros, que también tuvimos nuestra curva de aprendizaje, muchos argentinos se encontraron con un grupo de gente que intentaba solucionarles los problemas, por más chicos que parecieran.

No sé si tuvimos tiempo de dejar en la cultura estatal este espíritu de solucionar problemas y trabajar para los ciudadanos, en parte porque muchos de los que trabajaban con nosotros en la administración pública arrastraban culturas y lealtades políticas contrarias a las nuestras. Quizás regresen el exceso de burocracia, las arbitrariedades y la desidia. Pero lo que no quiero es que los argentinos vuelvan a resignarse.

El mayor éxito del populismo en estas décadas es haber inyectado en el sistema sanguíneo argentino el virus de la resignación: no esperar nada y no desilusionarse cuando nada ocurre. Espero que no se resignen los que no tienen cloacas (todavía un tercio del país, a pesar de que casi 2 millones de personas las recibieron durante mi mandato) y que no se resigne la clase media a ser maltratada por un Estado ausente y a veces mafioso.

Un segundo apunte sobre la profundidad de nuestras reformas es que resulta imposible medir su éxito o su fracaso sin tener en cuenta la debilidad de mi posición inicial. Tenía minoría parlamentaria —fui el primer presidente en 100 años que pasó su mandato completo con minoría en ambas cámaras—; sólo 5 de los 24 gobernadores eran de mi partido; recibimos una situación económica inicial muy delicada, que requería soluciones inmediatas; y sufrimos desde el primer día una oposición, de parte del kirchnerismo saliente, absolutamente fanatizada y destructiva, que sistemáticamente coqueteaba con helicópteros y salidas anticipadas. Esta situación limitó desde el principio mi capacidad para negociar con los gobernadores, los sindicatos, los empresarios, las organizaciones sociales y todas aquellas corporaciones con poder permanente que debían ceder parte de sus privilegios para sacar el país adelante.

Por supuesto que parte de mi responsabilidad como presidente y líder político era ampliar nuestra base de sustentación y generar los consensos necesarios para lograr, primero, una mínima gobernabilidad y, luego, encarar transformaciones profundas. Lo tuve claro desde el principio, y si en algunos casos no lo logré tengo que aceptar que en parte fue responsabilidad mía. También es cierto que lo intenté desde el primer día. No sólo durante el viaje a Davos con Massa, para mostrarle cómo funcionaba el mundo e invitarlo, desde su lugar de opositor responsable, a acompañar el proceso de cambio que queríamos iniciar. En aquellos primeros meses de gobierno me senté a conversar con todos los que quisieron hacerlo y les conté cuál era mi diagnóstico y cuál era mi plan. Casi todos estaban de acuerdo conmigo, sobre todo en el nivel de diagnóstico. Después, cuando queríamos bajar a los detalles, los mismos actores empezaban a escabullirse. Ninguno estaba contento sobre cómo vivía, todos reclamaban cambios, pero los sindicalistas no querían una reforma laboral, los empresarios no querían abrir la economía y los políticos no querían resignar sus presupuestos. Cuando hablaba con ellos me daban la razón en todo, pero al final de cada reunión me preguntaban por la seguridad de su propia parcela. *Ubi est mea?* (¿dónde está lo mío?), como dice Jorge Asís.

Otra respuesta para explicar el limitado alcance de nuestras reformas es reconocer que llegamos a la Casa Rosada de manera inesperada, gracias a la enorme cantidad de errores cometidos por el partido dominante. Y que siguió siendo dominante después de su salida, por su control de estructuras de poder, como los sindicatos y como la propia administración pública, en la cual habían quedado cientos de miles de empleados contratados por (y simpatizantes de) el kirchnerismo, con quienes tuvimos que trabajar todos los días durante cuatro años. En los 12 años del kirchnerismo, la cantidad de empleados del sector público nacional se había más que duplicado, de 354 000 a 775 000. Algunos de ellos tenían vocación por lo público y trabajaron bien con nosotros. Muchos otros, no tanto.

Por lo tanto, el mandato político con el que llegué a la Presidencia era cambiar el estilo del gobierno anterior y revertir la falta de respeto por el ciudadano, el abuso y el uso del Estado en beneficio propio. Pero la mayoría no nos estaba pidiendo un mandato mayoritario de cambio económico profundo. Esa demanda de cambio económico no sólo no estaba presente en la sociedad. Tampoco estaba presente entre los actores importantes, salvo algunos empresarios jóvenes, de sectores competitivos, que reconocían la necesidad de hacer reformas que mejoraran la competitividad de nuestra economía y la conectaran mejor con el resto del mundo. Buena parte del sector privado esperaba que elimináramos las medidas más aberrantes del kirchnerismo, como el cepo y las ridículas trabas para importar, que volviéramos a poner a funcionar el Indec y que saliéramos del *default* (todas cosas que hicimos en los primeros meses), pero de ninguna manera había una demanda empresaria de cambiar el régimen económico vigente, con el cual muchos habían aprendido a convivir aceptablemente.

Una última respuesta sobre este tema, referida al clima de época imperante. Como pasaron ya algunos años es difícil sumergirnos en lo que eran las ideas dominantes de ese momento, después de 12 años de kirchnerismo impulsando siempre en la misma dirección. Les doy un ejemplo: *Fútbol para Todos*.

Cuando llegué a la Casa Rosada, el gobierno argentino llevaba cinco años financiando el fútbol de primera división. La situación era normal y aceptada, a pesar de que la transmisión de los partidos se había vuelto una plataforma de propaganda oficialista, el gobierno era el único anunciante y las tandas y los comentarios de los relatores contenían elogios al gobierno y críticas despiadadas a la oposición. Llegaron al extremo de compararme durante un partido con los responsables de los «vuelos de la muerte» ocurridos durante la dictadura militar.

En la campaña había tenido que realizar malabares para hablar sobre el tema, a pesar de que sabía que la situación fiscal del Estado argentino no daba en absoluto para seguir subsidiando el fútbol profesional. En las primeras semanas de gestión, encima, vinieron a verme los dirigentes del fútbol y me dijeron que la plata no les alcanzaba, que necesitaban el doble. Esa situación, siento ahora, reflejaba bien los dilemas que tuve que enfrentar en aquel momento: una situación insostenible e indefendible, pero con aprobación popular, mediática y política, combinada con actores que no sólo no querían reformarse sino que buscaban multiplicar su acceso a la caja del Estado.

Nombré al frente de *Fútbol para Todos* a Fernando Marín, que tenía una extensa trayectoria en los medios de comunicación y un paso destacado por la dirigencia del fútbol. La confianza generada por nuestro gobierno permitió que grandes compañías especializadas se interesaran en el fútbol argentino. Y la solución fue clara y transparente: la AFA nos propuso rescindir el contrato, cosa que aceptamos de inmediato, y los clubes habilitaron una licitación internacional que le permitió al gobierno salir de un lugar donde nunca debió haber estado. Estoy a favor de apoyar el deporte como política de Estado. Pero usarlo como un mecanismo para negocios particulares y propaganda política me parece inmoral.

En el caso de *Fútbol para Todos* nos salvó que los clubes recibieran una oferta mucho mejor que la del Estado. Pero en otras situaciones similares aquel clima inicial, que consideraba normales situaciones absolutamente anormales, contribuía a complicar cualquier tipo de avance. Otro ejemplo es el de las pensiones por invalidez, que durante el kirchnerismo habían crecido de alrededor de 200 000 a más de 1 000 000, gracias a un sistema muy laxo de controles. Sólo con la firma de un médico (cualquier médico) una persona podía cobrar el equivalente a medio salario mínimo por el resto de su vida. Era un sistema malo y anticuado, porque permitía el fraude y porque, aun bien aplicado, sacaba del mercado laboral a personas con discapacidad para quienes salir a trabajar (en la medida de lo posible) hubiera sido mucho más saludable que quedarse en sus casas. Teníamos, entonces, un sistema que funcionaba mal —en algunas provincias del norte casi el 10% de la población adulta tenía una pensión por invalidez— y era carísimo para un Estado deficitario.

Buscamos hacer más estricta la entrada al programa, para que sólo ingresaran quienes verdaderamente no podían trabajar. Y lo enfocamos mejor en los sectores más vulnerables, siguiendo el diseño original del programa. Ahí quizás elegimos una mala estrategia de diseño o de comunicación, o un poco de ambas, y un día se filtraron nuestros planes de quitarle la pensión a un grupo reducido de personas (principalmente por no ser de familias vulnerables) y la tormenta de rechazo fue instantánea. Lo más curioso fue que el informe que habíamos usado para dar de baja las primeras 80 000 pensiones lo había hecho la administración kirchnerista, sobre la base de un estudio de varias universidades. Aun así, fue imposible para la sociedad comprender qué queríamos hacer, la necesidad de hacerlo y defender que los errores (inevitables en bases tan grandes) habían sido menos del 1% de los casos. La oposición kirchnerista, a pesar de que un año antes había tenido la misma idea, armó un escándalo político fenomenal, al que se plegaron algunos jueces y medios de comunicación. Unos días más tarde la Justicia nos obligó a dar marcha atrás. En los años siguientes logré mejorar el sistema de acceso a la pensión, pero el número sigue estando en alrededor de un millón.

¿Me arrepiento de haberlo intentado? No, estoy convencido de que la pensión por invalidez estaba mal gestionada y perjudicaba a los que la necesitaban de verdad. Pero el episodio refleja bien la dinámica en la que tuve que liderar en aquellos años, incluso cuando la economía crecía y nos iba bien. Algunos me corrían por derecha porque creían que me daba por vencido, a menudo sin entender las restricciones políticas a las que me enfrentaba. Otros, los kirchneristas entre ellos, y parte del periodismo, me acusaban de asesino de discapacitados por la sola intención de haber propuesto estos cambios. Lo cierto es que las hendijas por las que podíamos colar reformas, sobre todo las relacionadas con la economía y lo social, eran muy finitas, y creo que hicimos todo lo que estuvo a nuestro alcance. Prueba de ello son los porrazos que nos pegamos contra los límites políticos.

Quiero insistir en dos puntos: uno es que avanzamos hasta donde nos permitió nuestra fortaleza política e incluso un poco más allá, dando batallas duras en temas antes tabú sobre qué debe hacer el Estado y qué no debe hacer. La tarde aciaga de las cuarenta toneladas de piedras en el Congreso, en diciembre de 2017, es una muestra de eso, ridiculizada ahora por el avasallamiento a los jubilados, en ingresos e institucionalidad, del gobierno actual.

El otro punto es que deberíamos mirar la transformación del país como un proceso largo, que puede durar 30 o 40 años y en el que, como presidente, mostré un rumbo posible que sólo será desperdiciado si abandonamos la lucha y nos damos por vencidos. Quizás fui demasiado optimista en pensar que en cuatro años podía arreglar los problemas del país y de nuestra cultura política. Evidentemente esto no era así, los problemas eran más profundos y su solución va a llevar más tiempo y más construcción política de lo que creíamos en 2015. Sigo creyendo que el rumbo trazado en aquel momento —una democracia más fuerte, una política más cercana, menos dominada por las corporaciones, una economía más moderna y un regreso a la cultura del trabajo y la movilidad social— era lo que los argentinos necesitaban, aunque no todos lo estuvieran pidiendo. Lo que cambió es la amplitud temporal para alcanzar esos objetivos.

Cambio contra gobernabilidad

Por todo esto tuvimos que encontrar muy rápido el punto de equilibrio entre el cambio, que había sido la palabra principal de nuestra campaña, y la gobernabilidad, que es la capacidad de ejercer el poder sin ser puesto a prueba constantemente. Si uno gira la perilla toda para el lado de la gobernabilidad y deja el cambio en cero, entonces no va a tener problemas para ser apoyado por las corporaciones. Si yo no les hubiera pedido ningún cambio a los gremialistas o a los empresarios o a los gobernadores o a los demás grupos de poder, no habría tenido ningún problema con ellos. En sentido opuesto, si hubiera girado la perilla completamente hacia el lado del cambio y dejado la gobernabilidad en cero, habría perdido todo apoyo para hacer reformas y me habría arriesgado —esto lo digo sin dramatismo, pero con convicción— a tener que dejar mi puesto antes del final del mandato.

El peronismo, con excepción de su etapa en los 90, lo tiene claro: su perilla está en cambio cero y gobernabilidad cien. Rara vez ponen en riesgo los privilegios de los propios o de los que tienen alrededor o de quienes los apoyan. Así construyen poder, pero reforman poco o nada, a pesar de medidas rimbombantes que venden como transformaciones históricas, pero de resultados espantosos, como la estatización de YPF. O eligen sectores específicos para hacerles daño, como el campo o los medios de comunicación, pero sin ofrecer una alternativa sistémica mejor. Esta mezcla de gobernabilidad con esporádicos fuegos artificiales lleva inevitablemente a la mediocridad y al declive.

A quienes más potencial les vi al principio para salir de esta trampa y abrazar un camino de reformas fue a algunos gobernadores peronistas, especialmente a los de una generación más joven, recién llegados al poder, con ideas más serias sobre cómo debe ser la administración y la gestión del Estado. Hablé muchas veces con ellos sobre estos temas y ellos, viendo además que cumplíamos los acuerdos firmados y no los discriminábamos en el plan de obras, se fueron entusiasmando, pero siempre reservándose la última palabra antes de decir «sí».

Lamentablemente, estos gobernadores tenían pocos diputados y pocos senadores en el Congreso, porque las listas las habían armado sus antecesores y el kirchnerismo. Puse a Rogelio Frigerio y Emilio Monzó, dos de mis personas más capaces, para trabajar sobre estos acuerdos, pero no pudieron conseguirlos. No los culpo a ellos. Tampoco creo, contra lo que piensan algunos miembros de nuestra coalición, que fue porque en el fondo querían entregarnos a los brazos del peronismo. Ni siquiera dudo de su dedicación y su talento político. Simplemente creo que fracasaron porque del otro lado nunca hubo vocación real de acordar, porque algunos de los cambios que les proponíamos iban en contra de su supervivencia política.

A la mayoría de los gobernadores les gustó cuando les abrimos las puertas del mundo, les gustó cuando viajaron y vieron que sus provincias podían convertirse en líderes en energías renovables o en turismo o en exportaciones de alimentos. Les gustó cuando empezamos a desarrollar los planes de infraestructura juntos, a generar conectividad física y digital y a acelerar el crecimiento de la provincia. Obviamente les gustó cuando les dimos los fondos para que tuvieran superávit. Por primera vez en mucho tiempo, los gobernadores no tuvieron que ir a la Casa Rosada a mendigar fondos para sus gastos corrientes y sus obras. Los tenían automáticamente. Lo que a algunos no les gustaba tanto de mi invitación a salir al mundo era que, para entrar a la OCDE o tener un acuerdo con la Unión Europea, debían hacer reformas de transparencia e institucionales. Eso ya les hacía menos gracia.

Un excelente ejemplo de esta dinámica es el enamoramiento inicial del gobernador de Tucumán, Juan Manzur, con el expediente electrónico, que nosotros habíamos implementado en el Estado nacional. Un objetivo clave de este proceso era que las provincias lo implementaran, y se animaran ellas también a decirle adiós al papel. Empezamos muy bien: 22 de 24 gobernadores (todos menos Alicia Kirchner y Alberto Rodríguez Saá) firmaron el Compromiso Federal de Modernización, que incluía una hoja de ruta sobre expediente electrónico, portales de datos abiertos y jerarquización del empleo público. A la hora de avanzar, sin embargo, algunos se iban quedando en el camino. Manzur mantuvo el entusiasmo, firmó un convenio con el gobierno nacional y arrancaron las negociaciones y los preparativos para que Tucumán tuviera el expediente electrónico. Unos meses después, ya muy cerca del lanzamiento, los funcionarios tucumanos empezaron a mostrar dudas. «¿Hay alguna manera de hacer algún cambio en algún expediente sin dejar rastros?», preguntaban. No, no lo hay, les respondían los enviados de Andrés Ibarra. El secreto y la belleza del expediente electrónico, además de la eficacia, es la transparencia: cualquiera que toque una coma de un expediente deja los dedos marcados. A partir de ahí, Tucumán perdió interés en el proyecto. No hubo más reuniones ni avances. La provincia sigue manejándose con papeles.

Por eso a veces, cuando me preguntan por qué no profundizamos los acuerdos con las provincias, respondo que un factor importante fue su resistencia (no en todos los casos) a introducir reformas que les quitaran poder a ellos mismos o a su construcción política. Si, por ejemplo, querés seducir a cadenas de hoteles, plantas procesadoras de alimentos o generadoras de energía solar para que se instalen en tu provincia, no podés tener un Estado provincial que los tape de impuestos, los obligue a ser amigos del gobernador o a pagar favores ante cada trámite que deban enfrentar. Era muy difícil entonces avanzar en acuerdos con hombres y mujeres que gobernaban sus provincias como miniemperadores, siempre lo habían hecho igual (y sus antecesores antes que ellos) y a quienes en algunos casos les costaba diferenciar su patrimonio del patrimonio del Estado. Y que, por supuesto, cuidaban sus espacios de poder —su provincia, su intendencia, su gremio o el lugar que fuera— y no estaban dispuestos a resignarlos fácilmente.

Si un día me frustraba porque se demoraban o se caían acuerdos para hacer reformas estructurales, Emilio me contestaba que a los peronistas los volvía locos comprobar que yo tenía una actitud genuina en mi compromiso por las reformas. Que sólo quería avanzar en esa dirección porque se correspondía con mi visión del país y del futuro, y no porque me iba a permitir aumentar mi poder o armarle un kiosco a alguien. «Sos un espejo en el que no se quieren mirar», me decía. Creo que, más allá de todas las cuestiones morales sobre la corrupción, lo más dañino es que reduce tus posibilidades de crecer. Estoy seguro de que una sociedad no puede ser competitiva, desarrollarse y darle empleo a todo el mundo si no tiene cierto nivel de ética y transparencia. La corrupción es repugnante, pero además es ineficiente y genera un capitalismo de amigos. Estudios de todo tipo han confirmado que los países con más corrupción crecen menos e invierten menos que los percibidos como más transparentes.

Las peores cosas que escuché sobre Cristina Fernández y el kirchnerismo me las contaron los propios gobernadores peronistas. Historias de todo tipo sobre autoritarismo, maltrato y violencia ideológica. Pero Cristina les permitía no cambiar. Cuando finalmente tuvieron que elegir entre el cambio y seguir como estaban, eligieron el statu quo y se fueron con ella. Entre maltrato y reformas, eligieron maltrato, porque les aseguraba su supervivencia.

Última reflexión y una autocrítica

Una última reflexión sobre el tema de las reformas y la gobernabilidad, que empiezo con una pregunta: ¿cómo debe plantearse un presidente su ambición reformadora? ¿Debe gobernar en base al acuerdo político del que dispone? ¿O debe ofrecer una visión de país y buscar los apoyos para alcanzarla? La primera opción fortalece el poder al costo de hacer menos transformaciones. La segunda es más ambiciosa pero se puede quedar en nada, y arriesgarse a una crisis, si no se consiguen esos apoyos.

En mis años como presidente me acusaron de hacer las dos cosas. Analistas y periodistas liberales creen que me faltó coraje para hacer reformas macroeconómicas más profundas y que por culpa de esa actitud el país perdió una oportunidad única y permitió el regreso del kirchnerismo. Era una crítica que rara vez incluía las restricciones políticas como parte de la ecuación. Yo trataba de explicarles que teníamos pocos diputados (85 hasta 2017, 109 después) y que gobernábamos pocas provincias, pero no lograba conmoverlos. Ellos insistían en que con firmeza y valentía se podía hacer el ajuste necesario, aguantar el chaparrón de descontento social y después cosechar los beneficios.

Del otro lado, la crítica de otro tipo de analistas, más tradicionalistas en su forma de ver la política, era que salimos como unos locos a hacer reformas, sin entender que ninguna reforma es posible sin apoyo político. Sólo hay que dar las batallas que se pueden ganar, me decían: sos un ingenuo.

El primer tipo de crítica venía más desde afuera, del círculo rojo, de gente cercana que nos había votado pero nos empezó a correr por derecha a los pocos meses de arrancar. La segunda crítica también existía en el círculo rojo, pero además estaba presente dentro de nuestro equipo. Nos decían que había que hacer un acuerdo político cediendo espacios de poder y moderando las ambiciones reformistas. Me costaba encontrarle el sentido. Tuvimos ofertas de acuerdos de gobernabilidad, pero nunca tuvimos ofertas de acuerdos que incluyeran las reformas esenciales que necesitaba el país.

Los acuerdos tienen sentido sólo si hay una base mínima de compromisos que garanticen los cambios necesarios para el desarrollo económico. La Argentina necesita tener moneda, crédito y terminar con la inflación. Para eso, se necesita un presupuesto equilibrado. Y agregaría un marco laboral moderno que favorezca la creación de trabajo formal. Ningún acuerdo tiene sentido si no es para reducir la pobreza y promover el desarrollo y el empleo: un acuerdo de este tipo nunca estuvo disponible.

El secreto, por supuesto, es encontrar un equilibrio entre ambas miradas extremas, la reformista kamikaze y la rosquera inmovilista. Dicho esto, el cambio había sido una de mis banderas de campaña y un atributo esencial de quiénes éramos como proyecto político. Yo sentía que no podía ser el statu quo, porque el statu quo siempre tenían que ser ellos, las corporaciones, el peronismo, los empresarios que no compiten, los sindicalistas que no dejan competir. Alguna gente que estuvo cerca mío en este proceso cree ahora que fuimos demasiado rápido en la velocidad de nuestras reformas, para el apoyo que teníamos. Y que eso fue un error. Que no debimos haber tenido tantas ambiciones reformistas si no teníamos el apoyo político necesario.

Entiendo el razonamiento y puedo llegar a compartirlo, si lo analizo racionalmente. Pero mi corazón me dice otra cosa, me sugiere dos respuestas. Por un lado, siento que, si me conformaba con hacer sólo lo que estaba seguro que iba a poder realizar, entonces no estaba empujando los límites de lo posible. Además, iba a arrancar en cero, con el auto parado, cuando lo que más cuesta en todo proyecto, incluida la política, es ponerse en movimiento, moverse del cero. Por otra parte, no debemos sobrestimar la voluntad de negociación del peronismo, que te enrosca como una serpiente, te susurra al oído que quiere hacer reformas profundas mientras te va dejando sin aire. Los peronistas me decían que en la Argentina no se puede hacer nada sin el peronismo, que tenía que colaborar con ellos, que se necesitaban largas negociaciones. En ese proceso le iban quitando el entusiasmo, la frescura y la disrupción a lo que proponíamos. La Ley de Financiamiento Productivo, cuyo objetivo era ampliar y modernizar nuestro raquítico mercado de capitales, es un gran ejemplo de esto: entró al Congreso un proyecto ambicioso y rompedor y salió una ley decente pero deforme, de efectos mucho más limitados. Por eso creo que es peligroso el espíritu de sólo hacer lo que te permite el apoyo político. Porque le quita mística a tu proyecto, y en dos o tres meses podés terminar resignado a hacer sólo lo que los peronistas te dejan.

De todas formas, tengo una autocrítica para hacer sobre este tema y es respecto de la distribución de mi agenda como presidente: creo que dediqué demasiado tiempo a la gestión y poco a involucrarme de manera personal en llegar a acuerdos. Si pudiera empezar otra vez, trataría de lograr un equilibrio mayor. Admito que dediqué mucho tiempo a, por ejemplo, las mesas de productividad, donde me sentaba con representantes de un sector específico para mejorar procesos, destrabar energía, hacerles las cosas más fáciles, resolver problemas que parecían simples pero que llevan años ahí. También dediqué mucho tiempo a seguir de cerca las obras de infraestructura, a viajar por las provincias —hice 300 000 kilómetros, mucho más que cualquier otro presidente— y a estar muy pendiente de la lucha contra el narcotráfico y los temas económicos. La negociación política la delegué, sobre todo en Rogelio, que se ocupaba de los gobernadores, y en Emilio, a cargo de los acuerdos en el Congreso.

Insisto en que no los responsabilizo a ellos de la falta de acuerdos más amplios, porque en definitiva la responsabilidad es mía. Pero no sé si alguien podría haberlos conseguido. Como dije un poco más arriba, si no hay en el otro vocación de transparentar, de integrarse al mundo, de ser competitivos, de tener expediente electrónico, gobierno abierto y prensa independiente, ¿por qué alguien que está cómodo en su forma de manejarse va a cambiar sus hábitos ante el pedido de un presidente que no es de su partido y, encima, se encuentra en minoría?

Aun así, si pudiera volver atrás, lo haría personalmente. Asignaría más tiempo a tratar de construir un camino para convencerlos de que valía la pena perder algunos de sus privilegios y beneficios a cambio de generar un país más grande. Difícilmente me hubiera ido mejor que a los que puse en esa función. ¿Por qué alguien que obtiene tantos beneficios de tener la máquina de hacer chorizos te la va a devolver voluntariamente? No es fácil.

Eso sólo se va a lograr en un contexto en el que haya una mayoría clara que quiera una Argentina transparente, competitiva y sin privilegios mafiosos. Sólo así habrá posibilidades de que cada uno entienda que empieza una nueva era. Admito que no lo pude lograr, pero el equilibrio de fuerzas era muy malo. En Vaca Muerta, en el sector de la carne, el mundo de la logística y la economía del conocimiento sí se pudo, porque construimos ese estado ideal donde todos estaban dispuestos a competir con las mismas reglas, en forma transparente. Pero no logramos que pensaran igual otros sectores y, sobre todo, el mundo del poder.

5

Los muchachos peronistas

No soy ni he sido peronista. Pero tampoco soy ni he sido antiperonista. Esta cuestión de la división en bandos irreconciliables nos ha hecho mucho daño porque vuelve imposible el diálogo y yo, como la mayoría de los argentinos, pretendo encontrar un camino más allá de la confrontación a través del encuentro y el acuerdo.

Contra lo que muchos han repetido sin fundamentos, nuestra fuerza siempre ha estado abierta y se ha enriquecido con dirigentes y cuadros con trayectorias importantes dentro del peronismo. Existe una larga lista de nombres formados en el peronismo que hoy están ligados de manera indisoluble al PRO, como Eduardo Amadeo, Diego Guelar, Silvia Lospennato, Cristian Ritondo y Diego Santilli, por mencionar sólo a algunos por el rol que tienen hoy o que tuvieron durante nuestro gobierno.

Creo que el peronismo, a lo largo de su historia de 75 años, ha atravesado diferentes momentos, muchas veces contradictorios entre sí y es indudable que supo mantener su protagonismo. Y como todos los que hemos ocupado el poder, el peronismo carga con una cuota muy importante de responsabilidad sobre el presente, al haber sido gobierno durante la mitad de su propia historia.

Con el paso del tiempo descubrí que no podía cargar con prejuicios sobre los otros y quejarme al mismo tiempo de los prejuicios con los que otros me descalificaban a mí o al partido que habíamos creado. Fue así que comencé a reconocer y valorar positivamente algunos aspectos puntuales de la propia trayectoria del fundador del justicialismo. Y descubrí que el propio Perón en su segunda presidencia, después de haber gastado sin freno y sufrir una crisis por falta de dólares, como tantas que tuvo la Argentina, se dio cuenta de que el equilibrio en las cuentas públicas y el aumento de la productividad eran el único camino a la baja inflación y el desarrollo. En octubre de 1954 dio un discurso en el que dijo: «La productividad es la estrella polar que debe guiarnos en todas las concepciones económicas y en todas las soluciones económicas». Una y otra vez cité esta frase en mis propios discursos. Allí se muestra de manera contundente que la productividad —es decir, el aumento del valor producido por cada trabajador— no debería ser ni de izquierda ni de derecha, ni peronista ni antiperonista, sino simplemente el disparador del crecimiento, del empleo y del combate real contra la pobreza.

En 1973, el regreso de Perón al poder después de su largo exilio fue otra gran oportunidad perdida. Volvió más sabio y con una voluntad de diálogo que iluminó a una gran mayoría de la sociedad y le dio una nueva esperanza, lejos de los extremos ideológicos de su propio movimiento. Su abrazo con Ricardo Balbín, el histórico líder de la Unión Cívica Radical que años atrás lo había combatido duramente, fue un símbolo poderoso del país que muchos deseaban y que se interrumpió tras la muerte del viejo líder, a los pocos meses de iniciada su tercera presidencia.

Tras el golpe de 1976, la persecución indiscriminada de los militares alcanzó a algunos jóvenes brillantes que habían colaborado con el gobierno constitucional a través de los llamados

«Comandos tecnológicos». Entre ellos estaban Carlos Grosso y José Octavio Bordón. Ambos, perseguidos, fueron incorporados a la empresa de mi padre y fueron personas con las que tuve largas y lúcidas conversaciones a lo largo de los años. Con el tiempo serían parte, junto con otros dirigentes, de la Renovación peronista, una nueva ola democratizadora y republicana que creció de la mano de Antonio Cafiero a mediados de los años 80, durante la presidencia de Raúl Alfonsín.

No pretendo ser un experto en la historia del peronismo. Pero una y otra vez surgieron tensiones entre un ala moderada y otro sector más extremo y virulento, con menos voluntad de diálogo y mucha de confrontación. Sin embargo, la facción kirchnerista, la última versión de este sector extremo, parece estar a punto de quedarse con todo.

Fueron muy hábiles inventando historias, que conformaron lo que se llamó el «relato». Con este objetivo, utilizaron todos los recursos estatales a su alcance durante los 12 años que me antecedieron en la Presidencia. Ese relato logró colonizar y condicionar la conversación de sectores importantes de nuestra sociedad, muchas veces a través de una ficción repetida hasta el cansancio.

El kirchnerismo ha dejado otro legado muy triste al que Jorge Lanata bautizó hace unos años como «la grieta». La imagen de una sociedad dividida entre amigos y enemigos. Un sistema binario donde de un lado está el bien y del otro está el mal, que separó familias y relaciones y profundizó una división que no trajo nada bueno al país.

También pudimos descubrir, a través del trabajo de algunos periodistas muy valientes, y de algunos jueces y fiscales, escenas de corrupción que parecían salidas de películas, con gente que pesaba billetes, bolsos que volaban por encima de los muros de un convento y fortunas incalculables imposibles de justificar.

Pero ni la grieta ni la corrupción fueron la peor cara del kirchnerismo. Lo peor del kirchnerismo es siempre su incompetencia. Su completa incapacidad para resolver los problemas que se propuso solucionar. Su vocación de destrucción va desde las estadísticas del Indec hasta la matriz energética del país, y desde las cuentas públicas hasta la seguridad jurídica.

Cualquier acuerdo que nos permita salir adelante requiere que los peronistas rompan su sometimiento a la facción kirchnerista. Muchos han insistido en la necesidad de acordar con el sector «racional» del peronismo, como algunos periodistas lo bautizaron. En otros lugares de este libro describo las dificultades que tuvimos para lograr estos acuerdos por parte de nuestros interlocutores y su poca disposición a cambiar en serio las cosas que hay que cambiar en la Argentina. Y cuando observo sus roles en el gobierno de Alberto Fernández mi impresión es que ese peronismo terminó siendo engullido por el kirchnerismo. Basta seguir el derrotero de Sergio Massa, Felipe Solá, Roberto Lavagna y algunos gobernadores que tanto cuestionaron en su tiempo al kirchnerismo para terminar a sus pies.

En ese contexto valoro aún más el coraje de aquellos que eligieron dar el salto y sumarse al cambio. Ellos también tuvieron que superar muchos prejuicios para no quedar atrapados en las redes del kirchnerismo. Miguel Ángel Pichetto es un verdadero símbolo en este sentido. Nadie puede dudar ni de sus convicciones ni de su historia. Muchas veces lo he dicho: no me importa de dónde viene alguien sino adónde quiere ir. Todos los que compartimos los mismos valores son y serán siempre bienvenidos.

Uno de los mayores desastres llevados a cabo por el kirchnerismo, que fue gravísimo para la gente y para la imagen de nuestro país ante los mercados financieros, fue la estatización en 2008 de los ahorros de los trabajadores acumulados en las Administradoras de Fondos de Jubilaciones y Pensiones, las AFJP. Hoy casi nadie recuerda aquel hecho que está en el origen de muchos de los trastornos que hoy estamos padeciendo. Nuestro país perdió entonces la posibilidad de tener financiamiento interno gracias a esa medida disfrazada —cuándo no— de «solidaridad», cuyos resultados están, años después, a la vista.

El kirchnerismo fue y lamentablemente sigue siendo el punto más alto de la resignación a la que pudieron llevarnos desde la política. No es casual que nuestro ¡SÍ SE PUEDE! haya sido capaz de movilizar a millones de personas entre septiembre y octubre de 2019 a lo largo de todo el país. Más que una consigna, se trató de la expresión de la rebelión contra la misma resignación a la que quieren llevarnos otra vez.

Al desafiar la resignación, fuimos muchas veces tratados de ingenuos e inocentes, incapaces de entender que la realidad era algo inmodificable. En cada ministerio, cada secretaría, cada dirección del Estado escuchamos que las cosas «siempre se hicieron así». Es precisamente contra esto que nos rebelamos y nos multiplicamos. Un ejemplo concreto: los trámites de seguridad eléctrica, que alcanzaban los 100 000 anuales. Como suele suceder, el objetivo siempre es loable. En este caso se trata de una obligación que tienen todos aquellos que comercializan materiales eléctricos de cuidar la salud y la seguridad de todos. Para hacer este trámite había que ir personalmente al Ministerio de Producción y esperar… ¡hasta cinco horas para ser atendido! Obviamente, y como no todos conocían todas las exigencias, en la mayoría de los casos se volvía necesario contratar «gestores». Es decir, personas que podían dedicar el tiempo y el conocimiento a descifrar la maraña de requisitos que se solicitaban: fotocopias del DNI, declaraciones juradas, constancias de inscripción en el registro de producción, notas del laboratorio o de quien certifica el producto, más documentación del producto, facturas, catálogos, formularios de comercialización, y más y más papeles. Una vez que te atendían, se controlaba todo el papelerío, se lo cargaba manualmente en una base de datos, se armaba una carpeta y esto pasaba a ser revisado nuevamente en el ministerio. Y ojo, que no faltara nada porque en ese caso había que volver a empezar, como en el juego de la oca. Un mes después había que regresar y hacer la cola para retirar el certificado sellado. Y que no se tratara de un material eléctrico importado, porque en ese caso había que frenar el contenedor en la Aduana, abrirlo y revisar los productos y exigir un nuevo certificado, generando gastos enormes de manipulación y guardado. Conclusión: lo automatizamos e invertimos la carga de la prueba del Estado al solicitante. Menos documentos y más declaraciones juradas. Los certificados pasaron a emitirse diariamente de manera digital, segura y automática.

Se trata apenas de un ejemplo de los muchísimos cambios que llevamos adelante desde la Secretaría de Simplificación a cargo de Pedro Inchauspe, dentro del Ministerio de Producción. Cada vez que lográbamos un éxito, para mí era un motivo de celebración. No sólo por los ahorros y la eficiencia que significaban, sino porque le ganábamos una batalla más a la resignación. Así sucedió con la digitalización de los trámites de comercio exterior, el sistema de información simplificado agrícola, el régimen de factura de crédito electrónica, la circulación de obras de arte y la constitución de sociedades por acciones simplificadas, entre muchas otras. Fue un ahorro enorme de miles de millones de pesos para los argentinos. Pero, sobre todo, fue parte de un cambio cultural muy importante: haber logrado que el Estado respete a los ciudadanos y su tiempo. Me provoca una tristeza enorme ver al gobierno que me sucedió dar marcha atrás con algunos de estos cambios. Pero no lo olvidemos nunca: el populismo pregona el sometimiento y se alimenta de la resignación.

Por supuesto, el kirchnerismo es apenas el síntoma de una enfermedad más compleja y profunda: el populismo. Y el nombre alternativo del populismo es resignación. La resignación no viene de un día para el otro. Son décadas de desinterés, de abandono, de negligencia, de «da lo mismo». Poco a poco nos fuimos resignando a que en la Argentina los más pobres no puedan tener acceso a cloacas, a agua potable, a asfalto. Y detrás de la resignación no hay un Estado inocente. Su ausencia está acompañada por la presencia de mafias y de empresarios sin autoestima no menos resignados y que han abandonado toda vocación de competir.

Buenos muchachos

Con todos los actores de la vida política, social y económica intenté transmitir siempre una visión diferente sobre nuestro país. Con Hugo Moyano también. Su fuerte antikirchnerismo durante el segundo mandato de Cristina Fernández provocó que tuviéramos un diálogo más cercano y llegásemos a compartir el escenario en el acto de inauguración del monumento a Juan Domingo Perón, frente al edificio de la Aduana, en Buenos Aires, en octubre de 2015. Esa tarde reivindiqué una vez más al Perón de la productividad y al que promovía la igualdad de oportunidades como acceso a la justicia social.

En nuestras conversaciones, yo le insistía a Moyano que nuestro proyecto pasa por lograr una Argentina productiva, que pueda salir al mundo, capaz de crecer y que, para poder lograr esos objetivos, no hay más camino que reducir los costos de lo que hacemos. Ni los argentinos ni el mundo tienen por qué pagar de más por nuestra producción. No podemos exportar nuestra ineficiencia fiscal, nuestros impuestos distorsivos y los sobrecostos que generan convenios laborales de otro siglo.

«Hugo, el camión no puede valer entre un 40% más y el doble de lo que vale en los demás países de América Latina». Y él me respondía que estaba de acuerdo, que sí, que voy a ver, que no hay problema. Cuando llegué al gobierno le empezamos a plantear que estábamos necesitando que él y su gremio hicieran su aporte para que los productos argentinos pudieran competir. Pero todo se volvió mucho más difícil. Aquella comprensión inicial se iría convirtiendo en confrontación abierta con el transcurso de los meses.

Al principio, Moyano parecía estar de acuerdo con mi visión. Era evidente que la cantidad de beneficios arbitrarios y privilegios que él y el gremio de Camioneros habían obtenido se volvió contraproducente para la productividad del país. Y, como un perro que quiere morder su propia cola, menor producción significa siempre menos trabajo y menos camiones. Visto en perspectiva, creo que Moyano sabía que tenía ante sí el mismo desafío que teníamos nosotros en el gobierno y que hoy siguen teniendo muchos dirigentes de nuestro país: o son parte del problema o son parte de la solución. Una parte de su sindicato respaldaba la necesidad de hacer cambios. Pero del otro lado estaba su propio hijo, Pablo, con una mirada más extrema, que llevaba directamente al rechazo de toda alternativa.

La situación estaba más que clara. Llegaba al punto de la extorsión cuando el propio sindicato se había convertido en el emisor de un comprobante de libre deuda para poder entregar la carga a los camioneros. El régimen de trabajo de los choferes, la cuestión de los porcentajes de aportes patronales era una suerte de torniquete que impedía acceder a costos más razonables. Como un embudo, todo terminaba en las pequeñas o medianas empresas que tienen uno o dos camiones y que terminan pagando al sindicato lo que discrecionalmente el sindicato determina. Y como si eso fuera poco, se sumaban los manejos poco claros de pagos en negro para obtener los certificados de libre deuda.

Tuvimos dos años de conversaciones con pequeños avances y pequeños retrocesos. Representando el interés del Estado, es decir, el de todos los argentinos, estaban a veces juntos, a veces sucesivamente, el Ministerio de Transporte, el de Producción y el de Trabajo. Pero los conflictos comenzaron a escalar. En determinado momento, el Ministerio de Trabajo comenzó a aplicar multas muy importantes al gremio liderado por Moyano a causa de conciliaciones no acatadas. Una vez ahí, la relación con Moyano entró en una nueva etapa, ya sin retorno.

En 2018 una mujer dueña de una empresa de transporte, Nancy Pastorino, con gran coraje denunció al gremio de Camioneros por extorsiones e hizo posible que otros se animaran a denunciar también. Las causas judiciales se comenzaron a sumar, pero llamativamente todos notamos que los jueces las frenaban. Confío en que, más allá del poder y la influencia que pueda ejercer Moyano, la jueza y los jueces que tienen a cargo estas causas harán que se respete la ley. Moyano había decidido ser parte del problema: el cambio que queríamos hacer se terminó frenando. Y la máquina de impedir se anotó un pequeño triunfo sobre la gran mayoría de los argentinos, al rechazar de plano la idea de que no habrá trabajo ni buenos sueldos para los camioneros en un país que no puede vender sus productos ni al mercado interno ni al exterior.

En esos meses aparecieron otros escándalos vinculados con su rol como dirigente del fútbol en el Club Atlético Independiente, a partir de denuncias de barrabravas. La cuestión del fútbol sin dudas generó mucho interés para la gente que sigue al club, pero como presidente mi preocupación principal estaba en lograr evitar que siguiera castigando a los productores y a los consumidores. De acuerdo con un estudio realizado por la embotelladora de Coca-Cola en la Argentina, el costo del camión en el precio de esa bebida en nuestro país es el doble del resto en América Latina. Esa actitud extorsiva de Moyano reaparecería tiempo después ante MercadoLibre, al intentar afiliar compulsivamente a todo el personal de sus plantas logísticas por medio de patotas bloqueando ilegalmente la actividad de estos centros y perjudicando hasta a sus propios afiliados camioneros, que perdieron días de trabajo. Se trata del mismo método utilizado cuando se abortó el fin de la distribución de extractos bancarios impresos en papel con el argumento de no afectar el trabajo de los camiones. Pero el motivo declarado escondía uno más real: la utilización de resúmenes digitales por parte de los bancos no sólo implicaba una baja de costos para los argentinos que tienen una cuenta bancaria o una tarjeta de crédito. También era una baja significativa en los ingresos de OCA, la empresa de correo privada.

El caso de OCA es directamente increíble. Una empresa cuya relación entre su dueño Patricio Farcuh y Hugo Moyano es muy poco clara. Una empresa que subsiste sobre la base de no pagar sus impuestos ante los ojos de todos y a plena luz del día. Este fue otro intento inútil por cambiar las cosas. Se le pidió a Moyano que reconvirtiera la empresa para asegurar su sustentabilidad. Pero el poder acumulado por Moyano hizo que lograra manejarse con un sistema paralelo al de la Justicia, o directamente que tuviera una enorme capacidad para que los jueces le dieran una suerte de inmunidad indefendible. No es el único caso. Lo mismo ocurrió con Cristóbal López y Fabián de Sousa, que no sólo no pagaban impuestos sino que además retuvieron los impuestos que debían haber pagado en su actividad petrolera.

El sindicalismo argentino, en su conjunto, entiende perfectamente estos temas. El problema está en la voluntad o no de perder privilegios acumulados a lo largo de mucho tiempo. Desde luego, el regreso de una Argentina corporativa de la mano de Alberto y Cristina Fernández le ha dado más espacio a la resistencia al cambio. En nuestro país convivimos con más de 70 regímenes jubilatorios diferentes, que incluyen privilegios de distinto tipo. Uno de ellos es el de los Camioneros, que pueden jubilarse a los 50 años producto de acuerdos realizados cuando, por ejemplo, los camiones carecían de dirección hidráulica. Lo que podía tener algún sentido en la época en que mover un camión requería una fuerza física excepcional, hoy es parte del pasado. Hoy hay mujeres al frente de camiones que manejan a la par de los hombres sin ningún inconveniente. Pero claro, los privilegios permanecen en muchos gremios. Ojalá un día podamos lograr que todos se jubilen a la misma edad, habiendo trabajado la misma cantidad de años. Una medida de estas características sería un avance histórico hacia una Argentina más justa, basada en la cultura del trabajo y el respeto.

Conozco a los sindicalistas desde hace mucho. Sé cuál es su manera de pensar y su modo de preservar el poder a lo largo de las décadas. Cuando me hice cargo de Sevel, la empresa automotriz de mi familia, comencé a tener negociaciones y discusiones con los representantes sindicales. A mediados de los años 90 debí enfrentar las consecuencias del llamado «efecto Tequila». Mi sector se había ido al demonio. La venta de autos había caído a la mitad, con pérdidas monumentales. El punto de equilibrio de la producción de automóviles es muy alto y la situación se había vuelto desesperante. Un día, el gerente general me propuso una solución drástica: despedir al 40% del personal. Rechacé su propuesta. No podíamos hacer eso con nuestros trabajadores y planteé una alternativa viable, la reducción a la mitad del tiempo de trabajo entre dos grupos del personal, como una manera de preservar los puestos de la gente. En ese contexto, le pedí una reunión a Raúl Torres, que era responsable de la Unión Obrera Metalúrgica en la planta. Lo recibí y le dije sin anestesia que, o teníamos que echar al 40% de los obreros, o tendríamos que trabajar en dos turnos, mitad cada uno, y todos cobrando el 70% de sus salarios. Torres me escuchó sin que se le moviera un músculo y me informó que una propuesta de este tipo escapaba a su margen de decisión y tenía que consultar al mismísimo Lorenzo Miguel, el mítico jefe de la UOM. Y allí fui, citado por el todopoderoso sindicalista, a una reunión en la sede del gremio. Junto a Lorenzo estaba Torres y con ellos, Hugo Curto y Francisco «el Barba» Gutiérrez. El ambiente se cortaba con un cuchillo por la tensión que había. Repetí mi idea y, en determinado momento, Lorenzo Miguel me dice: «Muchacho, ¿podés esperar afuera un ratito?». Yo tenía 34 años.

Salí de la reunión y desde la sala contigua podía escuchar los gritos destemplados entre unos y otros, las voces superpuestas, los ruidos, sin entender qué decían, salvo que la discusión era fuerte. Media hora más tarde se abre la puerta y Miguel me invita a pasar. «Escúcheme, muchacho —me dice Lorenzo—, ¿usted cree de verdad que esto va a arrancar de vuelta en unos meses?». «Es lo que tiene que pasar, Lorenzo, estoy seguro», respondí. «Bueno, voy a apoyarlo en esto que usted propone. Pero que le quede claro que lo hago porque su padre es un hombre que siempre ha apostado al trabajo. Espero que usted haga lo mismo». Y le dije que sí, que yo creo en el trabajo y que le agradecía que me diera la oportunidad de demostrárselo. Esa fue la primera flexibilización laboral que se logró en la Argentina. Y la UOM toleró las suspensiones. Por supuesto, cumplí con mi palabra y cuando pasó la crisis todos los trabajadores recuperaron la totalidad de sus salarios. Esa fue mi primera experiencia con los sindicatos. Y fue un enorme aprendizaje sobre la importancia del diálogo y la buena fe. Se pueden cambiar las cosas y buscar caminos mejores para salir adelante entre todos. Una lección nada menor para lo que aún me esperaba en la vida.

Durante mi experiencia como jefe de Gobierno de la ciudad la relación con los sindicatos fue muy buena y logramos realizar un cambio muy grande, recuperando la carrera pública y la capacitación en el caso de Sutecba. Llevamos adelante la intervención de la obra social de los empleados, que estaba en un estado desastroso, con pérdidas millonarias que teníamos que financiar entre todos los porteños. Lo mismo ocurrió desde el gobierno nacional con UPCN, el gremio que lidera Andrés Rodríguez. Se trata de un sindicalista que valora la profesionalización del empleado público y su capacitación. Mi diferencia principal con él es que, cuando el kirchnerismo utilizó al empleo público como financiamiento de la militancia rentada y multiplicó la nómina de manera completamente irresponsable, Rodríguez no opuso resistencias. Haber permitido lo que hizo el kirchnerismo en el Estado es exactamente lo opuesto a una política de jerarquización del empleado estatal. Entender esto requiere una mirada amplia, que vaya más allá del mero hecho de sumar afiliados al gremio. En el camino, se destrozó la autoestima de mucha gente con la creación de miles de puestos innecesarios, con una enorme desorganización y la consecuente pérdida de eficacia a la hora llevar adelante tareas que son fundamentales para que el Estado funcione como corresponde.

En una economía cerrada, la relación promiscua entre algunos sectores del sindicalismo con el kirchnerismo hizo que se aprobaran disparates que terminaban trasladándose a los costos y luego a los precios, haciendo subir el costo de vida de los argentinos. Esto generó un uso recíproco entre distintos sectores sindicales y el núcleo de poder kirchnerista. Uno de sus efectos fue haber generado las condiciones para el crecimiento de formas y estilos sindicales mucho más radicalizados en distintos sectores y fábricas.

En paralelo, el fenómeno de las organizaciones sociales se fue expandiendo bajo la misma premisa extorsiva: planes a cambio de paz. Nosotros decidimos no ceder a la extorsión. Ya conocía a las organizaciones sociales de mi época como jefe de Gobierno. Sabíamos que teníamos concepciones políticas e ideológicas diferentes y que ellos no iban a cambiar sus ideas o sus prácticas. Pero jamás nos opusimos a conversar y buscar acuerdos. Discutir sí, y todo lo que hiciera falta, porque creemos en el diálogo de verdad. No es una pose. Otras fuerzas políticas lo entienden de otra manera y aceptan que sus intendentes administren la pobreza a través de redes de punteros. No fue ni pudo haber sido nuestro caso.

Una escena en la Casa Rosada describe mejor que mil palabras nuestras dificultades y también los distintos puntos de vista dentro del sindicalismo argentino frente a nuestros sistemas de contratación anacrónicos que, lejos de generar empleo, logran incrementar el trabajo en negro. En esa oportunidad, Luis Barrionuevo estaba sentado a mi izquierda y le dice a Antonio Caló, dirigente metalúrgico que se encontraba al final de una larga mesa: «Tu problema, Antonio, no es el gobierno. ¿Sabés cuál es? Es que tu matricero, con un oficio y con muchos años de experiencia y formación, gana 18 000 pesos y trabaja 8 horas por día. En cambio, un guarda de tren, que trabaja 6 horas por día, y sin tanto conocimiento como el matricero, gana 30 000. ¡Y lo peor de todo es que la diferencia la pagamos todos!». Yo pensé para mí mismo: «¡Epa, qué claridad tiene Barrionuevo!». Y Caló se quedó en silencio. Por eso creo que Luis Barrionuevo, a diferencia de Moyano, ha sido mucho más consecuente y consciente de los problemas de sus trabajadores, más allá de su estilo personal y su histrionismo excesivo, que lo han llevado en algunas ocasiones a lanzar frases muy desafortunadas. Los sindicatos que representan a las personas que trabajan en el sector privado suelen tener más en claro por dónde pasan los problemas y sus soluciones.

En febrero de 2018 Jorge Triaca emprendió una gira con doce sindicalistas por distintos puntos de Europa para evaluar juntos los cambios que se habían llevado adelante en otros países. Estuvieron en Holanda, Italia y España. Todos terminaron acordando las ventajas del trabajo dual, una práctica altamente desarrollada en Alemania, por la cual empresas e instituciones educativas se hacen cargo de la formación específica para el trabajo. Todos estaban entusiasmados, todos manifestaban su acuerdo en ir hacia adelante con estos temas, con el blanqueo laboral, con la creación de una agencia para regular la cuestión de los medicamentos de última generación y sus altos costos para las obras sociales. Parecían tener muy en claro que con estos niveles de litigiosidad era imposible generar trabajo genuino y de calidad para nuestra gente.

Pero cuando hubo que poner el cuerpo y la voluntad política para apoyar una reforma destinada a generar más trabajo, llegó aquella denuncia falsa de Hugo Moyano afirmando que había una «Banelco», dando a entender que se estaban pagando los votos de los legisladores. Esto generó que no aparecieran en las reuniones ni fueran al Congreso a exponer. Hubo intentos posteriores, amagues una y otra vez. Dante Sica intentó retomar el tema y volvieron a dejar la mesa vacía.

Es curioso. La mayoría de los argentinos quiere cambiar este modelo laboral. Y una mayoría de dirigentes y legisladores coinciden en la necesidad de hacerlo y discutirlo, pero todavía tienen mucho miedo a apoyarlo en público y defenderlo ante su gente.

Se trata de una lucha que tenemos que seguir dando para hacer valer la voz de las mayorías. Hoy sabemos que va a ser más difícil. Pero cada día se hace más necesario. Vienen trabajos nuevos, modalidades de contratación diferentes: no hay alternativa. Sin una legislación laboral moderna no vamos a lograr un flujo de inversiones importantes que genere los millones de empleos formales de calidad que necesitamos. Nuestro vecino y principal socio, Brasil, ya dio ese paso. No podemos darnos el lujo, ni antes ni mucho menos ahora, tras la pandemia, de perder puestos argentinos de trabajo en manos de otros países.

6

Sin marcha atrás

Desde el primer día supe que el combate contra la inseguridad y el narcotráfico iba a ser una de mis prioridades de gobierno. No sólo porque había sido una promesa de campaña, sino también porque tenía la convicción de que la Argentina estaba cerca de un punto de no retorno en el deterioro de la lucha contra el delito. La situación venía empeorando desde hacía mucho tiempo. Teníamos informes de Estados Unidos y Colombia sobre el avance del narcotráfico en nuestro país, habíamos visto el maltrato del gobierno anterior a las fuerzas de seguridad y conocíamos la experiencia de nuestros intendentes, que alertaban sobre una creciente debilidad del Estado para mantener su autoridad sobre los barrios tomados por las bandas de venta de drogas. Existía una sensación de derrota absoluta: el Estado, en todos sus niveles, creía que la pelea contra el narcotráfico estaba perdida y que sólo se podía demorar su victoria final, con el caos social inevitable que traería aparejado.

A pesar de estas convicciones y de los meses de preparación, empezamos con el pie izquierdo. El 27 de diciembre de 2015, dos semanas después de mi asunción, Víctor Schillaci y los hermanos Martín y Cristian Lanatta se fugaron de la cárcel de General Alvear, en la provincia de Buenos Aires. Enseguida la fuga —«la triple fuga», como la bautizaron los medios— capturó la atención de toda la sociedad. Los prófugos habían sido condenados por asesinar en 2007 a tres hombres y dejar sus cuerpos en un descampado cerca de General Rodríguez. El crimen tenía condimentos mafiosos y había sido muy simbólico de la relación espuria entre política y narcotráfico que queríamos combatir: los asesinados habían sido importadores de efedrina, un precursor de la cocaína, y habían sido contribuyentes importantes de la primera campaña de Cristina Kirchner. En épocas normales, la Argentina importaba unos 20 kilos de efedrina por año para uso medicinal. Durante el mandato de los Kirchner la cifra se multiplicó mil veces, a 20 toneladas por año. Por todo esto, y por el condimento cinematográfico de tener a tres tipos escapando por el campo mientras miles de policías y gendarmes salían a buscarlos, resolver la fuga lo antes posible era muy importante para mí.

Fueron días de mucha ansiedad y frustración. Nosotros veníamos a limpiar la política y recuperar la autoridad del Estado y ahí teníamos a tres símbolos de la conexión entre narcotráfico y política (Cristian Lanatta, además, había denunciado por TV a Aníbal Fernández de ser «la Morsa», el jefe de una banda de narcotraficantes) que desafiaban nuestro poder en nuestros primeros días de gobierno. Eran tantas nuestras ganas de detenerlos, y de mandar una señal clara de que ya no había lugar en la Argentina para ese tipo de negocios, que cometimos un error grave: anunciamos que los habíamos encontrado cuando en realidad todavía no los teníamos.

Cuando tuve que decidir quién iba a ser mi ministro de Seguridad, me encontré con un problema que ya había tenido para otras carteras, y es el de la falta de expertos reconocidos en muchas áreas de la política pública. Tenemos muchos economistas con experiencia y conocimiento sobre lo público, pero pocos dirigentes de peso político, académico y de gestión en áreas como, por ejemplo, seguridad o política exterior. Decidí entonces que lo más importante en seguridad tenía que ser el compromiso, la convicción ideológica y la honestidad, porque para lidiar contra el narcotráfico es fundamental ser insobornable.

Me pareció entonces que Patricia Bullrich era la que tenía las cualidades dentro del equipo que más se adaptaban, a pesar de que, por no ser una experta en el área, era natural que tuviera que darle un período de aprendizaje. Me gustaba su temperamento, aunque eso a veces la llevara a chocar con otros. Pero siempre preferí en mi equipo a los que tengo que tirar de las riendas porque van demasiado rápido, que a los que tengo que empujar porque van demasiado lento. A Patricia la tenés que frenar, y eso es bueno.

La conocí en la campaña para jefe de Gobierno de 2003, mi primera elección, y ya pude ver cómo era en el debate televisivo que tuvimos con Aníbal Ibarra y Luis Zamora, los otros candidatos. Lo recuerdo muy bien porque Patricia me destruyó todo el debate. No me dejaba hablar, me interrumpía todo el tiempo. «Esta mujer es un demonio», pensé en ese momento. Pero a partir de ahí empezamos a construir una relación.

Una de las primeras cosas que tuve que decirle a Patricia es que ya no necesitaba buscar permanentemente a los medios de comunicación. Como otros miembros del equipo, venía con la dinámica de ser oposición en el Congreso, en la que uno siempre está, lógicamente, tratando de llamar la atención. Intenté explicarle que ya no necesitaba eso, que los medios iban a ir hacia ella porque los problemas los iba a tener ella. Le pedí que bajara el perfil y que se diese el tiempo de lograr avances en serio. Cuando estábamos en ese proceso, llegó la triple fuga.

Yo le había dado solamente una instrucción a Patricia. Le dije que la fuga era una situación delicada y que debíamos ser precisos

107

en la comunicación. Que no tenía nada de malo decir que no había progresos, que mucho peor era sugerir que había avances y que finalmente no los hubiera. Antes de anunciar que los tenemos, le dije, quiero que estés enfrente de los tres. Que los puedas tocar.

Me entendió perfectamente y siguió mis instrucciones hasta que me llamó un día para decirme que habían encontrado a Schillaci y los hermanos Lanatta. «Me voy ya para Santa Fe, los tiene la policía santafesina», me dijo. Se subió al avión y lo anunció, pero al final, como supimos enseguida, sólo habían encontrado a Schillaci. Fue un golpe muy fuerte para todos, a pesar de que unos días después sí encontramos a los otros dos y el caso pudo ser cerrado.

Aquel día, Patricia vino a verme y me presentó la renuncia: «Me dijiste veinte veces que no dijera nada hasta no tener a los tres», me dijo. Las ganas de anunciar una buena noticia habían sido más fuertes que ella, pero decidí darle otra oportunidad. Con el tiempo se fue consolidando, en buena parte gracias a su gigantesco compromiso de trabajo: Patricia es una persona que se dedica de verdad, labura mucho. Y con el tiempo fue logrando resultados. El balance de sus cuatro años es muy positivo: se multiplicó la operatividad de las fuerzas federales, lideró un proceso muy importante, como fue el traspaso de la Policía Federal a la ciudad de Buenos Aires, y recuperó las estadísticas nacionales sobre delito, que empezaron a mostrar mejoras enseguida: menos homicidios, menos secuestros, menos robos de autos y más detenciones por contrabando y venta de drogas. Es decir, un país más seguro.

Lo más importante es que se logró restablecer la confianza de la sociedad con las fuerzas de seguridad y la confianza de las fuerzas de seguridad en la conducción política, que estaban muy dañadas. Encontramos unas fuerzas de seguridad sin autoestima, con la moral muy baja, inseguras sobre su rol social y sobre qué pretendían los políticos de ellas. Cuando terminó nuestra gestión, en cambio, dejamos unas fuerzas federales que trabajan seriamente, coordinadas, en todo el país, que se complementan bien con las fuerzas provinciales y son útiles para los jueces de cada distrito. Cuando llegamos, los policías federales de las provincias hacían de choferes de los jueces y de sus familias: les buscaban a los chicos en el colegio. Cuando nos fuimos estaban otra vez en la calle, investigando y orgullosos de estar haciendo el trabajo para el cual habían sido preparados.

El caso Maldonado

A veces, cuando se cuenta la historia de nuestro gobierno, se cae en la tentación de pensar que hasta abril de 2018 tuvimos un mandato tranquilo —la economía crecía, la pobreza bajaba, ganamos las elecciones legislativas de 2017—, pero lo cierto es que un mandato presidencial, sobre todo en la Argentina, en minoría y en esta época de comunicaciones instantáneas y emociones a flor de piel, es siempre sumamente difícil. Es difícil acomodarse y encontrar un ritmo en el que uno pueda sentir que está trabajando al mismo tiempo en las urgencias y en la visión de largo plazo.

Un ejemplo claro de que nuestros primeros dos años y medio también fueron complicados es el caso Maldonado, tema principal de la política argentina durante tres meses y que coincidió casi exactamente con la campaña de las legislativas. A Santiago Maldonado se lo vio por última vez el 1º de agosto, en un corte de la ruta 40 cerca de Esquel, y el 20 de octubre su familia reconoció el cuerpo encontrado unos días antes en el río Chubut. Ese viernes, día de veda preelectoral, la autopsia confirmó que

Santiago se había ahogado en el río y que su cuerpo no mostraba signos de violencia.

En esas semanas volvió a quedar de manifiesto que el kirchnerismo ejerció una oposición sin límites ni compromiso con los hechos de la realidad. Sufrimos un torbellino político desgastante y frustrante, porque nuestra postura inicial de dejar trabajar a la Justicia y mantener todas las opciones abiertas no encontraba eco en la política o en los medios. La oposición, y especialmente el kirchnerismo, imponía un solo relato posible: que los gendarmes habían golpeado a Maldonado, lo habían subido a una camioneta, después lo habían pasado a un camión Unimog y de ahí se lo habían llevado y lo tenían oculto en el cuartel de Gendarmería en Esquel o en algún otro lado. Cualquiera que se apartara de ese relato, tomado de testigos que después se comprobó que habían mentido, era un cómplice de la desaparición de una persona en democracia.

Mi reacción inicial fue gradual, como la notoriedad que fue tomando. Maldonado desapareció diez días antes de las PASO y, en los primeros días, a pesar de que ya hablaban de «el primer desaparecido de Macri», el caso tuvo poca relevancia. La semana después de las PASO la oposición kirchnerista la dedicó a denunciar fraude en el escrutinio provisorio de la provincia de Buenos Aires, donde Unidad Ciudadana superó por unos pocos votos a Esteban Bullrich durante la madrugada. Por supuesto que no hubo ningún fraude ni ningún cambio de sistema con respecto a las elecciones de los años anteriores: con aquel sistema los votos del conurbano eran siempre los últimos en cargarse, porque había menos densidad de oficinas del Correo para procesar y enviar los resultados. Gracias a los cambios que introdujimos en 2019 (y que también, insólitamente, fueron denunciados como un supuesto fraude), los resultados estuvieron completos casi en su totalidad a las 10 de la noche.

Cuando pasó el tema del fraude de las PASO, volvió con fuerza la denuncia por la desaparición de Maldonado. Por supuesto que nosotros no sabíamos qué había pasado, ni Patricia ni su equipo ni los gendarmes, que juraban en las entrevistas con los enviados del Ministerio que no habían tenido nada que ver. Lo primero que le dije al equipo fue: «Nosotros no tomamos ninguna decisión sin tener los fundamentos claros, sin tener certidumbre». No aceptaba la opción políticamente correcta de relevar al director de Gendarmería, Gerardo Otero, o de pasar a disponibilidad a los gendarmes jóvenes que habían participado del operativo. Esa había sido durante décadas la solución típica de la política argentina: forzar renuncias y señalar culpables para calmar a las fieras de la oposición y a algunos medios, aun sin saber si Otero y los gendarmes habían tenido algo que ver.

«No podemos hacer eso», le dije a Patricia. «Vos no te muevas del lugar en el que estamos ahora». Por suerte, a Patricia eso no le costaba. Si hubiese tenido un ministro más débil, quizás habríamos cedido a la presión.

La presión venía de todos lados. Me acuerdo de que un día vino Bono a Casa de Gobierno y me reclamó por Santiago Maldonado. Le expliqué qué sabíamos, qué no sabíamos y por qué era injusto sancionar a los gendarmes. Se fue más tranquilo y, por suerte, al otro día, en el recital de U2 en La Plata, no dijo nada sobre el tema. Incluso gente lógica y razonable, gente que nos apoyaba, miembros de Cambiemos, nos pedían un gesto. Pero ese gesto significaba usar a un servidor público como chivo expiatorio. «Si no hay ninguna prueba de que haya sido un gendarme», les contestaba yo, «¿por qué vamos a sancionarlo? Nosotros tenemos que respaldar a nuestras fuerzas de seguridad». Y así seguimos. Así aguantamos toda la campaña, casi en soledad, frente al consenso casi unánime de que Gendarmería se había llevado a Maldonado.

Recuerdo especialmente una reunión con todo el equipo del Ministerio de Seguridad, a principios de septiembre, en el Salón Eva Perón de Casa Rosada. Estaban abiertas las ventanas que daban a Plaza de Mayo y se escuchaban a lo lejos los bombos de una marcha por la aparición de Maldonado. En la reunión, los técnicos del Ministerio me explicaron con paciencia y en detalle por qué el relato de los testigos mapuches era físicamente imposible de ser verdad, por las ondulaciones del terreno y las distancias implicadas. Para ver lo que decían que habían visto, me dijeron, tendrían que haber estado a más de media hora de caminata del lugar desde donde decían que habían estado. También hablaron quienes habían entrevistado a los gendarmes, incluidos los dos heridos graves por las piedras que les habían tirado los manifestantes. Dijeron que sus testimonios eran confiables, que no se contradecían entre sí y no había razón para dudar de ellos. Ese día me empecé a convencer de que Gendarmería era inocente y que las acusaciones —incluidas muchas investigaciones, como las de la Procuración de Alejandra Gils Carbó— estaban alimentadas por razones políticas o ideológicas.

Cuando apareció el cuerpo y se hizo la autopsia, me dio mucha pena por Maldonado y por su familia, pero también sentí alivio de poder finalmente tener una certeza sobre el caso. Y la satisfacción de haber tomado la decisión correcta al no apresurarme a la hora de echar o sancionar a los gendarmes. El episodio sirvió para restablecer la confianza de la sociedad en las fuerzas federales: nuestro apoyo inicial se transformó, sobre todo después de esos meses de 2017, en una mejora impresionante de la imagen pública de la Gendarmería. Esta confianza de la gente generó una nueva sensación de orgullo en las fuerzas.

El caso Maldonado desapareció enseguida. Vinieron las elecciones, que ganamos con comodidad —fue la mejor elección intermedia de un oficialismo desde 1985—, y aquellos que invocaban la memoria de Santiago pronto se olvidaron de él, lo que demostró que su indignación no era completamente genuina, sino que en parte tenía que ver también con una estrategia para debilitar al gobierno, y con una intencionalidad ideológica mezquina y perversa por parte del kirchnerismo. En el camino, banalizaron el concepto de «desaparición forzada de persona», tan sensible para la memoria colectiva.

Mi relación con Comodoro Py

En abril de 2016, cinco meses después de empezar mi mandato, estalló en todo el mundo el caso *Panama Papers*, derivado de la filtración de la base de datos de un estudio de abogados panameño. Yo sabía de la investigación periodística, porque me habían consultado con anticipación para que hiciera mi descargo. A los periodistas les dije lo mismo que después le diría a la Justicia: que las cosas que se investigaban eran anteriores a mi etapa como funcionario público, que no cometí ningún acto ilícito y que siempre pagué todos mis impuestos. Aparecía como director en una sociedad abierta por mi padre en Bahamas en 1998, que me había incluido sin mi consentimiento y en la cual no había tenido ninguna participación y de la cual no había obtenido ningún beneficio. Los jueces abrieron una investigación y colaboré con ellos sin problemas, con el ánimo de aclarar todas las dudas. Entregué toda la información y la investigación siguió su curso, hasta que finalmente fui sobreseído, a finales de 2019.

El escándalo, de todas maneras, fue considerable. Los medios, por supuesto, lo cubrieron intensamente, y de poco les valían los argumentos que les daba para mostrar que no había nada extraño. El kirchnerismo quiso aprovechar la situación para intentar decir que nosotros éramos tan corruptos como ellos (todavía faltaban dos meses para los bolsos de José López) y el fiscal Delgado salía todas las noches en televisión comentando el caso, excediendo por completo su tarea específica de fiscal.

Nuestro objetivo era mostrar que éramos distintos al kirchnerismo. Que, en lugar de presionar a los jueces para que no me investiguen, hacía todo lo contrario: me presentaba, colaboraba, entregaba información, no criticaba en público al fiscal ni a los jueces. No sé si tuvimos mucho éxito, porque el esfuerzo de la oposición y la histeria de cierto periodismo por embarrar a todos por igual fue muy fuerte.

Pero el caso sirvió para mostrarles a los jueces penales federales de Comodoro Py cuál iba a ser mi actitud con ellos. No iba a interferir ni los iba a demonizar ni iba a comentar su trabajo como hacía el gobierno anterior. La denuncia de los *Panama Papers* era descabellada, pero yo dije: «Soy un ciudadano más, como cualquier otro, si me quieren investigar que me investiguen». Y ahí Comodoro Py empezó a hacer su camino. Cualquier juez en nuestra gestión no tenía que andar preguntando qué hacer. No teníamos esos diálogos que pudieron existir en el pasado. Respetamos la independencia judicial, y todos los jueces o fiscales podían hacer lo que fuera su deber con toda libertad. Si tenían denuncias contra el gobierno anterior, que las investigaran con seriedad y rigor, sin preocuparse por las consecuencias políticas que eso pudiera tener, tanto si esas consecuencias eran favorables o desfavorables políticamente para mí o para quien fuera. De los avances o retrocesos en las causas me enteraba por las acciones de los jueces.

En junio de 2017, por ejemplo, me grabé este mensaje: «Estos días se aceleraron las causas de Cristina y de De Vido. De golpe se duerme todo y de golpe despierta».

Ahora es el kirchnerismo el que está convencido de que yo presionaba a los jueces para investigar a Cristina y sus funcionarios —están convencidos de que sus presos y condenados son «presos políticos»—, pero en aquel momento los que me preguntaban si tenía un pacto con Comodoro Py eran algunos de nuestros aliados. También muchos periodistas. Me decían que yo tenía un pacto de impunidad con Cristina, que había arreglado con los jueces para que no fuera presa. Me acuerdo de un columnista importante que me dijo eso y le contesté: «Pensé que eras una persona inteligente». Se enojó, me preguntó por qué le decía eso. Y le expliqué que, por un lado, yo jamás aceptaría negociar la impunidad de nadie. Y agregué: «Si yo no pude ni siquiera ponerme de acuerdo con ella en cómo me traspasaba los atributos, ¿cómo pensás que podría haber hecho un pacto de impunidad semejante?». Además, una idea así olvidaba una parte central de su personalidad: ella jamás aceptaría que necesita hacer un acuerdo con alguien.

Lo que quiero decir es que nunca tuve nada que ver con lo que hacía Comodoro Py, ni para mandar a Cristina a la cárcel ni para salvarla de ir presa. Lo mismo se aplica a sus funcionarios denunciados o condenados en estos años. No me metí nunca, dejé trabajar libremente. Incluso cuando me pareció que la herramienta de las prisiones preventivas se estaba usando con demasiada discrecionalidad. Lo mencioné en alguna entrevista y en conversaciones con periodistas, aunque en general preferí no opinar del tema en público, para no mandar una señal confusa a los jueces. Quizás debí ser más enfático y dejar más clara mi posición —sí lo hizo Germán Garavano— de que los jueces debían tener cuidado con las prisiones preventivas, que no deben servir para ocultar la lentitud del proceso normal.

La continuidad de los jueces de Comodoro Py llevó a algunos analistas a pensar que no habíamos hecho reformas en la Justicia. Creo que están equivocados. En mis cuatro años de gobierno se hicieron cambios muy importantes a favor de una Justicia más rápida, más transparente y más cercana a la sociedad. El nuevo Código Procesal Penal, por ejemplo, que implementamos con la Comisión Bicameral del Congreso y que ya se aplica en Salta y Jujuy, logró excelentes resultados y la reducción sustancial de los plazos de duración de las causas. Además, esta comisión estableció para todo el país nuevas reglas para la aplicación de la prisión preventiva.

Fuimos muy respetuosos de los procesos de designación de jueces, que habían sido contaminados por el gobierno anterior. Cuando llegué había cientos de jueces y fiscales temporarios (subrogantes), sin certeza sobre su futuro y, por lo tanto, vulnerables a la presión política. Los miembros del Consejo de la Magistratura impulsaron cientos de concursos transparentes. Cuando nos enviaron las ternas, seleccionamos para elevar al Senado a los que parecían mejores de acuerdo a sus calificaciones y al trabajo realizado en favor de la justicia y nunca por su filiación política. Ahí hubo un gran mérito de Miguel Ángel Pichetto, Rodolfo Urtubey y los restantes senadores del peronismo, que aceptaron empezar a mejorar la calidad institucional de la Justicia a partir de concursos más transparentes.

Lamentablemente, el regreso de Cristina Kirchner al Senado generó una influencia muy negativa, que prácticamente detuvo la designación de más de 200 candidatos a jueces, fiscales y defensores que no obtuvieron el acuerdo del Senado. Muchos de ellos ya tenían su dictamen favorable de la Comisión de Acuerdos y, sin embargo, fueron abandonados en un limbo hasta que el gobierno de Alberto Fernández retiró sus pliegos. Una vez más, el kirchnerismo, fiel a su estilo, los reemplazó por candidatos políticamente afines.

De todos modos, no es cierto que no se hayan logrado avances concretos en Comodoro Py. Que la propia Justicia haya podido cambiar la composición de la Sala I de la Cámara Federal, integrada cuando llegamos por Jorge Ballestero, Eduardo Freiler y Eduardo Farah, fue histórico. Ballestero, Freiler y Farah eran quienes durante el kirchnerismo convalidaban barbaridades. Esto desmotivaba a los jueces que de verdad querían investigar, porque sabían que sus investigaciones encontrarían la forma de ser bloqueadas o demoradas en la instancia superior. La salida de estos jueces mediante los procedimientos constitucionales fue muy positiva para la Justicia, porque por primera vez hubo un límite para el avance de arbitrariedades manifiestas. La última vez que lo intentaron, con la liberación de Cristóbal López, fue tan fuerte la respuesta negativa de la población y de los propios jueces que, en un hecho inédito, la misma Corte Suprema de Justicia, presidida entonces por Ricardo Lorenzetti, dispuso que el Consejo de la Magistratura investigue las irregularidades que podrían haberse cometido. Así, Ballestero se jubiló, Farah pidió el traslado y Freiler finalmente pudo ser destituido por el Consejo de la Magistratura.

Otro caso relacionado con lo anterior es el de Milagro Sala, que empezó a las pocas semanas de mi asunción, cuando los jueces jujeños, antes amedrentados por el poder político provincial, pudieron empezar a trabajar libremente las causas en su contra. El kirchnerismo enseguida lo tomó como un caso de persecución política, a pesar de los poderosos indicios y testimonios en contra de Sala. Apelaron a sus contactos internacionales, hicieron intervenir a la Corte Interamericana de Derechos Humanos (CIDH) y reclamaron por su liberación. Es decir que mantuvieron su desdén por la independencia de la Justicia y por el federalismo, quizás porque era lo que estaban acostumbrados a hacer cuando estaban en el gobierno. El caso de Sala era estrictamente judicial y del Poder Judicial de una provincia sobre el cual yo no tenía ninguna influencia. Lo único que podía hacer (y fue lo que hice) era ayudar, desde la Secretaría de Derechos Humanos de la Nación, a explicarles a todos los que venían del exterior, preocupados por si eso era una persecución a una líder indígena, que no, que era un problema estrictamente penal.

El gobernador Gerardo Morales, recién llegado al cargo después de años en la oposición jujeña, recibió presiones enormes para liberarla (cinco años después, las sigue recibiendo), pero cuando hablábamos siempre estaba convencido de que los procesos contra Milagro Sala eran sólidos y estaban fundamentados. Le creí, por eso lo defendí siempre. Sigo convencido de que Milagro Sala fue alimentada por el gobierno de los Kirchner para generar una organización mafiosa paralela al gobierno de Jujuy, con consecuencias terribles para la provincia durante muchos años. Con el tiempo, fue condenada por desviar fondos públicos, originalmente destinados a la construcción de viviendas, y por darle una paliza a un dirigente social. Esas condenas fueron confirmadas en todos los niveles de la Justicia de Jujuy y avaladas en 2017 por la Corte Suprema, justo en el momento en que la CIDH clamaba por la liberación. A partir de ahí, los organismos internacionales aceptaron la validez del proceso.

Cambios en la AFI

La Agencia Federal de Inteligencia (AFI) es otro de esos lugares donde resulta difícil elegir a quién poner a cargo, porque hay poca gente con experiencia en inteligencia en la Argentina. No hay una escuela de jefes de espías. Políticos con experiencia me dijeron que los requisitos para acertar con la designación del jefe de la AFI eran dos: que fuera una persona inteligente y, sobre todo, que fuera de extrema confianza. Mi amigo Gustavo Arribas, abogado y escribano, reunía esos dos requisitos. En ese momento Gustavo vivía en Brasil, y cuando lo convoqué, le mentí, piadosamente: le dije que lo necesitaba para intervenir la Asociación del Fútbol Argentino. Cuando llegó a Buenos Aires, le aclaré: «Me equivoqué por una letra. No te quiero para la AFA, te quiero para la AFI».

«El Negro», que es un hombre valiente, aceptó. Se puso a estudiar y a hablar con toda la gente que tenía que hablar y lo cierto es que terminamos con una AFI respetada y reconocida a nivel mundial, un cambio impresionante con respecto a la situación anterior, en la que la vieja SIDE había mirado muy hacia adentro y había estado demasiado cerca de la política y los políticos. Cuando terminó la gestión de Arribas, la AFI tenía una relación de espejo y respeto con los principales servicios de inteligencia del mundo, como el Mossad, el MI6 y las principales agencias de los países latinoamericanos. No sé si en algún momento anterior la inteligencia argentina había sido tan respetada internacionalmente. Su trabajo en la organización de la cumbre del G-20, a fines de 2018, fue excelente. Y sus agentes estuvieron detrás de muchos de los éxitos que tuvimos en cuestiones de lavado de dinero, crimen organizado y narcotráfico, suministrando la información necesaria para agarrar a los pescados gordos y desmantelando un avance del narcotráfico que estaba poniendo en riesgo nuestra convivencia.

En esas operaciones la AFI tiene, inevitablemente, relación con los jueces, porque no puede hacer nada sin autorización judicial. No sé cómo era antes de nuestra llegada, pero en los años que estuvimos nosotros jamás la AFI movió un dedo sin autorización o pedido de los jueces a cargo. Esto es difícil de mostrar y de demostrar, porque requiere probar no que hicimos algo correcto, sino probar que uno dejó de meterse en lugares que no le corresponden. ¿Cómo se prueba, en un área con tanto material confidencial como la agencia de inteligencia, que uno no opera en la Justicia ni espía opositores ni usa a los espías en beneficio del gobierno? Es muy difícil, y por eso, en un país acostumbrado a dudar de la inteligencia, las sospechas continuaron, sin que pudiéramos hacer demasiado al respecto. Pero quiero que quede bien en claro: mi instrucción a Gustavo fue profesionalizar la AFI, llevarla a los estándares internacionales y colaborar en las investigaciones de los jueces y las fuerzas federales.

Esa instrucción la cumplió con creces. Además, hubo un gran recambio generacional en la AFI de esos años: se fueron agentes históricos, poco entrenados para los desafíos contemporáneos de la inteligencia, y entró mucha gente joven, más preparada para estudiar delitos económicos y aprovechar la tecnología para atacar las redes mafiosas a través de los movimientos de dinero. Y, por otra parte, nunca tuve siquiera un atisbo de que la AFI además estuviera haciendo otras cosas por su cuenta. Jamás, por ejemplo, recibí una «carpeta» de nadie, jamás me fue ofrecido un servicio sospechoso y nadie vino a quejarse de agentes que estuvieran traspasando los límites de su función. Eso no impide que, si existieron entre el personal ya existente en la agencia empleados con agenda y kioscos propios, muy en la línea de la historia oscura del organismo, no fueron conocidos durante la gestión.

El Negro afrontó todo esto siempre con mucha serenidad, a pesar de que poco después de llegar tuvo que aguantar estar varios días en las tapas de los diarios por una muy débil denuncia por supuesta corrupción, que llegaba al punto delirante de involucrarlo con el caso Odebrecht y la licitación del soterramiento del Sarmiento. Aunque la denuncia estaba basada en casualidades y especulaciones, Arribas tuvo que aprender a lidiar con estos temas, una novedad absoluta para él. También tuvo que aprender a lidiar con los enemigos de Silvia Majdalani, a quien el primer día se la recomendé, por pedido de Gabi Michetti, para que fuera su número dos. Pero le aclaré: «Esto te lo digo a vos como se lo digo a todos los ministros. Yo te puedo recomendar gente o pedirte que le hagas un lugar a alguien. Pero es tu equipo. Si Silvia no te va, por la razón que sea, dentro de diez minutos o dentro de diez meses, la podés sacar cuando quieras». Y a pesar de todos los ataques contra Silvia —todos los ataques a la AFI eran ataques contra Silvia—, Gustavo sintió que ella trabajaba bien. No la conocía y no la había elegido, pero la vio trabajar y la sostuvo.

Los cuadernos y mi padre

Me preguntan mucho cómo me enteré de los cuadernos de Centeno, el chofer que anotó durante años la minuta de la corrupción kirchnerista y que publicó *La Nación* desde mediados de 2018. Me preguntan también qué sentí, si los leí, si seguí el caso de cerca. Para ninguna de las preguntas tengo una respuesta satisfactoria. No me acuerdo del momento exacto en que me enteré ni tuve demasiado tiempo para saborear las mejores anécdotas o tomármelo de una manera lúdica. Amigos me escribían diciendo: «Los argentinos somos geniales, hacemos cosas que no se ven ni en Netflix». En las comidas familiares de los fines de semana era el tema principal de conversación: las nuevas revelaciones, los nuevos detalles. Claramente, todo el mundo a mi alrededor parecía disfrutarlo, por el morbo cinematográfico de algunas de las escenas y porque le ponía voz e imágenes a una trama de corrupción generalizada que a menudo quedaba oculta.

Decía que a mí me costó disfrutarlo por dos razones. La primera es que nunca me interesaron las noticias policiales, ni en mi vida civil ni como dirigente político. Las historias de motines carcelarios, robos a bancos o asesinatos misteriosos, que tanto llaman la atención de la opinión pública, nunca me generaron demasiado interés. La segunda razón es que enseguida me empecé a preocupar por el efecto que el caso iba a tener en la economía, que ya venía sacudida desde hacía varios meses por la devaluación, la sequía y la incertidumbre por el acuerdo con el FMI.

Unos días después de que estalló el caso vino a verme Nicolás Dujovne. Mientras otros comentaban entre risas los avatares de la corrupción kirchnerista, Nico era pesimista. Me dijo que los mercados estaban viendo a los cuadernos como un nuevo Lava Jato, el escándalo de corrupción que había congelado la economía brasileña durante más de dos años y había contribuido al *impeachment* de Dilma Rousseff. «Si los inversores piensan que estamos al comienzo de un proceso similar —me dijo—, entonces vamos a tener inestabilidad otra vez en el dólar, lo que vuelve a postergar nuestro plan de desinflación y reactivación de la economía». Eso fue lo que ocurrió. Los mercados no vieron una diferencia en que, al revés que en el Lava Jato, los cuadernos de Centeno hablaran sobre el gobierno anterior y no sobre el actual, y el dólar pegó otro salto.

El caso de los cuadernos generó un gran escándalo pero también una serie de conversaciones asociadas a la naturaleza de la corrupción en la Argentina. Y se empezó a mencionar la figura de mi padre, Franco, como un símbolo de las relaciones poco claras entre el Estado y los contratistas de la obra pública. En una entrevista con Luis Majul, unos meses después, dije una frase que no se entendió de la manera en que quise expresarla. Dije: «[Mi padre] era parte de un sistema que se vio extorsionado por el kirchnerismo en el que, para trabajar, había que pagar». Y después agregué, sin referirme específicamente a él, a pesar de que no se entendió así: «Es un delito y cada uno se tiene que hacer cargo».

Lo que quise explicar, y voy a tratar de hacerlo ahora mejor, es que en la Argentina ha habido corrupción desde hace mucho tiempo. El mundo empresario y el mundo político se habían acostumbrado a que casi todos los gobiernos fueran corruptos, algunos más, otros menos, algunos más obscenos, otros más discretos. Lo que se denunció con los cuadernos es que el gobierno anterior al mío había estado organizado estructuralmente para recolectar. La corrupción no era ya algo que ocurría en los recovecos de la administración estatal, lejos de los focos de la opinión pública, sino que era la propia Casa Rosada la que —según los testimonios— organizaba, coordinaba y autorizaba los circuitos de recolección.

Ese sistema, novedoso por su eficacia y organización, puso en un dilema muy real a empresas históricas con cientos o miles de empleados. Muchos de estos empresarios se quejan ahora de que no tenían alternativa. Que sus opciones eran pagar o cerrar la empresa, pagar o despedir a sus empleados. Yo les critico —y a muchos de ellos se los dije personalmente— que no tuvieron la fortaleza para unirse y oponerse a este sistema. Por supuesto que, cada uno por separado, el dilema era terrible. Pero podrían haberse unido, asumir su responsabilidad democrática y denunciar el sistema que les estaban proponiendo. No lo hicieron. Y creo que tuvieron una gran oportunidad para hacerlo en 2005, cuando Roberto Lavagna renunció al Ministerio de Economía y denunció la creciente corrupción en la obra pública. Era su momento, pero lo dejaron pasar.

Al mismo tiempo, entiendo que no es fácil para un empresario echar a 500 personas que trabajan con él hace 20 años porque decide no entrar en el juego. Eso es lo que quise explicar. Los cuadernos mostraron un sistema en el que, si el empresario no estaba dispuesto a cerrar su empresa, no daba alternativas. Y que mi padre, como muchos otros, era en parte participante y en parte víctima de ese sistema. Pienso en varios de estos empresarios, algunos de los cuales se presentaron como arrepentidos en la causa de los cuadernos. Son tipos que están salvados económicamente. Para ellos personalmente habría sido fácil rechazar ser parte y cerrar sus constructoras. Pero supongo que debe haber prevalecido en ellos —sin que me lo hayan dicho— el hecho de que sus empresas la fundaron sus abuelos, después las manejaron sus padres y no querían ser ellos quienes las cerraran tras 50 o 100 años de vida.

Además, supongo que se sentían responsables por las personas que trabajaban con ellos, algunas desde hacía más de 30 años (algo habitual en las empresas familiares), y que no podían decirles que iban a cerrar sus constructoras para no ensuciarse. Los empleados les habrían reclamado que ellos tenían familia, que le habían dedicado décadas de su vida a la empresa y que ya no podrían conseguir laburo en ningún otro lado. Es un asunto complicado. Insisto en que no los estoy exculpando y que, si cometieron delitos, deben ser investigados. Y, sobre todo, que debieron haber reunido la fortaleza para juntarse y denunciar el sistema de recolección kirchnerista. Aquel silencio inicial los metió en una trampa de la que después fue cada vez más difícil salir.

Lo peor es que haber participado del sistema tampoco les sirvió de mucho. Si uno mira sus balances, ve que son empresas que no crecieron en los años kirchneristas. Entre las altísimas comisiones que tenían que pagar, lo mal y tarde que les abonaba el Estado y la inflación creciente, tampoco era tan buen negocio. Salvo para los que inventaban empresas específicamente para eso, como Lázaro Báez y compañía, el sistema funcionaba con muchos problemas. Era el peor de los mundos: ingresaban a un terreno lindero con la corrupción y además era de dudosa rentabilidad.

El Correo: mi visión

En febrero de 2017, la fiscal Gabriela Boquín denunció por «abusivo» un principio de acuerdo entre Correo Argentino SA, la empresa de mi familia que había tenido la concesión del correo estatal, y el Estado nacional, último acreedor pendiente de los más de 600 que en 2009 habían aceptado ya una propuesta de pago. El acuerdo, firmado siete meses antes, había sido aceptado también por las tres sindicaturas del concurso, en una audiencia en la Cámara Comercial.

Esa tarde Boquín tergiversó deliberadamente los términos del acuerdo, usando criterios irracionales, aplicando tasas altísimas, dolarizando deudas en pesos y multiplicando intereses sobre intereses para llegar a una cifra absurda y decir que la empresa quería pagar sólo el 1% de lo que le correspondía. Lanzó al aire un número disparatado que se pegó en todos lados: los supuestos 70 000 millones de pesos por los que mi familia quería perjudicar al Estado. Un rato más tarde Cristina Kirchner celebró el escrito de Boquín en las redes sociales.

Unos días después, para que no hubiera ni la más mínima sospecha de corrupción, hice lo mismo que había hecho con los *Panama Papers*: me involucré en el caso y ordené dar marcha atrás con el acuerdo (del que hasta ese momento no sabía nada) y empezar de cero, como dije en una tensa conferencia de prensa en el Salón Blanco de la Casa Rosada. Además, le pedí un informe a la Auditoría General de la Nación. Elegí proceder éticamente, buscar siempre la mayor transparencia posible y que mi manera de diferenciarme del kirchnerismo fuera aceptar que me investigaran, colaborar con la Justicia y no esconder nada. Porque no tenía nada que esconder.

Sin embargo, aunque no lo dijera en público, en mi fuero íntimo estaba convencido de que la presentación de la fiscal y la histeria de la oposición con el tema eran la continuidad de una avanzada política contra el Correo que había empezado muchos años antes.

La relación de los gobiernos kirchneristas con la empresa Correo Argentino siempre fue política: nunca tuvo un componente técnico sobre si la empresa hacía bien su trabajo o si cumplía su parte del contrato. Desde 2003, el mismo año en que ingresé formalmente a la política y me presenté a mi primera elección, el kirchnerismo usó al Correo, a través de funcionarios, jueces y fiscales afines, para intentar frenar mi crecimiento, porque me veían como su principal amenaza política. En eso tenían razón.

Tras el regreso del kirchnerismo al poder, sobre los hombros de Alberto Fernández, mi convicción es que Cristina, ayudada por funcionarios judiciales afines y un enorme grupo de asesores, busca darle la estocada final al caso para perjudicar a mis hermanos y mis hijos y, a través de ellos, a mí y a Juntos por el Cambio, a pesar de que hace mucho tiempo, más de diez años, que cedí mis acciones en la empresa, después de convertirme en jefe de Gobierno de la ciudad. Como los hijos de Cristina fueron procesados por varios delitos (principalmente, en las causas Los Sauces y Hotesur) y eso, evidentemente, les generó mucho sufrimiento, mi explicación es que ella ahora quiere que yo pase por lo mismo, con la diferencia de que mis hijos son absolutamente inocentes de cualquier delito. No tengo pruebas de esto. Pero, como dice la propia Cristina, tampoco tengo dudas.

La historia del Correo es un poco larga pero vale la pena contarla. En 1997 el Estado nacional le otorgó la concesión del servicio postal a Correo Argentino SA, después de una licitación muy competitiva con otras empresas nacionales y extranjeras. Según el contrato de concesión, que era por 30 años, tanto el Estado como la empresa tenían que cumplir obligaciones. Las del Estado eran controlar los correos no autorizados y garantizar la exclusividad de varios servicios, como las cartas documento, la emisión de estampillas y el pago de jubilaciones. Correo Argentino debía pagar un canon y comprometerse a determinada cantidad de inversiones anuales.

Durante los primeros dos años, Correo Argentino cumplió con todas sus obligaciones. El Estado, con ninguna. El Correo, además, estaba obligado a prestar los servicios que le demandaran el gobierno nacional, las provincias y los municipios, aun si no le pagaban, como era habitual. Estas dos causas (el incumplimiento del contrato por parte del Estado y la falta de pago de los clientes estatales) generaron una crisis financiera en el Correo. Sin ingresos suficientes, la empresa no pudo seguir pagando el canon y en 2001 pidió el concurso de acreedores. En 2002, la Sindicatura general, auxiliar del juez del concurso, elaboró un amplio informe donde manifestó que la causa de la cesación de pagos de Correo Argentino habían sido los incumplimientos estatales.

En 2003, el mismo año en que me lancé a la política, la presidencia de Néstor Kirchner disolvió una comisión creada por Eduardo Duhalde para estudiar la situación del Correo y rompió unilateralmente, sin motivo válido, el contrato de concesión, 24 años antes de su finalización. Algunos dicen que la empresa fue «expropiada», pero una expropiación requiere una ley del Congreso y el pago de un precio por los bienes expropiados. En el caso del Correo, no sólo no hubo ley ni pago, sino que se apropiaron de y despojaron todos los bienes de la empresa, incluidos vehículos, dinero, computadoras, los sistemas informáticos que aún hoy son el respaldo de las elecciones nacionales y, especialmente, la planta procesadora de Monte Grande, íntegramente construida por Correo Argentino.

En 2007 estos bienes fueron tasados por el Tribunal de Tasación de la Nación en 330 millones de dólares, mucho más de lo que el Estado reclamaba como deuda al Correo. Además, Néstor Kirchner dejó en Correo Argentino todas las deudas que hubieran quedado pendientes. O sea que el Estado se llevó los bienes, no pagó y dejó las deudas, la definición más precisa posible de lo que es un vaciamiento.

Para ser justos, el kirchnerismo hizo esto no sólo con el Correo. Aplicó las mismas prácticas de ahogo, confiscación y ruptura de contratos con otras empresas, como YPF o Aguas Argentinas. Pero estas otras compañías tenían accionistas extranjeros y pudieron hacerle juicio a la Argentina en tribunales internacionales. Juicios que ganaron y que le costaron al país miles de millones de dólares. Correo Argentino, cuyos accionistas eran todos argentinos, no pudo recurrir a esos tribunales y tuvo que someterse a jueces argentinos presionados por el poder político o por militantes kirchneristas.

La única razón por la que el concurso sigue abierto después de casi dos décadas es que el Estado no ha querido cerrarlo. En 2007, por ejemplo, el 80% de los más de 600 acreedores aceptó una propuesta de pago, avalada por las tres sindicaturas. Sin motivo razonable, el Estado nacional (que tiene menos de un tercio de las acreencias) se opuso y en 2010 la jueza a cargo inexplicablemente denegó la homologación del acuerdo.

En 2016, cuando llegué a la presidencia, sentí que esta anormalidad tenía que terminarse. Concluir con el concurso era la mejor solución para todos, especialmente para el Estado, que finalmente podría cobrar su crédito. Les pedí a mis familiares que hicieran un esfuerzo y llegaran a un acuerdo, pero sin involucrarme a mí. Yo no intervine y no quería saber nada de las negociaciones ni tener ninguna influencia. Sólo quería que se llegara a una solución justa, que reconociera tanto las deudas del concurso como las deudas del Estado con la empresa. Según supe después, Correo Argentino presentó entonces una nueva propuesta, que otra vez fue aprobada por los nueve miembros de las sindicaturas. El final parecía cerca, pero ahí apareció la fiscal Boquín, muy cercana a la entonces jefa de los fiscales, Alejandra Gils Carbó, que siete meses después impugnó la propuesta con cálculos arbitrarios y ridículos. A pesar de que no tiene opinión vinculante, la voz de la fiscal, reproducida por la oposición, primó sobre la sensatez, el estado de derecho y la opinión de los síndicos.

Desde que dejé la presidencia, el proceder hostil del Estado nacional se aceleró. El Poder Ejecutivo pidió la intervención y la quiebra de Correo Argentino y su extensión al Grupo Socma, entre cuyos accionistas hay miembros de mi familia. No hay explicación legal para que la Procuración del Tesoro siga con el caso. Concursos como el del Correo hay cientos, pero en ninguno la Procuración es la representante del Estado, como lo es ahora. Que la Procuración del Tesoro lleve el caso y participe tan activamente, pidiendo reemplazar la administración de la empresa y aludiendo a actos de vaciamiento que no existen, en apoyo de la posición de la fiscal Boquín, acredita el interés político —y sólo político— del kirchnerismo en el proceso del Correo. Es increíble que el principal deudor de Correo Argentino sea quien decida su suerte y quien, a pesar de haberla vaciado de sus bienes, sostenga denuncias de vaciamiento.

Quiero que queden claras dos cosas sobre este tema. La primera es que en ningún momento aproveché mi posición para lograr un beneficio para mi familia. Todo lo contrario. No intervine y no me involucré en el proceso. En aras de la transparencia, pedí un dictamen de la Auditoría General de la Nación, cuyo resultado fue que Correo Argentino hizo la mejor propuesta que podía hacer. En el expediente se ha presentado, además, un peritaje de la Corte Suprema de Justicia donde se establece que mi familia no ha vaciado a la empresa. Por el contrario, ha aportado los recursos para hacer frente a sus necesidades. La segunda cosa que quiero dejar clara es que el «caso Correo» sólo existe porque así lo ha querido el kirchnerismo: lo inventaron ellos, lo alimentaron ellos y son ellos los que lo mantienen vivo, con el objetivo de dañar económicamente a un grupo empresario y las pretensiones políticas de su principal adversario de los últimos 15 años.

Quizás estoy siendo ingenuo, pero todavía confío en que finalmente las reconocidas camaristas María Lilia Gómez Alonso de Díaz Cordero y Matilde Ballerini tendrán el coraje que no han mostrado en los últimos años y podrán poner un límite a los abusos y disparates que plantea la fiscal Boquín, para que mi familia pueda terminar con esta persecución que viene sufriendo desde hace casi dos décadas.

Siempre procedí correctamente. Aun así, he sido víctima de actos de despojo, arbitrariedades y persecución judicial y mediática con enormes mentiras, que también buscaron dañar a funcionarios honestos y profesionales honorables. En este último año el ataque se incrementó, pero estoy tranquilo y en paz. Confío en que la historia y la Justicia darán su veredicto aclarando la verdad. Que es mi verdad.

Nunca más corrupción

Estoy muy orgulloso del trabajo que hicimos en mis años de gobierno para que no haya más corrupción en la Argentina. No sólo no fueron corruptos mis funcionarios, que es el primer paso indispensable para tener una relación más sana entre la política y el Estado. También puse en marcha procesos y regulaciones que reducen al mínimo las oportunidades de corrupción o, si aparece algún pícaro que quiere llevarse un vuelto, permiten rastrear las irregularidades. Es lo que pasó en 2020, por ejemplo, con el primer escándalo del gobierno de Alberto Fernández: el gobierno pagó sobreprecios enormes en la compra de alimentos, que pudieron ser detectados gracias a que todas las compras ahora quedan publicadas en el portal Compr.Ar, que inauguramos nosotros.

Por eso digo que no alcanza con no ser corrupto. Si no sos corrupto y no cambiás nada, le estás dando la oportunidad al que viene después de seguir haciendo lo que venía haciendo antes. Es necesario también cambiar la arquitectura institucional del Estado, para que todo su funcionamiento esté basado alrededor de la integridad y la transparencia. En esto avanzamos mucho, muchísimo, y son logros que a veces no son fáciles de ver ni de mostrar, pero que estoy seguro marcarán un antes y un después en el Estado argentino. No es fácil desmontar todo lo que hemos hecho, como el expediente electrónico o las compras automatizadas y las licitaciones abiertas *online*. Eso deja huellas.

En mis cuatro años de gobierno dimos vuelta el sistema de licitaciones de obra pública, que tanta corrupción había permitido durante mucho tiempo, especialmente en la década kirchnerista. Pusimos toda la información *online*, dejamos de cobrar por los pliegos y establecimos una serie de mecanismos que impidieron que las empresas se repartieran las obras entre sí para perjudicar al Estado. Antes, el gobierno licitaba una obra y se presentaban tres o cuatro empresas. Todas sabían cuánto iba a ofrecer la otra, por lo que sabían quién iba a ganar. En nuestras licitaciones de Transporte y Energía llegamos a tener más de 20 propuestas para cada licitación, que competían para ganar. Eso nos permitió bajar los precios: nosotros pagamos por el kilómetro de ruta, por ejemplo, casi un 40% menos de lo que pagaba el kirchnerismo.

Además, conseguimos aprobar leyes que hicieron más fácil a los jueces investigar a los corruptos, como la Ley del Arrepentido para casos de corrupción (muy utilizada en la causa de los cuadernos) y la Ley de Responsabilidad Penal para las Personas Jurídicas. Por primera vez hubo en mi gobierno un régimen sobre los posibles conflictos de intereses que puedan tener los funcionarios, y se empezaron a controlar de verdad sus declaraciones juradas. La recuperación del Indec, indudablemente, generó más transparencia, lo mismo que todos los cambios que hicimos en las empresas públicas, históricos nidos de corrupción.

Una muestra del éxito de nuestras reformas es la mejora de la Argentina en el índice de percepción de corrupción de Transparency International. Todos los años en los que fui presidente mejoró nuestro puntaje. Cuando llegué, la Argentina estaba 107º entre 183 países. Hacia 2019 habíamos subido al puesto 66º, muy lejos todavía del lugar donde deberíamos estar y de, por ejemplo, Uruguay (21º) y Chile (26º). Pero sin dudas hubo avances importantes. En 2020 ya habíamos retrocedido 12 casilleros, hasta el puesto 78º.

A veces me preguntan si creo que el gobierno actual va a dar marcha atrás con todas estas reformas de transparencia e integridad. Y no sé qué responder. Por un lado, siento que el kirchnerismo es perfectamente capaz de retroceder en cualquier tipo de avances que hayamos hecho, solamente porque las hicimos nosotros. Sobre todo en temas como corrupción, donde ellos no han hecho la más mínima autocrítica. Eso no permite ser optimistas. Pero sí es alentador que la demanda social es muy firme en términos de no aceptar más la corrupción. La sociedad argentina no tolera más que le roben y va a ser costoso para los políticos corruptos salirse con la suya si son descubiertos o dejan sus huellas marcadas.

La lucha contra la corrupción y a favor de la transparencia es parte del camino hacia el estado de derecho. Un Estado opaco e inescrutable, que restringe la información sobre sus procesos y funcionarios, no puede ser considerado un Estado verdaderamente democrático, aun si sus gobernantes fueron elegidos en elecciones libres y los otros poderes tienen un funcionamiento razonable. Para que exista un estado de derecho es indispensable que exista un Estado moderno. Y un Estado moderno —esa fue mi visión durante todo mi mandato— es un Estado que se pone reglas a sí mismo, las cumple y da herramientas a la sociedad para verificar ese cumplimiento.

Tener un Estado íntegro y sin corrupción requiere paciencia y determinación, no se logra en cuatro ni en ocho años. Por eso requiere un compromiso de toda la clase política, para mantener y profundizar las reformas que hicimos. Juntos por el Cambio está comprometido, en este tema no hay dobleces ni medias tintas. También reconozco el trabajo de algunos (no muchos) gobernadores peronistas para darles más transparencia a sus administraciones. Todos juntos peleamos contra la posibilidad de que se quiera dar marcha atrás con los avances importantes que hicimos en cuestiones de transparencia en estos años. No se lo merecen los argentinos, que piden otra cosa. Y no se lo merece el Estado argentino, que necesita a gritos este tipo de mecanismos para funcionar mejor y generar crecimiento y empleo, porque no puede haber crecimiento sostenido con corrupción.

7

La bisagra

El penúltimo domingo de octubre de 2017 cumplimos uno de los objetivos más importantes que nos habíamos puesto al principio del mandato: ganar las elecciones legislativas. Sabíamos desde el primer día que una mala elección de medio término habría dejado renga la segunda parte de mi mandato, habría hecho aún más difíciles las reformas que necesitábamos y habría puesto en serias dudas mis posibilidades de reelección. Por eso necesitábamos una victoria.

Sería exagerado decir que llegamos a la elección en nuestro mejor momento. Aunque la economía crecía desde hacía un año, la inflación bajaba y la pobreza era la más baja en 25 años, el clima político y de opinión pública estaba lejos de percibirlo. Buena parte de la campaña había ocurrido durante el caso Maldonado, que había generado un enfrentamiento muy fuerte con la oposición, y la presencia de Cristina Kirchner en la boleta bonaerense generaba incertidumbre (y miedo) en el círculo rojo. Hasta pocos días antes de la elección se dudaba de nuestra victoria, que terminó siendo bastante clara. Los candidatos de Cambiemos obtuvieron el 41% de los votos en todo el país, 10 puntos más que en 2015 y casi 20 puntos más que en 2013, y fue sólo la tercera vez que un oficialismo obtuvo más del 40% de los votos en una elección intermedia desde el regreso de la democracia, después del radicalismo en 1985 y el justicialismo en 1993. El resultado más rutilante, por supuesto, fue el triunfo de Esteban Bullrich en la provincia de Buenos Aires.

Por eso había tan buen clima en Costa Salguero aquella noche, con mucha armonía entre todos los miembros de Cambiemos y la lógica alegría por el triunfo. Además, nos reconfortaba saber que nuestro camino de cambio, que había exigido paciencia y sacrificio, sobre todo por los aumentos de las tarifas de luz y gas, todavía era respaldado por una parte importante de los argentinos. Estaba muy contenta María Eugenia, que se había puesto al hombro la estrategia y la campaña bonaerense —y también se jugaba mucho personalmente—, y estaba contento Marcos, que otra vez había mostrado ser un gran estratega electoral.

Mis emociones, en cambio, eran contradictorias. Estaba satisfecho por el triunfo, por supuesto, pero también sabía que el resultado me obligaba a empujar las reformas que necesitábamos para equilibrar nuestras cuentas, bajar impuestos y dejar de pedir tanta deuda. Eso significaba que, lejos de sentarme cómodamente a disfrutar de la victoria electoral y la alta aprobación de mi gestión, iba a tener que iniciar un proceso de negociaciones y medidas duras que inevitablemente me costarían capital político.

Esa misma noche me dejé este mensaje en el teléfono: «Ahora hay que utilizar todo este apoyo de la gente para emprender el camino de las reformas de que tanto hablé y que ninguno se vuelva loco por este resultado electoral, porque el éxito siempre es un peligro de borrachera».

El primer paso del plan fue convocar para el lunes siguiente, ocho días después de las elecciones, a las principales autoridades del país y del círculo rojo para decirles que había llegado la hora de ponernos de acuerdo sobre los temas principales, de llegar a una serie de «consensos básicos», como los llamé ese día. Los recibí en la cúpula del CCK, un mediodía de sol primaveral: estaban casi todos los gobernadores, los jueces de la Corte Suprema, las autoridades de los bloques del Congreso, muchos de los principales empresarios y gremialistas, dirigentes religiosos y de la sociedad civil, los rectores de las universidades nacionales. Fue un discurso largo, meditado, en el que había trabajado varios días. Me escucharon en silencio y, me pareció, con expectativa. Se generó un clima bastante especial, el clima de los momentos importantes.

Hablé de lo que habíamos logrado, del resultado de la elección y de la oportunidad que teníamos para resolver los problemas profundos de nuestra economía y nuestra democracia. Les propuse trabajar esos consensos básicos en tres ejes: un eje de calidad democrática, para dejar definitivamente atrás el autoritarismo y la corrupción; un eje de trabajo, para enfocar todo nuestro modelo de desarrollo en la creación de empleo formal; y un tercer eje, el más urgente para mí, que era el de la responsabilidad fiscal y aprender de una vez por todas que nadie puede vivir gastando más de lo que tiene.

La repercusión en el público fue excelente. Muchos de los asistentes me felicitaron y se declararon dispuestos a colaborar. A mí, esa reacción me dejó satisfecho, pero sabía en mi interior que los dirigentes argentinos en su mejor versión siempre saben qué es necesario pero después, cuando empiezan las negociaciones y tienen que entregar algo a cambio, pierden el entusiasmo y se ponen más amarretes. De todas maneras nos sentamos a trabajar casi inmediatamente, sobre todo con los gobernadores. Al día siguiente Nico Dujovne presentó su propuesta de reforma tributaria, que modernizaba y armonizaba nuestro emparchado sistema de impuestos, y ya tuvimos temas concretos de negociación.

Miro ahora las notas que tomé en esos días y veo que el proceso encontró dificultades casi enseguida: «Estoy preocupado pero sigo optimista», anoté el 3 de noviembre, el viernes después del discurso. «Poco a poco cada sector empieza a cuestionar una parte de la reforma, no va a ser fácil». Esa sensación se profundizaría en los días siguientes. Con los gobernadores y el Congreso negociábamos un paquete de varias reformas, incluidas una tributaria y una laboral y, muy importante, un compromiso a varios años de Nación y las provincias para bajar gastos e impuestos, descontrolados desde hacía una década. Aumentar el gasto es fácil, porque cae simpático; bajar el gasto, en cambio, requiere arduas ingenierías políticas, porque es antipático y nadie quiere hacerlo solo.

Por eso íbamos tratando de persuadir a los gobernadores para que contuvieran el crecimiento del empleo público y bajaran algo del ridículo impuesto a los ingresos brutos, del que varias provincias se habían enamorado a pesar de sus enormes perjuicios sobre la producción. También negociábamos el presupuesto de 2018, que no era una reforma en sí misma pero sí un mojón clave sobre el cual apalancar la velocidad de las otras reformas. Después de dos años en los que habíamos bajado poco el déficit, era imperioso convencer a los gobernadores y al Congreso de que en 2018 debíamos acelerar el ritmo. Pero no era fácil. Recuerdo conversaciones en las cuales yo pedía acuerdos más ambiciosos y siempre recibía la misma respuesta, especialmente de Emilio: «Políticamente no es posible bajar más el gasto». A lo que yo respondía, levantando la birome y dejándola caer sobre la mesa: «Lo que la política no puede impedir son los efectos de la ley de la gravedad. En algún momento nadie va a querer seguir financiando esto».

La semana siguiente viajé a Nueva York, donde me dieron un premio en el Consejo de las Américas por mi «liderazgo transformador». Hubo banquetes, homenajes y elogios a nuestro proceso, que recibí con la mejor cara posible. Aquellos inversores, empresarios y políticos gringos estaban convencidos en esos días de que la Argentina ya había cambiado, que había dejado el populismo atrás e ingresaba en una larga etapa de crecimiento y democracia. Mientras me decían esto, no podía dejar de pensar en que justo en esos mismos días nos estábamos jugando la sustentabilidad de nuestro modelo y que el resultado de esas negociaciones iba a definir si los amigos del Consejo de las Américas tenían razón o si, como tantas veces en la historia argentina, nos íbamos a quedar otra vez a mitad de camino.

En el vuelo de regreso a Ezeiza, en el medio de la noche, grabé para mí mismo un mensaje de audio que decía lo siguiente: «Estamos en los días más importantes tal vez para el futuro de la Argentina». Esto era el 8 de noviembre. Después seguía: «Ahora sí estamos en tensión discutiendo con los gobernadores. Cero vocación de ayudar, casi todos tratando de sacar alguna ventaja. Pobres los argentinos la verdad, hace décadas que tienen dirigentes muy irresponsables. No quieren enfrentar nada de las barbaridades que se han hecho». Al final trataba de darme a mí mismo un poco de esperanza: «Pero bueno, tengamos fe de que lo vamos a lograr sacar adelante. Paso a paso».

Recuerdo que el equipo esas semanas funcionó muy bien, comandado por Rogelio Frigerio y Nico Dujovne, coordinado por el optimismo permanente de Marcos y con el ojo protector de Gustavo Lopetegui y Mario Quintana. Ellos se bancaron cientos de horas de reuniones, viendo detalles a veces mínimos de cambios importantes, y quizás por esta gimnasia eran más piadosos que yo con los gobernadores y sus funcionarios. Les reconocían una intención genuina de poner en orden sus cuentas que a mí me costaba ver. Y creían más que yo en el respeto político que nos mostraban después de haber ganado las elecciones. Aun así, sentía que no era suficiente, que no iba a alcanzar.

En cualquier caso, el clima mejoró mucho cuando llegamos finalmente a un acuerdo, que anunciamos en la Casa Rosada con todos los gobernadores menos Rodríguez Saá, que no había firmado y se había ido a Europa de vacaciones. Nos sentamos con los gobernadores en el Salón Eva Perón, un jueves a la tarde, hicimos la ceremonia de la firma y nos sacamos las fotos correspondientes. El ambiente era positivo, después de las semanas arduas de negociaciones, pero no entusiasta: flotaba en el aire una sensación de que el acuerdo era imprescindible para mí, que era una cosa de nuestro gobierno, y que los gobernadores lo habían firmado para darnos el gusto, sin esperar nada demasiado bueno ni demasiado malo.

El acuerdo no era ideal, y meses después se comprobó insuficiente. Pero incluía puntos importantes, como la baja progresiva de ingresos brutos, una solución al Fondo del Conurbano Bonaerense (un problema que llevaba 15 años), que las provincias desistieran de sus casi 60 juicios contra la Nación y un compromiso de las provincias para no aumentar el gasto en los años siguientes, entre otros. Me preocupaba que la base del acuerdo era frágil —suponía que la economía iba a seguir creciendo varios años y que, al congelarse el gasto, se licuarían los déficits— y tenía un regusto amargo por sentir que otra vez la Nación había hecho la mayor parte del esfuerzo.

Pero un acuerdo era mejor que nada y estaría mintiendo si no admitiera que en ese momento me entusiasmé. En la conferencia de prensa posterior, Marcos dijo que el acuerdo era «un antes y un después para nuestra democracia» y destacó «la grandeza y responsabilidad» de los gobernadores, «que acordaron con la Nación sin desconfianza y sin aprietes». Esa noche me dejé grabado este mensaje que mezclaba ambas sensaciones: «Dios quiera que así termine cuando lleguemos al 28 de diciembre».

Las piedras en el Congreso

El mes siguiente fue un torbellino de noticias, casi todas negativas. La más dolorosa fue la desaparición del ARA San Juan con sus 44 tripulantes en el Mar Argentino. Nos costó varios días tener alguna pista sobre qué había pasado, porque la falta de información al principio era total. En aquellos primeros días el presidente del país sabía sobre el naufragio del submarino lo mismo que el resto de sus compatriotas: es decir, casi nada. Esto hacía la situación mucho más complicada. Era difícil decidir un plan de acción y era difícil ofrecerles respuestas a las familias desesperadas de los marinos, con las que me reuní varias veces: qué duro fue compartir su tristeza y a la vez mantenerles la esperanza sobre algo que a todas luces parecía ya trágico. De las pocas cosas positivas del episodio recuerdo la generosa cooperación internacional, de muchos países, y la emoción y el acompañamiento con el que todo el país mantuvo esperanzas hasta casi el final. Sólo más tarde vi la coincidencia de las fechas: mientras firmábamos el acuerdo fiscal con los gobernadores, el ARA San Juan ya había sufrido el estallido que lo dejó en el fondo del mar, aunque en aquel momento no lo sabíamos.

Esas fueron también las semanas en las que quedaron detenidos Carlos Zannini, Luis D'Elía y otros exfuncionarios kirchneristas, acusados de encubrir el atentado a la AMIA. Esto generaba euforia en algunos de los nuestros, pero para mí esas prisiones preventivas daban un mensaje equivocado sobre la Justicia. También fueron las semanas en las que un activista mapuche murió

141

en un enfrentamiento armado con la Prefectura, apenas semanas después de la aparición del cuerpo de Santiago Maldonado, y en las que miles de delegados de todo el mundo llegaron a Buenos Aires para participar de la cumbre anual de la Organización Mundial del Comercio (OMC), quizás la reunión internacional más importante de nuestra historia hasta ese momento.

Y mientras todo esto pasaba seguíamos avanzando hacia la segunda fase de los acuerdos postelecciones, que implicaba ratificarlos a través de una serie de leyes. Algunas eran poco controvertidas o difíciles de entender para el gran público, como la Ley de Responsabilidad Fiscal o la Reforma Tributaria. Otras las fuimos perdiendo en el camino, como la reforma laboral —los líderes de la CGT, con quienes habíamos acordado un borrador, no fueron al Senado el día del primer debate y eso generó dudas en el peronismo— y la ley de mercado de capitales, que nos patearon para el año siguiente. Otras leyes, lo sabíamos, iban a ser más difíciles, sobre todo la ley para modificar la fórmula de actualización de las jubilaciones.

El cambio en la fórmula era una parte central del acuerdo con los gobernadores para equilibrar las cuentas públicas en el largo plazo. La fórmula anterior, sancionada en 2008 por el kirchnerismo a pedido de la Corte Suprema, después de cinco años de aumentos arbitrarios, tenía muchos problemas. Uno era su opacidad: era una fórmula complicada y poco clara. Otro era que actualizaba las jubilaciones cada seis meses, demasiado tiempo en un país que casi siempre ha tenido inflación. Y el tercero, el más grave, era que la fórmula, atada a la recaudación, perjudicaba a los jubilados durante las recesiones y al Estado en los años de crecimiento.

Por eso, pensábamos, lo más simple y lo más previsible, en sintonía con lo que hacía la mayoría de los países, era una nueva fórmula para proteger a las jubilaciones de la inflación, con aumentos cada tres meses. Esto, al mismo tiempo, le daba previsibilidad al Estado sobre su presupuesto previsional. Como en ese momento todos (no sólo en el gobierno) pensábamos que venían varios años de crecimiento por delante, la fórmula le iba a permitir al Estado contener el gasto previsional manteniendo los ingresos reales de los jubilados. Los peronistas en el Senado nos pidieron ampliar la fórmula a una combinación entre inflación y salarios, y accedimos. Como el año siguiente, por la recesión, el salario real creció menos que la inflación, este cambio de último momento terminó perjudicando a los jubilados.

El proyecto pasó por el Senado en puntitas de pie, casi sin generar problemas, y a mediados de diciembre quedó listo para ser aprobado en Diputados. Como casi todos deben acordarse, hicieron falta dos intentos para lograrlo. El primero, un jueves, fracasó porque los disturbios en las calles y los enfrentamientos de los manifestantes con Gendarmería enrarecieron el clima dentro del recinto, que estuvo cerca de ponerse violento. Los diputados kirchneristas, con la colaboración de los de Massa, agredieron y avasallaron la autoridad de Emilio, que quedó muy afectado por la situación. A algunos gobernadores, o a sus diputados, empezaron a temblarles las rodillas. «Hoy quedó en evidencia que estamos todavía lejos de la normalidad», anoté ese día, sin saber que aún faltaba la peor parte.

Esa noche, asqueado por la violencia y el cinismo de la oposición, evalué seriamente aprobar la reforma por DNU, más como una provocación, un falta envido a la clase política, que como una estrategia política. Llamé al Gabinete a la Casa Rosada, ya casi de noche, mientras en la calle las cosas se iban calmando, y pusimos a un equipo a escribir el DNU. En los pasillos del primer piso, afuera de mi oficina y de la de Marcos, los ministros y asesores comentaban la jornada y debatían la conveniencia del decreto, que con las horas fue perdiendo adherentes. Influyó mucho en ese proceso la opinión de Lilita. Más tarde, más calmado, acepté alguna concesión al proyecto pedida por los gobernadores (un pago extra a los jubilados afectados por la transición de una fórmula a la otra) y convocamos a una nueva sesión para el lunes.

Lo que pasó el lunes no es necesario contarlo porque es una de esas jornadas que quedarán grabadas en la memoria de los argentinos. Sobre todo lo que pasó en la Plaza del Congreso, donde los manifestantes, organizados y preparados para la violencia, acorralaron y agredieron a policías mucho menos preparados que ellos. Algunas de esas imágenes, como la del activista eufórico mientras dispara su mortero contra la policía, son imborrables. La sesión en el recinto fue algo más ordenada, pero se prolongó a lo largo de toda la noche, con discursos de barricada mezclados con movimientos sospechosos en las voluntades de algunos diputados. Durante la madrugada perdimos el voto de los santiagueños, cuyo gobernador había garantizado horas antes, y temimos un efecto cascada, que finalmente no ocurrió. Fue importante para eso el compromiso del equipo y de nuestro bloque. Marcos y Rogelio estuvieron toda la noche en el Congreso, apoyando a los propios y conteniendo a los ajenos. El bloque de Cambiemos, imperturbable: los insultaron durante 12 horas, en discursos limítrofes con la violencia, y no se les movió un pelo.

Yo seguía todo esto desde Olivos, despertándome y durmiéndome cada 20 minutos, tratando de no estar demasiado pendiente, pero leyendo todos los mensajes que me llegaban desde el Congreso. En un momento, ya de madrugada, me pidieron que tratara de ubicar a Zamora, el gobernador santiagueño, para reclamarle por la capitulación de sus diputados. Pero Zamora, coherente con su deshonestidad intelectual y política, había apagado el celular y nunca más apareció. Fue una de las peores noches de mi vida, que me recordó a la crisis del Parque Indoamericano, en 2010, por la incertidumbre de madrugada y el riesgo de una situación de violencia descontrolada.

A las 7 de la mañana, finalmente, la reforma fue aprobada. Di una conferencia de prensa en el Salón Blanco, donde condené la violencia de los manifestantes, que había dejado más de 80 policías heridos, y volví a defender la nueva fórmula, pero tratando de llevar calma y dejar todo atrás. Después de todo, teníamos la ley, que era lo más importante. ¿O no lo era?

Tres años más tarde, tengo la convicción de que aquella noche ganamos una batalla, pero perdimos una guerra. Aprobamos una ley que finalmente nos sirvió de poco para contener el gasto, pero la interpretación del mundo de la política y los inversores fue que, a pesar de la victoria electoral, los acuerdos con los gobernadores y los éxitos parlamentarios, la voluntad de cambio de la Argentina seguía estando en disputa. Que la resistencia a las reformas para estabilizar la economía aún era muy fuerte, tanto en la calle como en el palacio, donde el nuevo romance entre el kirchnerismo y el Frente Renovador de Sergio Massa ponía a cada reforma futura a un estornudo de ser bloqueada.

Con la misma distancia temporal pienso en qué ridículo se ve todo aquello —por un cambio de impacto mínimo en las jubilaciones— si lo comparamos con lo que hizo el gobierno actual en su primer año de gestión, que perjudicó por decreto los ingresos de todos los jubilados del país, varios miles de pesos por encima de lo que habrían perdido con cualquier fórmula, casi sin pagar un costo político por ello.

Aquellas piedras en el Congreso marcaron, además, el final de los «consensos básicos», iniciados dos meses antes. Reflexionando en uno de esos días, seguía intentando encontrar enfoques positi-

145

vos: «Siento que hemos entrado en una dinámica donde empiezan a valorarse la austeridad y el cuidado presupuestario», anoté después de Navidad. Con la distancia, sin embargo, mi visión es más negativa. Porque a pesar del espaldarazo electoral y las horas de negociaciones, las reformas obtenidas cambiarían sólo matices de la situación anterior.

El presupuesto aprobado en esos días para 2018 incluía un déficit primario del 3,2%, más bajo del que habíamos recibido pero todavía muy alto, lo cual nos obligaba a seguir tomando deuda. La reforma laboral, que parecía lista y acordada, volvió a ser pospuesta, por el miedo de los líderes de la CGT a los contraataques de Moyano. Hasta las piedras en el Congreso, podíamos mantener la ficción de que estábamos en un proceso de reformas profundas con el peronismo, tratando todos juntos de solucionar los problemas estructurales de nuestra economía. Pero la verdad es que ese día quedó claro que el peronismo estaba secuestrado por el kirchnerismo y que no tenía la capacidad o la voluntad de encontrar un escape hacia la racionalidad.

Antes de la tormenta

Quiero terminar este capítulo contando algo de los meses posteriores a la ley de movilidad, desde enero de 2018 hasta que tuvimos que pedirle ayuda al Fondo Monetario, en mayo, porque me parece que es una secuencia que continúa y cierra la etapa de optimismo y resignación iniciada con la elección de medio término.

Recapitulando, entonces: arrancamos 2018 con la economía en su mejor momento de los últimos años, con más de 700 000 puestos de trabajo creados en 2017, récord de venta de autos y motos, la inflación en baja, los salarios creciendo por encima de la inflación, récord de turismo interno, inversión y exportaciones para arriba y la pobreza en 25,7%, la más baja en un cuarto de siglo. Es cierto que con pies de barro, porque el déficit y la presión impositiva seguían insoportablemente altos, pero casi el único ruido económico era la política monetaria, donde habíamos tenido un conflicto interno dentro del equipo, que había derivado en la relajación de las metas de inflación, de 10 a 15%, para 2018.

Lo que quiero decir es que, a pesar de que varios de los indicadores fundamentales andaban bien, flotaba en el aire una sensación de que no era así, de que nuestra legitimidad para seguir adelante con las reformas había quedado cuestionada. Y que, por la consolidación del liderazgo del kirchnerismo dentro del peronismo, nos estábamos quedando sin alguien con quien negociar. Lo muestran también los índices de aprobación y desaprobación de la gestión, que bajaron de 62 y 34% en noviembre a 56 y 41% en enero, respectivamente. Quizás fue un error nuestro, político o de comunicación, o mérito de ellos, pero lo cierto es que no logramos en ese momento que los buenos indicadores económicos se tradujeran en un clima general de más optimismo.

Esos fueron los meses en los que empezó a circular en el mundo político y entre algunos periodistas la idea de que teníamos que hacer un acuerdo más estable con un sector del peronismo, invitar a algunos de ellos a formar parte del Gabinete y fusionar nuestros bloques en el Congreso, con la perspectiva de compartir también las listas para las elecciones de 2019. El gran propulsor de esta idea era Emilio Monzó, que sugería incluso que dirigentes como Juan Manzur, el gobernador de Tucumán, además de su amigo Sergio Massa, se incorporaran a Cambiemos de alguna manera.

Esta idea se hizo popular enseguida en el establishment, al que le suele dar pánico cualquier armado político que no incluya al peronismo. No sólo la veían como algo deseable, sino como algo obvio y relativamente fácil de hacer, y que, si no se concretaba, era por mezquindad política o por el antiperonismo de Lilita o el «marketing» de Marcos y Durán Barba. Era todo una gran fantasía. Por un lado, porque un acuerdo con el peronismo nunca es fácil, como ya habíamos visto en las negociaciones sobre consensos básicos. Por el otro, una cuestión muy importante: nunca estuvo sobre la mesa un acuerdo profundo, sobre la base del equilibrio fiscal, una relación más abierta con el mundo y el respeto a las instituciones, los verdaderos problemas de fondo de nuestro país, indispensables para volver a crecer.

Yo sentí desde el primer día, viendo nuestras minorías en el Congreso, que sería positivo ampliar nuestra base de sustentación política. Con eso en mente, busqué construir relaciones de confianza con los gobernadores e incluir a Massa, con la fragilidad enorme de que en ambos casos su tracción en Diputados y Senadores tampoco era mayoritaria. Desde el inicio fue un proceso difícil, porque la aritmética parlamentaria era muy finita y tampoco existía de su parte una convicción real de llevar a cabo las reformas necesarias.

Igual siempre conservamos las esperanzas de alcanzar un acuerdo, que se potenciaron cuando ganamos las elecciones de 2017. Emilio venía desde hacía varios meses criticando todo lo que se hacía políticamente desde la Casa Rosada. Su pronóstico era que íbamos a perder las elecciones legislativas, porque no hacíamos lo que él proponía y, quizás, porque le habíamos dado el armado político en la provincia de Buenos Aires a su gobernadora. Cuando finalmente ganamos, con autoridad y una diferencia importante, lo convoqué para que colaborara en la negociación de los acuerdos profundos que nos debían llevar al equilibrio macroeconómico. La situación de fragilidad que vivíamos, le dije, era insostenible en el tiempo.

Le propuse que sumase al bloque de Cambiemos en Diputados a los legisladores de Misiones y Santiago del Estero y otros peronistas que se animaran a independizarse definitivamente del kirchnerismo. Este bloque unificado tendría mayoría en la Cámara baja y nos permitiría hacer pie mientras negociábamos con los peronistas no kirchneristas en el Senado. Emilio respondió que esa idea no le parecía la mejor y sugirió otro camino, que fue el que finalmente se impuso: crear un bloque intermedio formado por esos mismos diputados, liderados por el peronista salteño Pablo Kosiner, y negociar con ellos en cada caso para conseguir las leyes que necesitábamos. El apoyo de ese bloque justicialista no kirchnerista duró poco tiempo, hasta el día de las catorce toneladas de piedras frente al Congreso. A partir de ahí actuaron también ellos bajo la conducción kirchnerista, sancionando leyes que consolidaron el clima negativo del mundo político y económico hacia nuestro gobierno, ratificando que estábamos en minoría, como el impuesto a la renta financiera y, después, la ley que retrotraía las tarifas, entre otras.

Todos estos elementos fueron confirmando que no había tal peronismo no kirchnerista, al menos en el Congreso, y que estábamos definitivamente en minoría política y parlamentaria. Lo más extraño es que, a partir de la crisis cambiaria de 2018, esa ilusión o fantasía de un acuerdo con los Manzur o los Massa volvió a crecer, alimentada desde adentro por los *filoperonistas* de nuestra coalición. Pero siempre eran ilusiones o fantasías o pedidos de acuerdos superficiales, tácticos, para conseguir gobernabilidad. La posibilidad de un acuerdo para integrar la Argentina al mundo, fortalecer las instituciones y la transparencia del Estado y el sistema político, o para reducir impuestos y el gasto público jamás existió.

Basta ver lo que pasó en este último año para mostrar lo frágiles que eran las convicciones o la valentía de aquellos peronistas *racionales*. El gobierno actual cambió de rumbo completamente con respecto al nuestro y apenas se les ha escuchado una protesta o un comentario. Acompañaron al gobierno en leyes que revertían lo que muchos de ellos mismos habían votado, en sentido contrario, durante mi gobierno, y permitieron que regresara el sistema unitario de reparto de fondos de la Casa Rosada a las provincias, que con mucho esfuerzo habíamos logrado reconducir en mi presidencia.

Otro obstáculo para un acuerdo con el peronismo no kirchnerista era la situación de los referentes provinciales de Cambiemos, muchos de ellos del radicalismo. ¿Qué se suponía que debían hacer nuestros aliados en cada una de las provincias ante la llegada de peronistas a la coalición? ¿Apoyarlos, cuando llevaban años o décadas criticándolos y compitiendo contra ellos? Si Manzur entraba en el Gabinete, por ejemplo, ¿qué tenía que hacer José Cano, que había sido ministro mío, candidato de Cambiemos en Tucumán y que venía denunciando el autoritarismo y la corrupción de Manzur? Eran preguntas imposibles de ignorar. Nuestros socios radicales ya se venían quejando, desde antes de todo esto, de que nuestro gobierno les hacía la vida demasiado fácil a los gobernadores peronistas, incluso a costa de nuestros propios referentes locales. Y la ilusión o la fantasía de un acuerdo con ellos, no impulsada por nosotros pero siempre presente en la discusión política gracias a sus impulsores, nos fue debilitando internamente como coalición, además de incrementar la subestimación política hacia Cambiemos por parte del círculo rojo.

Una desventaja adicional de un acuerdo con el peronismo era

que suponía un cambio estructural en nuestra base de sustentación social. Un ingreso de Massa, por ejemplo, y la consiguiente salida de Lilita, que jamás habría tolerado un acuerdo así, habría modificado centralmente nuestra identidad frente a la sociedad y sin duda habría decepcionado a una parte de nuestros votantes. Si hoy, más de un año después de la derrota electoral, Juntos por el Cambio se mantiene unido y con capacidad competitiva, representando a una parte importante y creciente de la sociedad, se debe en parte a que en aquel momento privilegiamos la continuidad del armado político que teníamos —privilegiamos nuestra identidad y la confianza entre los dirigentes— antes que embarcarnos en aventuras extravagantes que nos habrían desperfilado frente a la sociedad y roto la relación entre nosotros.

En una Argentina madura, los acuerdos deberían hacerse porque los espacios políticos comparten una visión de país (al menos parcialmente), pero sin perder su identidad ni confundir a sus votantes con carambolas electorales de corto plazo. Los de Juntos por el Cambio somos de Juntos por el Cambio y los peronistas son peronistas: respetando nuestras identidades y los votos que representa cada uno podemos ver qué compartimos de nuestras visiones de país y alcanzar acuerdos que beneficien al conjunto y que a cada uno le signifique resignar algo en el camino. Lo mismo si incluimos a empresarios y gremialistas: no hay que pedirles que se comprometan partidariamente, pero sí que estén dispuestos a resignar una parte de sus privilegios en beneficio del bien de todos los argentinos. Sin estos ingredientes —respeto por la identidad y los votos ajenos y generosidad para resignar algo en el camino—, todos los pedidos de acuerdo suenan lindos y fáciles, pero están lejos de la realidad.

Sigo convencido de que los dirigentes políticos debemos hacer todo lo necesario para lograr las reformas que saquen a la Argentina de su estancamiento. Pero debemos hacerlo —y podemos hacerlo— sin traicionar nuestros valores ni a los votantes de cada uno. El compromiso por llegar a acuerdos debe incluir dosis importantes de apertura y generosidad, y estar dispuestos a ceder reconocimiento a quienes son parte del acuerdo y piensan lo mismo. Un país democrático y en crecimiento es mejor para todos en el largo plazo. Pero también es mejor para todos —para el sistema político y para la sociedad en general— que logremos esos acuerdos cada uno desde su propia identidad y su propia historia, sin renunciar a ellas.

Habiendo tomado esta decisión, seguimos adelante con nuestros planes. Uno de los primeros fue un gran DNU para simplificar y desburocratizar procesos, indispensable en un país que tiene una galleta regulatoria cuyo cumplimiento les hace perder tiempo y plata a los argentinos, sobre todo a las pymes. El DNU era ambicioso, modificaba más de cien leyes, pero también tenía mucho sentido común: la gran mayoría de sus cambios eran tan obvios que resultaba difícil criticarlos. Por eso las críticas llegaron —eso era inevitable—, pero más por el método de hacerlo a través del DNU que por su contenido. Dimos marcha atrás, como otras veces, y logramos unos meses más tarde aprobar prácticamente el mismo contenido por medio de tres leyes.

Este énfasis en simplificar y quitar regulaciones inútiles, agregando tecnología y haciéndoles la vida más fácil a los argentinos es uno de los balances que más satisfecho me deja de mis años de mandato. Siempre era muy agradecido por los beneficiarios, que ya no tenían que viajar cientos de kilómetros para hacer un trámite ni dedicar *full time* a una persona a verificar que se estuvieran cumpliendo las obligaciones interminables que les pedían los gobiernos de todos los niveles. Si me preguntan qué legado dejé en la cultura estatal sobre este tema, ahí soy más pesimista, porque las señales del gobierno de Alberto Fernández han sido negativas: rumores o señales de un regreso al papel, la suspensión de las empresas que se pueden armar en una hora y otros indicios muestran que el camino hacia un Estado más eficaz y transparente está frenado.

A partir de febrero se empezó a enrarecer el clima financiero: nos empezó a costar renovar las letras del Tesoro nacional (bonos de corto plazo en dólares) y en el mundo ya estaba el runrún de tensión en los mercados emergentes por las dudas sobre la relación de Trump con China y los aumentos de la tasas de la Reserva Federal. También se empezaba a notar la sequía en el campo y su efecto en la economía: «Sigue sin llover», anoté una noche a fines de febrero, sin más aclaraciones, porque no eran necesarias. En febrero también resolvimos la crisis política que habíamos tenido con Jorge Triaca, cuyo resultado fue la prohibición para los ministros de tener familiares empleados en el Estado, el congelamiento de los sueldos para todos los funcionarios (que en total duraría un año y medio) y una reducción importante en la cantidad de cargos políticos. Estas medidas, a las que nos vimos obligados porque con nosotros la vara de transparencia y austeridad era mucho más alta, obviamente tuvieron un efecto negativo en parte del equipo, sobre todo en las segundas y terceras líneas.

Además, seguíamos sin generar entusiasmo en los representantes del establishment, como la Unión Industrial Argentina (UIA), que se la pasaban criticando en público y demandando medidas en su favor a pesar del buen momento de la economía, y de que conocían las restricciones fiscales y políticas que teníamos. En febrero los recibí, almorcé con ellos, traté de insuflarles algo de optimismo. En febrero, además, hubo una marcha de Hugo Moyano en la 9 de Julio, que los medios anticiparon durante varios días como el combate final entre Moyano y Macri, y al final fue bastante deslucida, por la convocatoria y porque el propio Hugo estuvo indeciso y un poco confuso. También fue un mes de denuncias y ataques contra Toto Caputo, por decisiones tomadas antes de ser funcionario. «Hemos pasado de tener funcionarios que se robaban todo a hacer caza de brujas con la vida privada de los funcionarios», grabé uno de esos días, claramente frustrado por la situación. El mes lo cerramos con la decisión de habilitar en el Congreso el debate por la legalización del aborto, que también generó reacciones y debates de todo tipo.

Hago esta enumeración no para justificarme sino para mostrar cómo en un mes cualquiera de gestión se pueden acumular decenas de temas distintos, algunos más críticos que otros, que exigen atención inmediata, al mismo tiempo que uno debe mantener la mirada en el horizonte, sosteniendo el rumbo sin volverse loco con los temas de cada día. No hay meses fáciles en una presidencia. Por eso me sirve hacer este ejercicio para recordar que antes de abril de 2018, cuando empezaron nuestros problemas cambiarios, todos los meses habían tenido sus propios obstáculos y desafíos. Que se superponían, además, con los temas de mi vida privada.

No tiene sentido y no es el objetivo de este libro contar lo que pasó en cada mes, sino más bien reflexionar sobre la experiencia vivida y obtener lecciones y aprendizajes. De todas maneras, quiero contar un episodio más de esta época, porque refleja bien el momento político en el que estábamos y fue un símbolo, para mí, del fin de la era de consensos con la oposición. El episodio es el de la ley sancionada por el Congreso en mayo de 2018 para retrotraer las tarifas de servicios públicos a su nivel de noviembre de 2017, y que a partir de ahí sólo aumentaran al ritmo de los salarios.

Las tarifas habían sido un dolor de cabeza político desde los primeros meses de gobierno. Cuando llegué a la Casa Rosada, una parte importante del déficit fiscal se iba en los enormes subsidios a la energía, mal calculados y mal asignados, porque premiaban sobre todo a quienes podían pagar más. En promedio, los argentinos pagaron en 2015 el 15% del costo de llevar gas y electricidad a sus casas. El otro 85% lo ponía el Estado. Equilibrar estos números era una tarea que me había tocado y que no podía eludir (ni habría podido eludir otro presidente), no sólo para mejorar las cuentas públicas sino también para producir más energía y tener menos cortes. ¿A qué velocidad debía hacerlo? Si lo hacía muy rápido, la gente no iba a poder pagarlo. Si lo hacía muy despacio, el Estado lo iba a pagar a su manera, pidiendo más deuda o generando más inflación. Esas eran las alternativas. Intenté buscar el equilibrio más justo posible.

Creo que los argentinos entendieron este diagnóstico y con mucha paciencia empezaron a pagar los aumentos, que combinamos con una tarifa social para quienes no pudieran hacerlo. Que lo entendieran no quiere decir que les gustara pagar los aumentos, y algunos casos desmedidos, por errores o falta de información de las empresas, transformaron a las tarifas de servicios públicos en un problema político que duró casi todo mi mandato. A mediados de 2019, antes de las PASO, los argentinos ya pagaban el 80% del costo de llevar la luz y el gas a sus casas, después de años de un esfuerzo que agradezco profundamente.

En la política, muchos dirigentes, incluidos varios de Cambiemos, creen que fuimos demasiado rápido con los aumentos, y que esa velocidad nos perjudicó políticamente. Puede ser. No lo niego. Lo que quiero que tengan en claro es que aumentar las tarifas más despacio habría costado más emisión (es decir, más inflación), más deuda o más ajuste en otras áreas del presupuesto.

No habría sido gratis. A veces venía a verme gente que decía tener una gran idea para proponerme y esa idea era suspender los aumentos de tarifas por tiempo indeterminado. «¡Qué gran idea —pensaba yo, sin decirlo—, cómo no se me ocurrió antes!». Además, había otra cuestión: muchos de los que llegaban con quejas por tarifas exorbitantes citaban casos de amigos o conocidos, gente de clase media urbana de consumos altos. Nosotros les explicábamos que el 80 o el 90% iba a seguir pagando menos de 400 o 500 pesos, pero nada parecía funcionar. Los casos que más ruido hacían eran los de arriba, justo los que más generosamente habían sido subsidiados por el kirchnerismo.

Cuando escribo estas líneas las tarifas de luz y gas están congeladas hace más de un año, y el porcentaje del costo que pagan los usuarios volvió a estar por debajo del 50%. Esto va a necesitar una corrección, de este presidente o del próximo, porque no se puede vivir para siempre con las tarifas subsidiadas. En algún momento empiezan los cortes, las fallas en el servicio y las importaciones carísimas de energía. Ya lo vimos. Sería injusto que otra vez tenga que arreglarlo un espacio político distinto al que lo generó.

En esta situación llegamos a mayo de 2018, después de un aumento del gas en diciembre que había vuelto a convertirse en el eje de los ataques de la oposición. Este enojo social fue acompañado por un creciente ruido político acerca de las tarifas y de la figura de Juanjo Aranguren, quien sólo perdió su lugar en el Gabinete por las presiones políticas para dejarlo ir. Sigo creyendo que Aranguren hizo una tarea titánica, que realizó un trabajo duro y profundo para enderezar el barco de la energía, lo hizo con honestidad y peleándose con las grandes empresas, que en algunos casos preferían mantener los subsidios antes que largarse a competir. Podría haber sido mejor político, o haber tenido más vocación por encontrar consensos para sus reformas, pero no era su estilo y había que respetarle eso también. Además, nunca es políticamente correcto aumentar las tarifas. La Argentina necesitaba y necesita un modelo sustentable de energía y Aranguren, Iguacel y Lopetegui hicieron todo para ponernos en ese camino, que hoy está frenado o incluso en retroceso.

Después de ver que hasta desde el oficialismo se criticaba a Aranguren y los aumentos de tarifas, y que el dólar había empezado a moverse desde fines de abril, el peronismo advirtió nuestra debilidad y sacó de la galera un proyecto de ley inaplicable para cualquier gobierno, que desfinanciaba al Estado y hacía imposibles los objetivos incluidos en el presupuesto. Hubo debates en el Congreso, donde el bloque de Cambiemos votó sin fisuras pero finalmente la ley fue aprobada, gracias a la unión, otra vez, del peronismo moderado con el kirchnerismo. Con este proyecto, que proponía algo insostenible presupuestariamente y destructivo para la energía, terminó de consolidarse la imagen de que el populismo aún tenía popularidad en la clase dirigente argentina.

Veté la ley al día siguiente sin mayores protestas, porque el objetivo real del peronismo había sido generar presión y mostrar nuestra debilidad. Ese objetivo lo lograron. Para quienes nos prestaban la plata, para los que querían invertir y apostaban a que continuara el sendero de crecimiento en el que, quitando los efectos de la sequía, todavía estábamos, aquella señal de unidad del peronismo fue demasiado fuerte: un paso más en la dirección que había empezado a construirse con las piedras en el Congreso, seis meses antes, y continuado con el impuesto a la renta financiera y el deterioro de la aprobación de mi gestión.

Ha quedado olvidada con todo lo que pasó después, pero esa ley de tarifas tuvo una influencia indudable sobre la percepción de si la Argentina había cambiado y se encontraba en camino de ser un país ordenado y estable. Muchos veían que nosotros queríamos hacer lo correcto, no dudaban de nuestras intenciones. Pero después de esa ley se dieron cuenta de que la oposición tenía pocas ganas de hacerlo y de que yo no tenía el poder para convencerla. Meses más tarde, pero mucho antes de imaginar que íbamos a terminar juntos en caravanas épicas por todo el país, el propio Miguel Pichetto, charlando sobre este tema reconoció que había sido un error grave y me pidió disculpas por su voto y el de su bloque en el Senado.

Todos estos ingredientes, sumados a la sequía, el nerviosismo de los inversores internacionales con los mercados emergentes y las fragilidades propias de nuestro modelo decretaron el fin de la etapa iniciada en octubre de 2017, después de las elecciones, cuando creíamos que la mejor parte de nuestro gobierno estaba por delante.

8

Un nuevo mundo

La imagen de los líderes de los países más importantes del mundo en las escalinatas de nuestro Teatro Colón, el 30 de noviembre de 2018, fue sin dudas el hito más simbólico de nuestra política exterior. Quiero contar cómo fue que llegamos a ese momento que nos permitió que la Argentina comenzara a mostrar una imagen completamente nueva. Para llegar ahí tuvimos que recorrer un camino muy largo. Un camino que comenzó mucho tiempo antes de ser elegido presidente de la Nación.

En agosto de 2003 el destino quiso que Mirtha Legrand me invitara a la mesa de su programa de televisión junto con Teté Coustarot, Mario Mactas y el recordado Pepe Eliaschev. Yo tenía apenas 43 años y empezaba a involucrarme en la política. En ese momento participaba de mi primera campaña como candidato a jefe de Gobierno de la ciudad de Buenos Aires. Me habían anunciado que Mirtha le haría un breve reportaje al presidente de Venezuela, Hugo Chávez, quien estaba de visita en nuestro país.

Con gran habilidad y de manera inesperada, Chávez se hizo invitar a la mesa. Se acomodó una silla adicional a la derecha de la conductora y me encontré frente a frente con el comandante de la Revolución Bolivariana. Chávez iba por su cuarto año al frente de Venezuela y venía de haber impulsado una polémica reforma de la Constitución de su país. Prácticamente monopolizó la palabra a lo largo de todo el programa. Los argentinos vivíamos los primeros meses de la presidencia de Néstor Kirchner y por entonces nadie imaginaba la extraña asociación que uniría al chavismo con el kirchnerismo.

Hubo un momento en el que pude hablar y le mencioné mi hartazgo por la obsesión por el pasado que teníamos los argentinos. Chávez comenzó entonces a despotricar contra los Estados Unidos, el neoliberalismo y a hablar de sus convicciones religiosas. En otro momento pude expresar mis críticas sobre lo que sabía que ya estaba sucediendo en Venezuela en materia de libertades. Chávez pareció inquietarse y me dijo que no pensaba debatir conmigo. Que yo era tan sólo un candidato a jefe de Gobierno y él un jefe de Estado.

Nunca volvimos a discutir personalmente. Pero en aquel momento temprano de mi carrera supe que ese hombre y yo estábamos en las antípodas del pensamiento sobre la libertad y la democracia.

Años más tarde, desde el gobierno de la ciudad comenzamos a pensar de un modo diferente el sentido de las relaciones internacionales. Sentíamos que se presentaba una oportunidad para elaborar una perspectiva nueva e iniciamos un gran trabajo junto con Marcos Peña y Fulvio Pompeo, para vincularnos con otros alcaldes a partir de la discusión sobre los nuevos desafíos y problemas de las ciudades que nos tocaba gobernar. Mi objetivo era desarrollar el carácter moderno, global y cosmopolita de Buenos Aires. Ya no se trataba de comparar nuestra gestión con las de quienes me habían antecedido, sino con las de las grandes metrópolis del mundo.

Buenos Aires fue un paso importantísimo en la construcción de una agenda internacional nueva. Al mismo tiempo, fue una plataforma desde la que comencé a desarrollar un diálogo personal con muchos alcaldes y políticos de otros países que me aportaban siempre nuevos puntos de vista. Y a la vez, esta internacionalización de Buenos Aires contrastaba enormemente con el aislamiento del gobierno nacional de entonces.

No hacía falta esforzarse demasiado para percibir que nuestro país mostraba al mundo dos visiones contrapuestas. De un lado, una capital que se transformaba mirando al futuro. Del otro, un país cada vez más cerrado, estancado y alejado de los debates internacionales. A veces de manera manifiesta y otras veces de maneras más veladas, estas dos visiones chocaban entre sí.

Para el populismo, representábamos un desafío instalado al otro lado de la Plaza de Mayo. A los pocos jefes de Estado que visitaban el país en aquellos años, el gobierno nacional les impedía tomar contacto conmigo, aunque más no fuera protocolar, para saludarlo o entregarle las llaves de la ciudad como reconocimiento. Éramos una molestia, una piedra en el zapato. Tenían sus motivos, ya que, por mi lado, me ocupaba de aprovechar cuanta oportunidad se me presentara para denunciar al régimen venezolano por sus ataques a la libertad de expresión, su persecución a políticos opositores y sus violaciones cada vez más graves a los derechos humanos. Había rechazado los cortes de puentes internacionales. Me había opuesto de manera tajante al vergonzoso pacto con Irán. Rechazaba de plano las alianzas ideológicas a las que nos llevaba el kirchnerismo. Trataba de no dejarles pasar una.

Durante esos años fuimos fortaleciendo los vínculos con partidos y líderes que tenían visiones afines a las que íbamos construyendo. De esta forma desarrollamos relaciones con partidos gobernantes de las ciudades de la región, como San Pablo, Medellín y Ciudad de México. Así consolidamos nuestro vínculo con el Partido Popular de España, nos acercamos tanto a demócratas como a republicanos en los Estados Unidos y al Partido Demócrata Cristiano de Angela Merkel en Alemania, entre muchos otros.

Paso a paso, fuimos estableciendo nuevas definiciones para nuestras relaciones con el mundo. No se trataba ya de alianzas ideológicas como las que había establecido el kirchnerismo con otros países tan aislados y encerrados sobre sí mismos como el nuestro. O los «peores de la clase», como solía llamarlos. Por el contrario, entendía que teníamos que generar una conversación con todos, teniendo en claro siempre dos elementos centrales: nuestros valores y nuestros intereses estratégicos.

«Cuando ganen, me avisan»

En 2015 este trabajo ya había madurado. Habíamos tenido el tiempo necesario para reflexionar sobre qué era lo que más le convenía a nuestro país y, al mismo tiempo, lograr definir con precisión los valores que debíamos tomar como guía. Esto hizo que entre nuestros éxitos iniciales muchos hayan destacado nuestra política exterior. Habíamos podido pensar y planificar, probar y aprender. Sólo restaba poner estas ideas en práctica desde el primer día en el gobierno.

Me preocupaba mucho poder encontrar a la persona capaz de encarnar y representar nuestra visión moderna del vínculo con el mundo. Una visión comprometida con el multilateralismo, con la integración y con el desarrollo, adaptados a las realidades del siglo XXI. Ahí, Fulvio Pompeo me acercó el nombre de Susana Malcorra, a quien no conocía personalmente pero de quien había escuchado hablar muy bien. Susana tenía entonces una posición muy importante en las Naciones Unidas junto a Ban Ki-moon, su secretario general. Y también había pasado por el mundo corporativo trabajando en IBM y en Telecom. Ambas características eran más que bienvenidas. Nuestro país había perdido el rumbo y el perfil de Susana me pareció el más adecuado para lo que se venía.

Sin embargo, no fue tan fácil como lo cuento. Así como yo no la conocía personalmente, ella tampoco me conocía a mí. En los primeros contactos manifestó algunas dudas, sobre todo acerca de nuestras propias chances electorales. «Muy bien. Cuando ganen las elecciones, me avisan», le dijo a Fulvio en Nueva York cuando le planteó la posibilidad de ser canciller en un eventual gobierno.

Contar con Susana Malcorra al frente de nuestras relaciones internacionales iba a generar un rápido mensaje al mundo de cuáles eran nuestras intenciones. Yo ya era conocido en muchos países por la política que habíamos llevado adelante desde la ciudad y por mi rol como presidente de Boca Juniors. Y Susana había adquirido presencia global por su trabajo en Naciones Unidas, en el mundo la conocían y respetaban.

Ganamos las elecciones, pero recién pude reunirme con Susana una semana antes del cambio de gobierno. Tuvimos una conversación muy sincera y entusiasta sobre los desafíos del país. Me di cuenta de que compartíamos la misma visión de la situación internacional y de los problemas argentinos. Unas horas después, Susana nos dio su respuesta positiva y se sumó al equipo con un enorme entusiasmo.

Las dos caras del Mercosur

Siempre vi al Mercosur como una moneda con dos caras. Por un lado, como un espacio de oportunidades. El acuerdo que logramos con la Unión Europea es el mejor ejemplo de esta cara.

Demostró a todos la enorme utilidad que puede tener esta herramienta si la pensamos desde una mirada integradora. Pero, por otro lado, también puede ser un freno cuando se la utiliza como una herramienta política equivocada. En este sentido, la inclusión de Venezuela la percibí siempre como un error. Si habíamos considerado que el régimen venezolano se había alejado de la democracia encarcelando opositores, y que ahí se había comprobado una gran cantidad de violaciones a los derechos humanos, no podíamos borrar con el codo del gobierno lo que habíamos escrito con la mano como opositores. Por eso, a pocos días de asumir como presidente, en la Cumbre del Mercosur en Asunción, fui el primer mandatario en denunciar explícitamente los abusos del régimen de Maduro. Un año y medio más tarde, bajo nuestra presidencia *pro tempore* apelamos a la cláusula democrática del Mercosur, dando un enorme paso para la región. También fue un símbolo de aquello en lo que creo: los valores no se declaran solamente, sino que también se los pone en práctica allí donde hay oportunidad para hacerlo.

El día de mi asunción estuvieron en la Casa Rosada los presidentes de Chile, Michelle Bachelet; de Paraguay, Horacio Cartes; de Colombia, Juan Manuel Santos; de Perú, Ollanta Humala; de Ecuador, Rafael Correa; de Uruguay, Tabaré Vázquez; de Brasil, Dilma Rousseff; y de Bolivia, Evo Morales. De alguna manera, todos esos líderes con los cuales me sentía más cerca o más lejos, habían decidido apoyar con su presencia el recambio democrático de autoridades en nuestro país. A Rousseff y Bachelet las había visitado poco tiempo antes, en mi calidad de presidente electo.

Tabaré me había dicho que quería que nos viéramos cuanto antes se pudiera apenas iniciado el gobierno. Le dije que sí y antes de cumplir mi primer mes ya estaba subiéndome al helicóptero para encontrarnos en el Parque Anchorena, muy cerca de Colonia. El argentino Aarón de Anchorena, que fue pionero del automovilismo y la aviación junto con Jorge Newbery, levantó una estancia con un casco y un parque extraordinarios que legó en su testamento al Estado uruguayo. Hoy la estancia es la residencia de descanso de sus presidentes.

Allí me estaba esperando Tabaré, un hombre tan cálido y querible como son los uruguayos. Antes de pasar al asado de cordero, me invitó a conversar a solas. Tabaré comenzó a enumerar la larga lista de cuestiones sin resolver que nuestro país había barrido debajo de la alfombra durante años y que iban del cumplimiento del fallo del Tribunal de La Haya por el tema de las pasteras a la ausencia argentina en los trabajos de monitoreo ambiental de los ríos que compartimos y la prohibición por parte de nuestro país del trasbordo de mercaderías en los puertos uruguayos. Antes de que pudiera concluir la lista lo interrumpí: «Tabaré, le quiero pedir disculpas en nombre del pueblo argentino por todo esto. La Argentina y el Uruguay somos hermanos. Amo al Uruguay y le pido que dejemos esa etapa atrás para que sea sólo el mal recuerdo de un accidente en nuestra historia. Quiero que usted sepa que todos los problemas que menciona acaban de ser solucionados. He firmado todo lo necesario para que así se haga. No hay más nada que discutir». Me respondió conmovido y me explicó lo doloroso que había sido el período de enfrentamientos al que nos había llevado el kirchnerismo. «Vamos a comer el asado», me dijo. Así, en menos de cinco minutos resolvimos diferencias de años.

Con el presidente de Paraguay, Horacio Cartes, ocurrió lo mismo. En 2017 nos reunimos para resolver una larga lista de deudas cruzadas entre nuestros países y el Ente Binacional Yacyretá. Un diferendo que llevaba 30 años sin resolverse. Nuevamente, sentándonos a una mesa y dialogando pudimos resolverlo. La solución nos permitió no sólo incorporar nuevas turbinas y reparar las existentes, sino también lanzar otro gran proyecto, como es Aña Cuá, que va a aumentar aún más el caudal de energía.

Con Chile, los avances en materia de integración también fueron notables. Resolvimos antiguos problemas de pasos fronterizos y volvimos a exportar gas después del desastre energético al que nos habían llevado nuestros antecesores. Además, el desarrollo de Vaca Muerta quedó a punto de comenzar a proveer entre 40 y 50 millones de metros cúbicos de gas a Chile.

Ese marco plural y diverso, donde lo ideológico no prima en las relaciones internacionales, es algo que habíamos perdido con el kirchnerismo y que hemos vuelto a perder con su regreso al gobierno.

A finales de 2016, un cambio político de enorme importancia ocurrió en los Estados Unidos. El triunfo de Donald Trump marcó un giro drástico en muchos aspectos con la política de su antecesor. Pero a pesar de que Obama y Trump son dos gobernantes muy diferentes, con ambos pude sostener el mismo diálogo, basado en la confianza y el respeto recíproco. El entendimiento que tuve con ambos fue inédito en nuestra historia. Ambos nos visitaron. Pensemos que sólo en siete ocasiones nuestro país recibió la visita de presidentes de Estados Unidos. Que dos de ellas hayan ocurrido durante mi mandato es un reflejo del éxito de la estrategia que nos habíamos propuesto.

Mientras tanto, en nuestro país algunos ponían todo su empeño en colocarnos etiquetas ideológicas del siglo pasado. Desde el comienzo del PRO, nuestra visión fue siempre mucho más allá de las viejas diferencias entre izquierda y derecha. Por el contrario, nuestra línea separaba claramente una visión antigua y obsoleta de otra moderna y contemporánea. Un ejemplo de esto es haber puesto en la agenda de nuestra política exterior el respeto por los derechos humanos y la democracia junto con el combate contra todas las formas de terrorismo y la lucha contra el narco-tráfico. Estos temas no pueden ser patrimonio de un sector político sino que pertenecen al país en su conjunto.

Para muchos líderes internacionales, mi llegada al gobierno había sido la encarnación de ese ideal de transformación para la Argentina que habían estado esperando durante largos años y que nunca llegaba, y así me lo hicieron saber. El vínculo personal fue la razón clave. La confianza es el eje de toda política.

Esta perspectiva internacional de nuestro gobierno trajo beneficios concretos. En cuatro años, abrimos 200 nuevos mercados para la producción y el trabajo argentinos. La lista abarca desde sectores industriales como el de pickups, pasando por las economías regionales como cítricos y arándanos, hasta el rubro de carnes bovina, porcina y productos pesqueros. Esto me lleva a uno de los temas que más he recorrido en las páginas de este libro: la importancia de dotar del nivel más alto de competitividad posible a nuestra economía.

Ninguna apertura de nuevos mercados es gratis o por simpatía. Abrir un mercado es siempre el resultado de una negociación en la que nunca puede haber uno que gana y otro que pierde. La Argentina no puede pretender que los demás se abran a su producción y mantener al mismo tiempo una de las economías más cerradas del planeta.

La buena política es siempre la que entiende el sentido de estas negociaciones y las lleva adelante con el mayor profesionalismo posible. La larga serie de papelones llevados a cabo por el presidente Fernández en muy pocos meses son parte de la mirada estratégica equivocada propia del populismo. El populismo siempre cree que el mundo es un territorio enemigo y una amenaza. Y como es imposible escapar a la ley de entropía, vemos cómo aquella confianza que se fue construyendo al más alto nivel, y también al nivel de los gobiernos locales, se puso rápidamente en jaque. Destruir confianza internacional tiene costos difíciles de medir, pero sin lugar a dudas son altos.

El acuerdo entre el Mercosur y la Unión Europea representó todo lo contrario a la versión kirchnerista del mundo. Fue la confianza lo que llevó a Jair Bolsonaro a delegar en nosotros la discusión final de este acuerdo. Con el tiempo vendrán las discusiones comerciales específicas, qué vamos a vender, cuánto y también qué vamos a comprar y cuánto. Pero lo fundamental es que hayamos dado el paso político, que fue llegar a un acuerdo con todos los líderes de la Unión Europea.

Este acuerdo es un activo que nuestros países no pueden darse el lujo de abandonar si en efecto queremos avanzar por el camino del desarrollo. Y aquí no se trata de un logro personal. Es de todos los argentinos que creemos que la salida de nuestro país requerirá un nivel mucho más importante de intercambios comerciales con todo el mundo.

Lamentablemente, mientras escribo esto escucho las voces que vuelven a plantear la ideología del encierro y de «vivir con lo nuestro» como la única solución posible para nuestros problemas. Es una medicina que hemos probado durante décadas y sus resultados están a la vista.

He conversado estos temas con dirigentes políticos de nuestro país tantas veces como pude. Necesitamos asumir la conveniencia de integrarnos de un modo inteligente a un mundo en transformaciones permanentes. Por eso invité siempre a acompañarnos en nuestros encuentros internacionales a gobernadores, legisladores, sindicalistas y empresarios. Perder el miedo al mundo no es algo que pueda hacer sólo un presidente. Necesitamos que más y más argentinos se involucren en la política dispuestos a dejar atrás el pasado también en materia de relaciones internacionales.

La política que llevamos adelante en reclamo de nuestros derechos soberanos sobre las Islas Malvinas, Sandwich y Georgias del Sur fue otro ejemplo de cómo ir por un camino diferente al de la inmovilidad kirchnerista.

Sin renunciar a ninguna de nuestras pretensiones, incorporamos una nueva dimensión a la relación con el Reino Unido. Definimos que el congelamiento de la relación con una de las naciones más importantes e influyentes nunca puede ser el mejor camino. Nuevamente, se trató de la construcción de confianza a partir del diálogo, como lo hicimos con el primer ministro David Cameron en los primeros meses de mi gestión. Y que luego continuamos con Theresa May y Boris Johnson. Lo mejor de esta visión es que el diálogo generó resultados concretos. La cooperación y la mayor cercanía posible con las islas a través de los vuelos regulares, la reactivación de los mecanismos de diálogo sobre pesca y el gran trabajo conjunto que realizamos en materia humanitaria para identificar a nuestros caídos en el Cementerio de Darwin fueron parte de este proceso. Me queda la satisfacción de haber contribuido a sanar las heridas de tantos familiares y seres queridos de nuestros héroes. Pasaron décadas de dolor y finalmente pudieron comenzar a secar sus lágrimas al saber que sus restos descansan en paz.

Resolver nuestras diferencias por Malvinas va a llevarnos tiempo, pero jamás podremos avanzar un centímetro si la estrategia es tan sólo un monólogo de nuestras razones. El diálogo requiere de dos. Y para ser escuchados también tenemos que escuchar a todos los que tengan algo relevante para aportar en esta cuestión. Esto es lo que siempre hemos buscado durante mi gobierno.

Acercarnos al mundo es un camino de ida. No hay manera de volver a alejarnos. Basta ver el resultado que han tenido este tipo de políticas en los países que las han llevado adelante. Y con el tiempo he reforzado esta idea: viene un mundo lleno de incertidumbre, cada vez más caótico, en el que nada puede darse por sentado. Por eso, lo principal son siempre los valores compartidos. Son un punto de referencia inamovible. No nos da todo igual en nuestra región. La política internacional va a requerir cada vez más una mayor capacidad de adaptación a los cambios. Pero la adaptación nunca puede ser a costa de esos valores que estamos dispuestos a defender.

Ser fieles a nuestros valores y a nuestra identidad nos hace ser confiables y previsibles. Por eso pude tener la excelente relación que tuve, y sigo teniendo, con Obama y Trump. O haberme reunido seis veces con Xi Jinping para generar nuevas oportunidades para nuestros productos en el inmenso mercado chino, consciente de la relación delicada entre los Estados Unidos y el gigante asiático. Que las dos principales potencias del mundo hayan profundizado su confianza y su apoyo a la Argentina del modo en que lo hicieron es algo que me llena de orgullo.

En el primer año del gobierno recibimos 16 visitas de jefes de Estado. Podría parecer sólo un número pero es un indicador de la importancia que el mundo dio al cambio que vivía la Argentina. El año anterior sólo había venido uno: Evo Morales. Uno de los primeros en llegar fue el primer ministro italiano Matteo Renzi, en febrero de 2016. Habían pasado 18 años desde la última visita de un primer ministro italiano. Es un ejemplo del aislamiento en el que estábamos. Pensemos sólo en que nuestro país cuenta con una enorme y activa comunidad italiana de casi un millón de personas.

Decidí invitar a cenar a Renzi a Los Abrojos, la quinta de mi familia en San Miguel. A la hora de contarle mis planes de generar una mayor presencia internacional del país, compartí con él mi intención de apostar a la presidencia del G-20. Habíamos evaluado la posibilidad, pero aún no estábamos seguros de si contaríamos con los apoyos necesarios. Jamás en su historia la Argentina había enfrentado un proceso de esta naturaleza ni había organizado una reunión de esas características. Renzi afirmó que un evento así pondría a la Argentina en el centro del mundo como nunca antes, y nos ofreció el apoyo de su país para lograrlo. Esa misma noche tomé la decisión. Dos años más tarde los argentinos seríamos los anfitriones de la reunión de los jefes de Estado más importante de toda nuestra historia.

Recordemos el contexto de principios de 2016. El cambio de gobierno había generado una nota de optimismo para muchos en el mundo. Pero aún éramos un país en camino de recuperar la confianza, todavía estábamos en *default* y nuestra historia nos jugaba en contra. Hasta pocos meses antes la Argentina había confrontado con Estados Unidos, había congelado la relación con Europa y se había acercado a Irán en sociedad con la Venezuela de Chávez y Maduro. No sólo nosotros queríamos y necesitábamos transformar la mala imagen que la Argentina del kirchnerismo había dejado, sino que desde los diferentes líderes que nos visitaban aparecía una y otra vez la necesidad de retomar vínculos más productivos desde la política, el comercio, la ciencia, la tecnología y la cultura.

El mundo también nos brindaba oportunidades que estaban desaprovechadas. Empezando por Japón, cuyo primer ministro Abe nos visitó después de 57 años sin visitas, para constituir una alianza estratégica. El mundo árabe, la India, el Sudeste asiático, las naciones africanas. Hicimos muchísimo por establecer acuerdos y detectar nuevas oportunidades comerciales con naciones con las que nuestra relación era casi inexistente.

Israel fue otro caso clave. No sólo por el estrecho vínculo afectivo que nos une desde el nacimiento de su propio Estado, sino también por la coordinación de nuestra acción contra el terrorismo internacional. Ya habíamos sido víctimas en dos ocasiones de atentados sangrientos que se cobraron la vida de decenas de argentinos. El lazo con Israel creció en el campo de la seguridad y en el campo científico. La visita del premier Benjamin Netanyahu fue otro hito en la historia de nuestras relaciones. Entre los enemigos de Israel se cuentan también amenazas para la Argentina, por eso fue posible, por ejemplo, que la UIF incluyera a Hezbollah en el listado de organizaciones terroristas.

Vuelvo a la cuestión de los valores, quizás nuestra mayor diferencia con el populismo. Yo jamás habría hecho un acuerdo como el que llevó adelante el kirchnerismo con Irán. No sólo fue un mamarracho desde el punto de vista legal e institucional. Lo más terrible de ese pacto fue haberse sentado a negociar con quienes encubrieron el atentado a la AMIA. Por eso hice y volvería a hacer todo cuanto esté a mi alcance para denunciar ese acuerdo espurio. La política exterior tiene límites. Y ese límite, en este caso, también está en los valores.

Todas estas visitas y encuentros tenían un correlato con otra de mis obsesiones. La promoción de nuestro país como destino turístico. El turismo es otra industria a la que aposté con mucha convicción. Cuando Barack Obama publicó en las redes sus imágenes de nuestra Patagonia, de inmediato el número de turistas estadounidenses tuvo un salto notable. Cada presidente que nos visitó se convirtió en un promotor de la belleza de nuestros paisajes y de nuestra gente. Porque también entendimos a la política exterior como una de las palancas para el desarrollo turístico. Los números pagaron con creces esta apuesta y nuestro país llegó en 2019 a su récord histórico, con 7,4 millones de turistas extranjeros recibidos. Ese mismo año duplicamos la tasa de crecimiento mundial y triplicamos la de toda América.

A finales de mayo de 2017, Susana me anunció su renuncia. Su marido estaba muy mal de salud y era imposible para ella combinar la exigencia de su cargo con el acompañamiento que requería su situación familiar. Lo entendí perfectamente.

La propuesta de designar a Jorge Faurie fue un acierto en varios sentidos. Por un lado, fue un acto de confianza en la formación de nuestros profesionales de carrera. Jorge era el número uno en el escalafón diplomático. No es un dato menor. Nuestro país cuenta con profesionales de primer nivel formados por el Estado. Jorge había trabajado en otras gestiones, con muchas responsabilidades en diferentes roles de la política exterior y, a la vez, había demostrado un fuerte compromiso y una capacidad extraordinaria en la organización de la asunción presidencial en diciembre de 2015. Y ante el desafío de la organización de la Conferencia Ministerial de la OMC y de la Cumbre del G-20 en Buenos Aires, su experiencia y conocimiento resultaron vitales. No podíamos correr ningún riesgo y me alegro de no haberme equivocado con él.

China me consideró siempre un amigo. Quizás tuvieron que ver los emprendimientos que fue desarrollando mi padre, que percibió antes que muchos de sus colegas el despertar que se venía dando allí desde hace décadas. El fútbol también tuvo su parte. Pero en cualquier caso, fui testigo del modo en que China comenzó un proceso de desarrollo acelerado. Eso hizo más fáciles las cosas. No se puede entender el mundo contemporáneo sin mirar a China.

Algo parecido me ocurrió con Donald Trump. Su triunfo en 2016 fue inesperado y sorpresivo para muchos líderes internacionales. En nuestro gobierno algunos descontaban el triunfo de Hillary Clinton, mientras otros veían en Trump un liderazgo emergente con buenas chances de ganar la elección. Pero muy poca gente lo había tratado y sabía cómo era. Yo tuve la oportunidad de conocerlo durante los años 80. Sabía que era un hombre con una enorme voluntad para construirse a sí mismo. Temperamental, pero muy inteligente a la hora de negociar. Esta historia de conocimiento recíproco llevó a que varios líderes me preguntaran por él. Esa relación personal no exenta de afecto y respeto fue de gran ayuda para nuestro país, sobre todo cuando necesitamos del apoyo de Estados Unidos en el Fondo Monetario Internacional.

La presidencia fue también una escuela que me hizo entender mejor el funcionamiento del mundo a partir de conocer muy de cerca a los grandes líderes de nuestro tiempo. En un momento de grandes cambios pudimos encontrar el espacio para conversar de igual a igual con todos. Un ejemplo que aún me conmueve es el ofrecimiento de ayuda que tuvimos de 18 naciones en la búsqueda del ARA San Juan. Aún en el dolor inmenso por las muertes de nuestros submarinistas, sentí que nuestro país era respetado y valorado. Y que en las malas no estuvimos solos. Coordinamos una acción multinacional que contó con el apoyo de nuestros vecinos y también de países que poseen capacidades militares de última tecnología, como Estados Unidos, Reino Unido y Rusia. Nuestras Fuerzas Armadas demostraron aquí, como a lo largo de los cuatro años que trabajamos juntos, que su entrega, valores y profesionalismo no tienen límites para contribuir a la defensa de nuestro país.

La conversación entre los líderes es algo fundamental. Me he convencido de que la relación entre los países no sólo se define en la arena diplomática tradicional. La diplomacia presidencial, el entendimiento al más alto nivel, es imprescindible. Hay un elemento humano que nace producto del encuentro en infinidad de conversaciones e intercambios de puntos de vista. Siempre intenté comunicarme con cada uno dejando de lado el protocolo, considerándolos personas lejos de las formalidades. Así fue con el hermético Vladimir Putin, tal vez uno de los menos acostumbrados a nuestro estilo informal para comunicarnos. Otra vez, es la confianza que se construye, ese fenómeno único e irrepetible que podemos generar los seres humanos entre nosotros.

Con cada uno de ellos se generaron lazos que en muchos casos se han mantenido al dejar nuestros gobiernos. Con todos ellos he aprendido. Muchos, como la canciller Merkel, me han inspirado. Y en todas las ocasiones hice el trabajo que entendí que debía hacer: mostrar lo que somos, compartir nuestros valores y en qué creemos, cumplir con la palabra, defender nuestros intereses y escuchar mucho a cada uno de ellos. No es otra cosa, creo, que trabajar en función de la amistad y la cooperación, sabiendo que todos somos parte del mismo mundo.

Así como siempre tuve una mirada muy crítica respecto de nosotros mismos y nuestras dificultades para ver la realidad de frente, soy antes que nada un argentino orgulloso de nuestro país y de nuestra gente. Siempre había querido encontrar algún modo de expresar ese sentimiento de orgullo y pertenencia. La reunión del G-20 me dio esa oportunidad y me hice —no sé cómo— del tiempo necesario para imaginar el espectáculo con el que agasajamos a nuestros invitados en el Teatro Colón. Sé que parece inverosímil, pero allí estuve asistido por Hernán Lombardi y Gabriela Ricardes, dando forma a mi idea: presentar al mundo en 40 minutos la riqueza de nuestra cultura mediante nuestros ritmos y nuestros bailes, junto con los paisajes maravillosos de nuestra tierra. Cuando concluyó y vi a mis colegas levantarse para aplaudir con tantas ganas en medio de la ovación que llenaba el teatro, no pude contener las lágrimas. Había podido expresar algo que tenía en mi interior. Mostrar al mundo entero cómo somos los argentinos y de qué somos capaces. Cada uno de los líderes del mundo estaban conmovidos e impresionados por la diversidad y el talento contenidos en lo que habían presenciado. Mis lágrimas eran el resultado de una emoción contenida por mucho tiempo. Lo habíamos hecho y yo sabía que aquel espectáculo había expresado fielmente el orgullo de los argentinos de cada región del país. Y también, claro, ahí estaba mi propio orgullo de argentino.

Desde el 10 de diciembre de 2019, lamentablemente, volvimos a encerrarnos. Otra vez abandonamos la conversación que habíamos iniciado. En el plano internacional también actuamos como un país en cuarentena. Otra vez reaparecieron el miedo al mundo y la desconfianza. De recibir al G-20 con los líderes de las principales economías del planeta pasamos al Grupo de Puebla, un conjunto de personas que recuerdan con nostalgia al hombre que tuve sentado frente a mí en el estudio de Mirtha Legrand.

En mi último día como presidente recibí una carta de Barack Obama escrita a mano. La carta tenía tres párrafos. En el primero me deseaba lo mejor para esta nueva etapa que estábamos empezando con Juliana y Antonia. Y en el tercero me recomendó descansar, antes de retomar mis actividades pospresidenciales, y que le avise si algún día pasaba por Washington. El segundo párrafo lo reproduzco con su autorización:

> Aunque la elección no terminó con el resultado que habías esperado, quiero que sepas que te ganaste el respeto de muchos —incluido el mío— por tomar decisiones difíciles por el bien de tu país y por dar un fuerte ejemplo de integridad durante tu mandato.

9

Economía: ascenso y caída

Este es el capítulo más difícil de escribir para mí, porque los resultados finales que les pude ofrecer a los argentinos en lo económico no fueron los que había imaginado y prometido al principio de mi mandato. Lo que me propongo en estas páginas no es un relato pormenorizado de mi gestión económica sino, más bien, reflexionar sobre por qué tomé algunas de las decisiones más importantes, explicar la dimensión del desafío (y las restricciones) que enfrenté y tratar de encontrar momentos en los que podría haber hecho algo distinto. Entender por qué, después de dos años y medio positivos, en los que cumplimos nuestros objetivos y logramos, por ejemplo, la pobreza más baja desde 1991, sufrimos una crisis y por qué después no pudimos recuperarnos a tiempo para ganar las elecciones.

A modo de síntesis, dos cosas que revisaría si pudiera volver atrás son, al principio, no haber tenido consistencia entre la política monetaria y la política fiscal, y, después de mediados de 2018, no haber encontrado la manera de convencer al FMI de que nos permitiera intervenir en el mercado de cambios para controlar el dólar. Los argentinos sabemos que el dólar es el precio principal de nuestra economía, a través del cual juzgamos la salud del gobierno y nuestras perspectivas de futuro. Con el dólar bajo control, si no hay cepos estrictos, todo gobierno argentino parece fuerte. Con el dólar loco, ninguno lo es. Por eso a veces el dólar se mueve más por información de la política que de la economía. Durante varios meses, al Fondo le costó mucho entender esto. Cuando lo entendió, en abril de 2019, ya me quedaba poco tiempo para mostrar resultados antes de las elecciones.

De todas maneras y un año más tarde, creo que no debo ser tan severo conmigo mismo y mi equipo de gobierno, y debo recordar que el desafío que teníamos era mayúsculo y no estuvimos lejos de cruzar el río. Porque el río había que cruzarlo. Cualquiera que hubiera ganado las elecciones en 2015 se habría encontrado con el mismo panorama desolador con el que me encontré yo: teníamos un país en *default* desde hacía dos años; una economía llena de cepos y restricciones, estancada desde hacía años y en recesión desde hacía meses; un Banco Central con reservas reales negativas; varios años de caída en las exportaciones; tarifas de servicios públicos que sólo cubrían el 15% del costo y exigían importaciones por varios miles de millones de dólares por año; una inflación alta y persistente a pesar de todos estos torniquetes; y un déficit primario altísimo, que bien medido estaba por encima de los 5 puntos del PBI.

Cualquiera que hubiera estado en mi posición debía tomar decisiones urgentes para estabilizar una economía que iba rumbo a una gran crisis, comparable a la de 2001. Un problema importante que teníamos, sin embargo, era que ni la sociedad ni una parte significativa del círculo rojo tenían clara la urgencia de la situación. Además, como políticamente teníamos mandato para cambiar el estilo político del gobierno pero no necesariamente el rumbo económico, y arrancamos con una debilidad extrema en las cámaras del Congreso y en el reparto de las gobernaciones, cada cambio debía ser consensuado y medido y analizado con mucho cuidado.

Debíamos lidiar, también, con los problemas de fondo de la economía argentina, que había tenido déficits en 77 de los últimos 100 años, una inflación promedio del 62% desde 1940, sin contar las hiperinflaciones, y una pobreza estructural tercamente enquistada en casi un tercio de la población. A todo esto teníamos que sumarle la enorme disrupción que supuso el kirchnerismo para la economía argentina. Durante más de medio siglo, el gasto público promedio de la Argentina se había mantenido en alrededor del 25% del PBI. Pasaron gobiernos constitucionales y dictaduras, gobiernos peronistas y radicales, algunos cerrados y otros más abiertos, años más tranquilos y otros más turbulentos, pero la participación del Estado en la economía entre 1961 y 2001 había cambiado muy poco.

Desde 2003, sin embargo, empezó a crecer sostenidamente, y para el momento en que llegué a la presidencia el gasto público sumado de Nación, provincias y municipios llegaba al 41% de la economía, un aumento inédito de 16 puntos en poco más de una década. Una locura, que no sé cuánto tiempo nos va a llevar corregir. El otro lado de esta moneda, por supuesto, era el nivel de impuestos necesario para pagar el tamaño de este Estado. A medida que fue creciendo el gasto, fueron aumentando los impuestos, y hacia 2015 era complicado tener un negocio rentable en la Argentina, mucho más para una pyme —¡y mucho más para un exportador!—, por la carga impositiva y el papelerío interminable necesario para cumplir con estas obligaciones.

No estoy diciendo con esto que el Estado debería volver a ser el 25% de la economía ni proponiendo un nivel ideal de tamaño del gasto público. Eso es algo que deberán decidir los argentinos y sus representantes, aunque con seguridad creo que debería estar varios puntos por debajo del 40%. Lo que quiero remarcar en el párrafo anterior es que, aun mirado positivamente, el paso del kirchnerismo por la Casa Rosada supuso una disrupción en la economía argentina nunca vista antes: esos 16 puntos de crecimiento del gasto (y de los impuestos) modificaron nuestro modelo económico de una manera sustancial, que no siempre es destacada con la importancia que merece. En mi gobierno logramos romper esa tendencia de crecimiento y con mucho esfuerzo de todos bajamos el gasto 4 puntos, al 37% del PBI. Por las decisiones del gobierno actual, algunas de ellas justificadas por la pandemia, en 2020 ese número volvió a crecer.

¿Cómo se le comunicaba a una sociedad y al mundo político que nos estábamos acercando a una crisis invisible pero destructiva si no torcíamos el rumbo inmediatamente? No era fácil, y respeto las críticas de quienes creen que debí haberlo marcado con más énfasis. Pero hace poco volví a ver mi debate presidencial contra Daniel Scioli, en 2015, y me impresionó que los dos proponíamos más gasto y nada de ajuste, porque los dos estábamos presos del espíritu de la época y sabíamos que eso era lo que la sociedad —incluidos empresarios, sindicalistas y políticos— quería escuchar. En ese clima me tocó hacerme cargo: los argentinos todavía soñábamos con soluciones no dolorosas a nuestros problemas.

Por eso quiero volver ahora a los errores mencionados más arriba, porque es necesario ponerlos dentro de este contexto. ¿Existía una política monetaria que hubiera permitido llevarnos al otro lado del río —salir del cepo, equilibrar las cuentas, bajar la inflación, estabilizar el dólar— por sí misma? Quizás, pero también había que hacer todo lo demás. Y lo cierto es que con esta carga impositiva, con este tamaño del Estado y la baja productividad laboral no había política monetaria o cambiaria que pudiera salvarnos, ni entonces ni ahora. La pregunta de fondo es política, y creo que la mayoría de nuestros dirigentes todavía no quieren hacérsela: ¿vamos finalmente a hacer los deberes que ha hecho todo el mundo, a poner nuestras cuentas en orden, a tener una moneda, tener un mercado laboral moderno y productivo y un presupuesto equilibrado y respetado por todos? Cuando tengamos eso podemos ponernos a pensar y discutir el modelo de desarrollo. Pero sin esas bases es imposible salir del pantano donde estamos.

Dado este contexto, entonces —no existía la percepción de una crisis inminente y no teníamos mayorías parlamentarias— elegimos un modelo de reducción gradual del déficit, que se hizo conocido después como el «gradualismo», un nombre apropiado para disimular que no teníamos la capacidad política para hacer algo más rápido. El equipo político de Cambiemos me dijo bien temprano que no había consenso —ni dentro de la coalición ni, mucho menos, con la oposición— para hacer reformas estructurales en los primeros meses.

Para bajar la inflación, nos pusimos el objetivo de reducirla a un dígito en cuatro años. En su momento, a nadie le pareció que fuera un objetivo demasiado exigente, pero ahora me queda claro que esta diferencia de velocidades (despacio para el déficit, rápido para la inflación) contribuyó a generar desequilibrios que nos dejaron en una posición frágil cuando se nos dio vuelta la suerte dos años y medio más tarde.

En los primeros días de mi mandato tomé dos decisiones económicas importantes: eliminamos las retenciones a las exportaciones de trigo, maíz y de las economías regionales y, unos días más tarde, liberamos el cepo cambiario instaurado en 2011. Las dos habían sido promesas centrales de mi campaña.

El cepo lo liberamos un martes, después de haber llegado al

gobierno el viernes anterior. Y a partir de ese día la Argentina tuvo algo que casi nunca había tenido en las décadas anteriores: un tipo de cambio único y flotante sin (o con muy poca) intervención del Banco Central, como tienen casi todos los países del mundo. En la situación en la que estábamos —sin reservas en el Banco Central para frenar una eventual corrida del dólar—, fue una audacia. Y un éxito. Habíamos generado tanta confianza entre los argentinos y los inversores que, después de una devaluación inicial del dólar oficial (para que se acercara a donde estaba el blue, que ahora ya no existía), el tipo de cambio se estabilizó y se mantuvo en el mismo nivel durante varios meses.

Cuatro años después, sin embargo, creo que la liberación del cepo fue demasiado repentina. Tiendo a pensar que la Argentina, que llevaba décadas sin tener una moneda, no estaba lista para flotar. Por más confianza que hubiéramos generado en el corto plazo, todavía estábamos muy lejos como país de alcanzar los acuerdos básicos que permiten sostener el valor de una moneda en el tiempo, principalmente un presupuesto equilibrado aprobado por amplias mayorías en el Congreso. Y todavía estamos lejos de esos acuerdos. Ahora pienso que quizás deberíamos haber liberado el cepo gradualmente, imitando el modelo gradualista que habíamos elegido para la reducción del déficit fiscal. No dudo de la decisión, que era correcta: ningún país tiene cepo. Hicimos lo correcto, aunque no sé si a la velocidad adecuada.

Pero estas son cosas que pienso ahora, con la ventaja de la perspectiva y sabiendo lo que ocurrió después. Era tan grande el deseo de dejar atrás la anormalidad kirchnerista, el nuestro y el de buena parte de la sociedad, que el cepo se convirtió en un símbolo de la nueva época. Y un símbolo exitoso, beneficioso para la sociedad y para las empresas, que finalmente pudieron operar con tranquilidad y dejar de gastar energía valiosa en cuestiones cambiarias.

La carta del cepo, además, me permitió viajar a Davos, unos días más tarde, con un éxito concreto de la nueva Argentina que estaba arrancando. Fue impresionante el recibimiento que me dieron, el interés que generó nuestra llegada, la sensación de que el mundo político y económico global nos estaba esperando. Decenas de empresas me mostraron su interés por invertir o volver a la Argentina y yo les dije que era el momento, por supuesto, porque en esos días me olvidaba de los desafíos que teníamos y de que el cepo era tan sólo uno de los muchos cables que tenía la bomba.

Los límites del gradualismo

En 2016 la economía recorrió el ciclo que habíamos previsto al principio: primero hubo una recesión inevitable, que había empezado antes de mi llegada, pero se profundizó por la unificación del dólar. Y en la segunda mitad del año la economía pegó la curva y empezó a crecer y a generar empleo.

Sobre ese año se han dicho muchas cosas, a pesar de la relativa placidez con la que podemos verlo desde la distancia. La principal, y con la que puedo estar de acuerdo, es que fue un año perdido en cuanto a la reducción del déficit fiscal, que de hecho fue similar al de 2015. A pesar de que cada una de las medidas importantes a las que se acusa de haber perjudicado la situación fiscal tiene su explicación, lo cierto es que no tuvimos, como sí tuvimos en los años siguientes, la precisión y el lápiz fino para ver dónde estaban los gastos que se podían eliminar con el menor dolor político posible.

Una de las decisiones criticadas por los halcones fiscales fue la eliminación de las retenciones al campo. Es cierto que nos costó plata, pero también es cierto que sirvió para volver a poner en funcionamiento al campo, que en los años siguientes nos recompensó, a pesar de una inundación y una sequía de las más importantes en mucho tiempo, con cosechas récord en maíz, trigo y soja y exportaciones récord de carne. Además, era una señal que quería enviar a un sector que había resistido con valentía en los años anteriores y al cual le había prometido bajar las retenciones (las de soja sólo disminuyeron un poco), además de que, otra vez, los países exitosos no castigan a sus exportadores.

Otra medida de 2016 a la cual se acusa de haber perjudicado las cuentas públicas innecesariamente es haber obedecido el fallo de la Corte para devolverles una parte de la recaudación a las provincias, retenida indebidamente durante la administración anterior. Ahí, lo que hicimos fue llegar a un acuerdo con los gobernadores para devolverles ese 15% reclamado, en cinco cuotas anuales acumulativas de 3%. ¿Podríamos habernos rebelado y guardado esa plata para la Nación? No, por tres razones. La primera es que respeto las decisiones de la Justicia y por eso había hecho campaña diciendo que iba a respetarla. No podía empezar mi mandato ignorando un fallo tan importante. La segunda es que también creo en el federalismo y en el reparto de la recaudación según reglas claras y previsibles. Nunca como en mi gobierno los gobernadores tuvieron tan claro cuánto iban a recibir cada mes y cuándo. La tercera, más táctica, era que necesitaba empezar en buenos términos mi relación política con los gobernadores. Sobre todo si quería que el Congreso nos aprobara el acuerdo con los *holdouts*, un hito indispensable de nuestro plan para cruzar el río. Sin reservas ni capacidad para reducir el déficit de golpe, la única manera de llegar al equilibrio de las cuentas era pidiendo plata prestada en los mercados internacionales. Y para llegar a los mercados internacionales teníamos que arreglar con los *holdouts* y salir del *default*. Para salir del *default*, a su vez, necesitábamos en el Congreso los votos peronistas derivados de la voluntad de los gobernadores.

El arreglo con los *holdouts* es otro gran éxito de nuestros primeros meses de gestión, atribuible en buena parte a Alfonso Prat-Gay y a Toto Caputo, que lograron una quita del 44% sobre las demandas de los fondos, cuando nadie pronosticaba más de un 10 o un 15%. La operación contribuyó a generar una nueva ola de optimismo respecto de la Argentina en el mundo, que empezó a creer que el camino que habíamos elegido era posible. Algunos se preocupaban por el déficit, preguntaban por qué no íbamos más rápido, y yo por el momento lograba calmarlos diciéndoles que lo hacíamos a la velocidad que podíamos y que después de las elecciones de medio término lo íbamos a hacer más rápido.

En 2016 también sancionamos la Ley de Reparación Histórica, que benefició a millones de jubilados a quienes el Estado les estaba pagando de menos o a los cuales les había apelado los juicios hasta verlos morir. Durante el kirchnerismo, cientos de miles de jubilados murieron esperando que el Estado les pagara lo que les correspondía. La Reparación Histórica costó plata, por supuesto, y no contribuyó a acelerar la reducción del déficit. Pero también es cierto que, si habíamos arreglado nuestro *default* con los inversores extranjeros, debíamos arreglar el *default* con nuestros jubilados. Además, buena parte de su costo inicial se pagó con un blanqueo de capitales muy exitoso, que devolvió a la superficie más de 100 000 millones de dólares de ahorro argentino sumergido.

Una última decisión de aquel año que no ayudó con el déficit fue la rebaja en el impuesto a las ganancias para las personas, que había sido una promesa electoral mía pero, además, una imposición del peronismo no kirchnerista en el Congreso. Finalmente logramos consensuar con el grupo de Massa un proyecto no demasiado dañino, que eliminaba las distorsiones introducidas por Axel Kicillof y aumentaba el mínimo no imponible. Fue otra de esas decisiones en las que la debilidad parlamentaria nos obligó a elegir lo posible por encima de lo ideal.

En política monetaria avanzamos por un camino que en aquel entonces parecía razonable, pero hoy veo con algunas dudas. En enero de 2016 Alfonso anunció una meta de 25% para la inflación de ese año, que meses después Federico Sturzenegger, desde el Banco Central, tomó como propia. Está bien que sea el Poder Ejecutivo el que fije la meta de inflación y que el Banco Central sea el encargado de cumplirla. Lo que nos pasó con esa meta y con las de los años siguientes es que empezaron, a medida que no podíamos cumplirlas, a perder credibilidad. Además, nadie nos había pedido esas metas, que después nos fueron condicionando. Aun si la inflación iba bajando, como empezó a ocurrir después del salto inicial —en la segunda mitad de 2016 tuvimos una inflación anualizada de sólo 19%—, estas metas tan exigentes e incumplidas generaban dudas en el mercado y la población, y obligaban al Banco Central a tener tasas de interés demasiado altas.

La discusión sobre cuál debía ser la tasa del Banco Central se convirtió rápidamente en un gran tema de debate dentro del equipo de gobierno. Federico defendía su posición, según la cual él debía mostrar fortaleza y construir credibilidad en la lucha contra la inflación, y que su objetivo era acercarse lo más posible a cumplir las metas que le ponía el Poder Ejecutivo. Otros en el gobierno creían que, de esta manera, estábamos atrayendo fondos del exterior que venían a la Argentina a aprovechar las tasas del Banco Central (las famosas Lebacs) y que esos dólares que entraban retrasaban el tipo de cambio, lo cual era malo para nuestras exportaciones y para la estabilidad de la economía en general.

Eran discusiones fuertes pero comprensibles y naturales entre la autoridad política, que quiere más crecimiento y empleo, y la autoridad monetaria, que quiere menos inflación. Pasa, con más o menos institucionalidad, en todos los países. Algunos de los implicados, sin embargo, me han dicho después que el sistema de decisiones adoptado en esos años era demasiado horizontal y demasiado conversado. Tomo la observación, pero no sé si es algo que corregiría. Siempre me conduje debatiendo mucho con mis equipos, escuchando a todos y tratando de generar consensos. Lo apliqué siempre, en las mesas de conducción del PRO y en el gobierno de la ciudad, siempre debatiendo en una mesa todos los temas y tratando de generar consensos en la decisión.

Sigo pensando que es el mejor camino y por eso sigo sin creer en el modelo del superministro de Economía, que tanto me reclamó una parte del establishment durante años. Cuando uno se entrega a un ministro de Economía que controla todas las áreas asociadas (como el transporte, la energía y la producción), se está entregando al fracaso o al acierto de una sola persona, que puede salir bien o mal. Con un esquema de equipo, si las piezas no funcionan se las puede reemplazar menos traumáticamente, como ocurrió. Además, permite tener ministros enfocados en sus propias áreas: aunque no logramos los equilibrios macroeconómicos que buscamos, sí pudimos avanzar muy exitosamente en transporte, telecomunicaciones, energía y producción (especialmente en desarrollo de exportaciones), algo que habría sido más difícil con un superministro inevitablemente concentrado en la macro.

Un último comentario sobre 2016, acerca de las metas de inflación. En los primeros meses de gestión el Banco Central adoptó un sistema de metas para bajar la inflación, similar al que habían aplicado con éxito decenas de países en todo el mundo. Y que el propio Alfonso había usado con éxito cuando fue presidente del Banco Central, entre 2002 y 2004. Este sistema fija un horizonte de metas a varios años y le deja al Banco Central las herramientas —principalmente, la tasa de interés— para tratar de cumplirlas. En nuestra ansiedad por convertirnos en un país normal, que no inventa soluciones extravagantes para problemas que existen en todos lados, adoptamos las metas con el objetivo de, como los países a los que queríamos parecernos, derrotar a una inflación que, en mayor o menor medida, sufríamos desde hacía 70 años.

Las metas funcionaron bien al principio, para generar la expectativa de que la inflación iba a bajar a determinado ritmo, pero con el tiempo perdieron la potencia inicial. Una explicación posible es que, como con el cepo, quizás no estábamos listos como país para aplicarlas. No habíamos hecho todavía los deberes que le permiten a una economía aplicar con éxito las metas de inflación. Por ejemplo, tener un presupuesto equilibrado, tener superávit comercial o no tener los desequilibrios de precios relativos (principalmente, las tarifas) que todavía experimentábamos.

Otro ejemplo de la intención de ser lo más rápido posible un país *normal* fue la velocidad a la que nos propusimos que el Banco Central dejara de financiar al Tesoro. En 2015, el Banco Central le dio al gobierno unos 5 puntos del PBI, a través de la emisión de billetes, para pagar sus gastos, como las jubilaciones, los programas sociales y los empleados públicos. Era un nivel insostenible, que presionaba sobre la inflación, pero que tampoco se podía frenar de un día para el otro. Diseñamos una escala gradual, según la cual después de tres años el Banco Central dejaría de pasarle plata al gobierno, que debería empezar a sostenerse solo con sus propios recursos, como en la mayoría de los países. Creo ahora que este ritmo fue demasiado acelerado. Si lo hubiéramos hecho más despacio habríamos necesitado menos deuda. El precio, por supuesto, habría sido algo más de inflación y algo más de inestabilidad en el dólar.

Esta reflexión sobre las metas y el financiamiento del Banco Central me permiten hacer un comentario más amplio sobre las decisiones que tomé y que tomamos como equipo en aquellos primeros meses. Una descripción posible es que nos faltó establecer una secuencia más realista en la resolución de nuestros problemas. Teníamos tan claro qué tipo de país queríamos ser, cuáles eran las reglas y los mecanismos de los países que habían logrado dejar sus problemas atrás —problemas, en muchos casos, parecidos a los nuestros—, que prestamos menos atención de la debida a la transición entre la Argentina agotada que recibimos y la Argentina dinámica a la que aspirábamos.

Quisimos funcionar como un país normal cuando todavía no lo éramos. Defiendo el modelo de país que queríamos ser y el rumbo que les propusimos a los argentinos. Sigo creyendo lo mismo. Sólo me pregunto si la secuencia de hitos intermedios para alcanzar ese objetivo no perdió de vista que muchos de los problemas que tenía la Argentina requerían soluciones temporales que tuvieran más en cuenta nuestros problemas profundos. Esto puede verse reflejado en las metas de inflación y el ritmo de emisión, pero también en muchos otros temas, que exceden lo económico.

Creciendo juntos

A pesar de todo esto la economía creció con fuerza en 2017, mostrando mejoras en casi todos sus sectores, un fuerte crecimiento de la inversión y del crédito y mejoras sensibles en el poder de compra de los salarios. Ese año se crearon más de 700 000 empleos y el dólar estuvo tranquilo todo el año, salvo unos días de junio, cuando Cristina anunció su candidatura a senadora, prefigurando lo que ocurriría en 2019, cuando cada noticia sobre un posible regreso del kirchnerismo enviaba señales de alarma al mercado cambiario.

¿Estábamos incubando la crisis que vino después en 2018? Quizás, pero es importante destacar también que esas mismas inconsistencias, que paralelamente generaban un descenso más abrupto de la inflación y un tipo de cambio algo retrasado, favorecieron el crecimiento de los salarios reales y nos ayudaron a ganar las elecciones de 2017, un objetivo indispensable para nuestro proyecto político. Esto hay que entenderlo bien. Si hubiéramos sido más consistentes —con una reducción más lenta de la inflación, un dólar más alto y algo menos de crecimiento económico— habríamos estado mejor preparados para el cambio de escenario que sufrimos después, pero también nos arriesgábamos a no ganar las elecciones y a no tener nunca el apoyo político necesario para acelerar las reformas estructurales.

Con esto quiero mostrar que toda decisión de política económica tiene variadas consecuencias en infinidad de direcciones, y que mover una perilla hacia un lado genera efectos en otro, con frecuencia no lineales, algunos inesperados e incluso beneficiosos. Por eso creo que quienes marcan un error deben también reconocer que en toda decisión de gobierno hay una multitud de factores en juego, con efectos a veces indirectos e inadvertidos en un primer momento.

Uno de los efectos de nuestras inconsistencias era el crecimiento del llamado déficit externo (o de cuenta corriente), la diferencia entre los dólares que produce y los que consume el país en total. Después de ganar las elecciones vimos que debíamos hacer algo para suavizarlo y una de las maneras de hacerlo era corregir las metas de inflación para 2018. Esto permitiría bajar un poco las tasas del Banco Central, lo que a su vez generaría una suba moderada del dólar y ayudaría a equilibrar el balance de dólares del país. Este fue el razonamiento detrás del evento conocido más tarde como el 28-D: la conferencia de prensa que dieron Sturzenegger, Peña, Dujovne y Caputo el 28 de diciembre, en la que anunciaron la corrección de 10 a 15% de la meta de inflación para el año siguiente.

Mucho se ha dicho acerca de esa conferencia de prensa, tanto sobre lo que indicaba sobre las relaciones internas del gobierno como sobre su efecto en la economía y en la crisis posterior. Mi sensación es que en ambas cuestiones se ha exagerado su importancia. Si bien por un lado es cierto que había diferencias de criterio entre el equipo económico y Federico sobre la política monetaria, también es cierto que el propio Federico pidió participar de la conferencia. El que sin dudas no quería participar y después se vio obligado a hacerlo fue Marcos, a quien luego le endilgaron la idea y las consecuencias de aquel día, a pesar de que tuvo una participación muy reducida. Sobre la cuestión de si el 28-D fue un golpe de gracia a la credibilidad de nuestra política monetaria, como han dicho algunos, también creo que no es así. El mejor ejemplo de esto es que, apenas semanas después de la conferencia, Toto Caputo fue a Estados Unidos a pedir prestados 9000 millones de dólares y los fondos le ofrecieron más de 30 000 millones de dólares. No parecían demasiado preocupados por las consecuencias del 28-D.

Lo que sí empezó a ocurrir, y que explica la decisión de Toto de buscar en enero el financiamiento para buena parte del déficit del año, es que se enrareció el clima financiero internacional. Empezaron los rumores sobre un aumento de la tasa de referencia en Estados Unidos, algo que es siempre negativo para los mercados emergentes. Y los crecientes choques comerciales entre Estados Unidos y China generaban una incertidumbre también perjudicial para países como el nuestro.

Con el tiempo todos esos rumores se confirmaron: la Reserva Federal subió la tasa de una manera mucho más abrupta de lo previsto y la plata de los inversores que estaba dando vueltas por los emergentes se refugió en Estados Unidos, esperando tiempos mejores. A esto se sumó la peor sequía en medio siglo, que le quitó al país 8000 millones de dólares en divisas. Con este panorama, y las turbulencias políticas recientes —las piedras en el Congreso y la ley por tarifas, que confirmó la unidad entre kirchnerismo y massismo—, el dólar empezó a inquietarse. En enero se había ido de 17 a 20 pesos, pero eso estaba bien, era el efecto que queríamos del 28-D. Cuando subió a fines de abril, en cambio, gatillado por la entrada en vigor del impuesto a la renta financiera, pero impulsado por dudas más profundas sobre nuestro camino de estabilización, comenzó la peor parte de mi gobierno y algunos de los peores meses de mi vida.

Transcribo algunas de las sensaciones que grabé en aquellos días de fines de abril y principios de mayo: «Terminan 15 días tremendos. Esta semana, cuando se venían calmando las tarifas, arrancó el dólar. Tuvimos que vender 1000 millones por día, empezaron a desarmar posiciones de Lebacs los de afuera, pero finalmente los logramos calmar. Igual las balas vienen por todos lados, hay que mantener la calma». Unos días después: «El mercado, incontrolable. Nadie vende dólares. Nosotros tampoco. Se fue de 21 y medio a 23 y 24 ayer, a 27 hoy. Pero mañana salimos a la cancha a vender todo». La noche siguiente: «El mercado hoy cerró bien pero los bonos cayeron. Toto está preocupado, dice que mañana va a ser un día bravo. Estamos en la cornisa, dependemos mucho del crédito internacional y todos los que nos rodean están locos». Ese fin de semana: «Me preocupa mucho que, si al dólar no lo paramos, la pobreza va a rebotar muy feo». Unas semanas antes habíamos anunciado el índice de pobreza más bajo en 25 años. Sí, aunque hoy suene increíble: la pobreza más baja en 25 años.

Un día a fines de abril o principios de mayo me llamó Toto y me dijo: «Se está complicando, no creo que podamos conseguir más plata». Ya me venía advirtiendo sobre esta posibilidad, basado en el deterioro del crédito para mercado emergentes —que en 2018 emitieron sólo 7000 millones de dólares de deuda, contra 108 000 millones en 2017— y en que los inversores ya habían comprado mucha deuda nuestra.

Lo llamé entonces a Nicolás Dujovne, que ya había tanteado al FMI en caso de que las cosas se complicaran y le pregunté si creía que debíamos llamarlos para buscar apoyo. Me dijo que sí. «¿Cuándo?», le pregunté. «Cuando vos digas», me contestó. «Ya —le dije—. Para qué esperar, si esto no va a cambiar». Ese mismo día grabé un mensaje seco, informativo, en el que anunciaba la decisión de ir a buscar un acuerdo con el FMI. Si pudiera volver atrás, grabaría ese mensaje otra vez, tratando de explicarles mejor a los argentinos las razones de por qué lo hacíamos y de calmar las ansiedades lógicas que genera en nuestro país un posible acuerdo con el Fondo. «Un día tremendo —grabé esa noche—. Tomé la decisión de llamar al Fondo y viaja esta noche Nico para llegar a un acuerdo lo antes posible, porque se nos cortó el crédito. Se rompió el hilo de confianza del que me pasé dos años hablando al pedo, porque nadie escucha».

A principios de junio anunciamos el programa con el Fondo, que incluía un préstamo de 50 000 millones de dólares. Sin embargo, su éxito fue efímero y enseguida se vio que el acuerdo tenía muchos problemas. Uno de los principales era que ataba de manos al Banco Central para comprar y vender dólares. El FMI, con cierta razón, no quería que usáramos su plata para contener el dólar, pero no entendía que en la Argentina el dólar es el termómetro de la confianza pública y que a veces con intervenciones modestas se lo podía tener bajo control. La situación se complicaba aún más porque el origen del préstamo había sido político (pedido por varios de los principales líderes del mundo), algo que no le cayó simpático al *staff* técnico del Fondo, quienes son finalmente los que escriben la letra chica de los acuerdos.

En el Gabinete había opiniones diversas sobre el impacto que tendría el acuerdo en el mercado de cambios. Federico era de los que pensaban que esos 50 000 millones de dólares eran suficientes para restablecer la confianza perdida. Toto Caputo, en cambio, creía que las nuevas reglas para no intervenir sólo nos iban a dar unos pocos días de paz. Así lo dijo, en su estilo apasionado y directo, en una tensa reunión que tuvimos en Olivos en la que también participó Dujovne. «En dos o tres días te van a ir a buscar otra vez, Fede, saben que no tenés armas para contrarrestarlo», dijo Toto.

Fue lo que pasó. Dos días después el dólar saltó de 26 pesos a 28 y Federico, abollado y sin credibilidad, tuvo que renunciar. Le pedí a Caputo que asumiera en el Banco Central, porque sentía que era el momento, no de un experto en el funcionamiento de los bancos centrales, sino de alguien que hablara el mismo idioma del mercado y pudiera pelearle en su misma cancha. Esto nos permitió dos meses de tranquilidad en el dólar, que a su vez favoreció una baja en la inflación y una incipiente recuperación de la economía. Fue una paz corta, pero que le mostraba al FMI que nuestra tarea principal debía ser estabilizar el tipo de cambio y que con eso estabilizado las demás variables se irían acomodando.

En agosto salió a la luz el escándalo de los cuadernos de la corrupción, que denunciaba con pruebas nunca vistas antes los circuitos de recolección del kirchnerismo. La investigación pronto involucró a decenas de empresarios, algunos de los cuales fueron detenidos por el juez Bonadio. Estas revelaciones generaron festejos políticos en muchos de nuestros votantes, pero nos volvieron a meter en un huracán financiero, porque los inversores temieron que el escándalo fuera el inicio de una especie de *Lava Jato* argentino. En Brasil, los jueces habían condenado por corrupción a decenas de políticos y empresarios y provocado una recesión larga y profunda, además de una crisis política. Como nuestro programa —razonaron los inversores— sólo cerraba con crecimiento, un *Lava Jato* local destruiría nuestra economía y nos pondría al borde del *default*. Inevitablemente cayeron los bonos y volvió a subir el dólar.

A fines de agosto esta situación tomó estado crítico. La ansiedad del mercado era cada vez mayor y, además, había quedado claro que necesitábamos un nuevo acuerdo con el FMI. Un miércoles por la tarde me junté con Toto, que estaba preocupado por lo que podría pasar al día siguiente. Me dijo que debíamos enviar una señal contundente antes de que abrieran los mercados, para frenar una corrida que él veía inevitable. Esa señal era anunciar que ya teníamos avanzado un nuevo acuerdo con el FMI, lo que era parcialmente cierto, porque ya había habido algunas conversaciones. Toto tenía el apoyo de Mario Quintana, que compartía su urgencia. Marcos y Dujovne, en cambio, preferían mantener la calma y cuidar la relación con el FMI.

Finalmente decidí grabar un mensaje corto, de menos de tres minutos, que publiqué temprano en la mañana del jueves y que enseguida fue calificado como un error, porque no consiguió los efectos buscados. Por un lado, no logró evitar el salto del dólar (en un solo día pasó de 34 pesos a 39) y, por otro, no hubo comunicado del FMI de respaldo a mi mensaje. Admito que fue un error y que incumplió sus objetivos del día, pero sí cumplió otro: despertó al FMI de su siesta y les hizo ver que necesitábamos un nuevo acuerdo lo antes posible.

Hasta ese momento el FMI venía reaccionando con displicencia a las subas del dólar. Respondían con argumentos económicos clásicos a problemas con ingredientes políticos. Por ejemplo, cuando el dólar pasó de 20 pesos a 26 o 27, tuvimos una conversación con Lagarde en la que quisimos explicarle las particularidades de nuestro caso y ella respondió (cito de memoria, quizás no textualmente): «El dólar tiene que encontrar su equilibrio natural, no me preocupa». Lo que no lograba hacerle ver era que habían desaparecido los vendedores de dólares, sólo había vendedores de pesos y que había días en los que apenas con chirolas nos movían el dólar un peso o dos para arriba. Eso no era un mercado normal, y la incapacidad del Banco Central para vender dólares nos dejaba impotentes y generaba nerviosismo en el mercado y en la sociedad en general.

Esa noche me dejé este mensaje: «Dos días tremendos. Si pensaba que había pasado lo peor, me equivoqué. Nos comimos 20% y llegamos a estar con un 30% de devaluación en un día. Tanto que el Fondo se asustó y pidió que interviniésemos para parar la devaluación». Al final de ese día y el siguiente logramos una cierta calma, pero sabía que los efectos de un día así se sienten a lo largo de varias semanas o meses: estas devaluaciones, sobre todo en momentos de crisis, sí o sí hacen subir la inflación, que a su vez perjudica a los salarios y aumenta la pobreza. La inexorabilidad de ese proceso, que ya habíamos sufrido más de una vez, me llenaba de tristeza y frustración.

Los días siguientes fueron peores, quizás los peores de todo mi mandato. No tanto ya por los sacudones financieros sino, esta vez, por los sacudones políticos. Aliados nuestros, de Cambiemos pero también dentro del PRO, me pidieron, durante un fin de semana frenético de reuniones en Olivos, cambios drásticos en la composición del Gabinete. Su objetivo principal era desarmar la estructura de coordinación de Jefatura de Gabinete (lo que finalmente lograron, aunque pude mantener a Marcos) y cambiar al ministro de Hacienda. El nombre de consenso entre los críticos era Carlos Melconian, a quien conozco desde hace muchos años, y siempre valoré sus conocimientos y su estilo. Si no había sido ministro antes era porque, en su momento, en la Fundación Pensar había sido anárquico y poco orgánico, coherente con su personalidad. De todas maneras acepté recibirlo y tuvimos una larga charla la mañana de aquel sábado. Le ofrecí el ministerio y me contestó que necesitaba un mes para armar un plan y un equipo.

«Carlos, tu respuesta me parece muy respetable y muy seria —le contesté—. Pero no se adapta a las urgencias que estamos viviendo». Decidí continuar con Nico Dujovne, que sabía qué había que hacer y tenía el respeto del FMI, con quienes debíamos empezar a negociar ya un nuevo acuerdo. Por supuesto, Nico se enteró de estas negociaciones y, al sentirse manoseado, quiso renunciar. Tuve que hacer un gran esfuerzo para convencerlo de que siguiera. «Estamos en un momento patriótico —le dije—. Te pido que dejes el amor propio de lado. Las gestiones con Melconian las tuve que hacer porque me las pidió toda la interna. Por favor, seguí». Horas después recibí un mensaje de Lagarde en el que me decía que, aunque no era su tarea meterse en las elecciones de ministros de los gobiernos, un nuevo interlocutor en Hacienda sin dudas demoraría «varias semanas» el proceso del nuevo acuerdo.

Gobernar en coalición y en minoría, con semejante asedio de la oposición, no es fácil. Entiendo los miedos y las buenas intenciones tanto del PRO como de la UCR para demandar cambios en el esquema de gobierno. No la incluyo a Carrió, que no estaba de acuerdo con estos pedidos y creía que no era un momento para hacer cambios. Pero todo lo que sucedió ese fin de semana fue un error. Hubo momentos en los que parecía que íbamos a cambiar a medio Gabinete y momentos en los que parecía que no íbamos a cambiar nada. Finalmente accedí a dos pedidos históricos de nuestros aliados y del círculo rojo: las salidas de Mario Quintana y Gustavo Lopetegui (a Gustavo logré retenerlo como asesor) y la reducción a menos de la mitad en la cantidad de ministerios, una decisión que también dejó heridos. Lo hice por un único motivo, por encima de cualquier otra consideración: la unidad de Cambiemos. Hoy siento que ese fin de semana sirvió, a pesar de todo, para blindar la unidad de la única fuerza alternativa al populismo que supimos construir. Ni antes ni ahora seré yo quien la debilite. Nos costó mucho esfuerzo su construcción y ninguna vanidad individual tiene derecho a romper la esperanza de millones de argentinos.

Al día siguiente me grabé este mensaje: «Espero no volverme loco. Hoy a la mañana hice un discurso poniéndole todo el corazón, creo que salió bien. Pero estamos en una dinámica en la que parece que nada alcanza».

A partir de ahí, contra todo pronóstico, las cosas empezaron a mejorar. De a poco se estabilizaron los mercados, se ordenó la política y atravesamos razonablemente en paz los meses de inflación más alta. Se fue Toto Caputo del Banco Central, agotado después de años muy intensos y una relación completamente rota con David Lipton, el número dos del FMI. Y designé en su lugar a Guido Sandleris, que firmó el nuevo acuerdo con el Fondo, lanzó una nueva política monetaria basada ya no en metas de inflación sino en el control de la cantidad de dinero (agregados monetarios) y, aunque no consiguió que el FMI lo dejara operar en el mercado, sí logró un sistema de bandas en el que, si el dólar subía o bajaba de un límite, entonces ahí podíamos intervenir.

Mis sensaciones a principios de noviembre eran de desahogo, pero también de agotamiento. «Buscando energías para construir y seguir —anoté el lunes 5—. Hay un ambiente de cansancio muy grande. Lo veo entre los ministros. Pasamos de esa tormenta que pareció que explotábamos por el aire a controlar la macroeconomía, controlar el dólar, las necesidades de financiamiento. Y cuando pasó eso sentimos mucho alivio pero ahora estamos asumiendo el desgaste de esos meses. A mí me pasa lo mismo».

Recordando esta etapa de relativa tranquilidad, pienso que nuestros problemas posteriores no vinieron de la crisis inicial, que llevó el dólar de 20 a 30 pesos, sino por este segundo salto, en agosto, que llevó el dólar de 30 a 40 pesos. La primera fase de la crisis fue el precio que pagamos por la fragilidad de nuestro modelo, combinada con el cambio de humor internacional y el impacto de la sequía. Pero la segunda fase no estaba predestinada. Más allá del pánico creado por los cuadernos y del pésimo primer acuerdo con el Fondo, la causa principal por la cual no pudimos controlar el dólar en aquellas semanas, creo ahora, fue la negativa tajante del FMI, y sobre todo de David Lipton, a reconocer el problema que teníamos y dejarle al Banco Central operar con más libertad.

Sin esta segunda fase de la crisis, probablemente habríamos alcanzado antes el equilibrio cambiario, habría bajado antes la inflación y antes se habría recuperado la actividad económica, quizás a tiempo para que los argentinos notaran los beneficios antes de las PASO. Después del primer salto grande del dólar todavía era posible reajustar el plan económico y volver a crecer. Después del segundo, los daños ya fueron más difíciles de revertir.

El final de 2018 fue un relativo bálsamo después de los meses terribles anteriores, sobre todo por el éxito de la Cumbre del G-20, que me permitió volver a conectarme con el grupo de dirigentes (los extranjeros) que más reconocía mis esfuerzos y el camino emprendido. Esto ayudó a recuperar algo los números de aprobación de mi gestión y me permitió llegar a fin de año habiendo cumplido los cuatro objetivos que me había puesto después de aquel fin de semana de locos en Olivos. Los cuatro objetivos habían sido: aprobar el presupuesto de 2019, firmar el segundo acuerdo con el Fondo, controlar el dólar y mantener la paz social. Ninguno de los cuatro había estado garantizado en septiembre.

Una historia de Semana Santa

Después de un verano tranquilo, con viajes a Vietnam, India y Brasilia, donde conocí a Jair Bolsonaro —me pareció un tipo distinto a todos los presidentes que había conocido, con ideas claras sobre su relación con la Argentina—, llegamos más o menos enteros a Semana Santa, donde ocurre un episodio que quiero contar con cierto detalle.

El miércoles 17 de abril, Miércoles Santo, anunciamos un paquete de medidas destinado a la clase media, que estaba enojada conmigo. El paquete incluía medidas como el congelamiento de los precios de 60 productos, el anuncio de que no habría más aumentos de tarifas por el resto del año y una serie de nuevos beneficios para pymes, entre otras. Presenté las medidas en la casa de una familia en Caballito, en un video que se publicó en las redes sociales, pero yo ya sabía que la medida más importante, la que más estábamos esperando, había quedado afuera del paquete.

Esa medida era la autorización del Fondo para que Guido Sandleris pudiera finalmente operar en el mercado de cambios, que otra vez se había puesto inquieto. Hubo negociaciones muy avanzadas, que habían empezado en febrero, cuando Dujovne les advirtió a Lagarde y Lipton que, con el inicio de la temporada electoral, era probable que hubiera más presión sobre el dólar. En un momento pareció que Lipton aceptaba y ahí la que se echó atrás fue Lagarde, quizás porque estaba en pleno proceso de designación al frente del Banco Central Europeo. Hubo un último intento que fracasó el martes santo a la noche, después de una discusión muy fuerte que tuvieron Guido y Nico con ellos por teléfono. Por eso sentía esa mañana que al paquete le faltaba una pata fundamental y por eso sería doble mi frustración cuando pasó lo que pasó en Semana Santa.

Lo que pasó fue la filtración, el Viernes Santo, de una encuesta de Isonomía en la que se veía a Cristina 7 puntos por encima mío en un hipotético escenario de balotaje. La filtración generó un sismo político durante el fin de semana largo que se reflejó en los mercados a partir del lunes, especialmente en el precio de los bonos (y, por lo tanto, en el riesgo país). «Una locura el día de hoy», grabé ese jueves. «En la primera media hora el dólar había subido un 5%. Esa encuesta de Isonomía enloqueció a los mercados. El miedo a CFK es total. El pánico del círculo rojo es total».

Ese fin de semana, finalmente, Lipton cedió. El sábado lo llamó Sandleris y le dijo que el mercado había cerrado muy mal, que la cosa estaba muy complicada, que si no hacíamos nada el dólar se iba a ir a 55 o 60 y que él iba a tener que renunciar. «Te estoy llamando para avisarte que, si no hacemos algo, el próximo llamado te lo va a hacer otro presidente del Banco Central», le dijo. Eso pareció conmover a Lipton, que se puso a negociar. Las discusiones de Sandleris con Lipton y los equipos técnicos del

Fondo acerca de los cambios a implementar duraron todo el fin de semana. A las 2 de la madrugada del lunes, Alejandro Werner, director del Departamento del Hemisferio Occidental del Fondo, le informó a Guido que no habían conseguido las aprobaciones internas necesarias. Acordaron un nuevo llamado con Werner para las 7 de la mañana. Faltaban horas para que abriera el mercado y no había aún un acuerdo para evitar la nueva corrida. A las 7 puntualmente iniciaron el llamado. El Fondo ofrecía una alternativa distinta a la que había solicitado la Argentina. Sandleris la rechazó: «Lo que están proponiendo no va a funcionar, tenemos que llevar tranquilidad y eso no lo va a lograr», les dijo. Después de un nuevo llamado, y a poco más de una hora de la apertura, el Fondo aceptó lo que proponía Guido y se acordó la redacción de un comunicado bastante ambiguo, que daba a entender que el Banco Central tenía la autorización del FMI para vender dólares.

El comunicado se publicó antes de la apertura y fue como magia: el mercado creyó que Sandleris tenía un bazooka, aunque no supiera de qué tamaño o con cuánta potencia, y con eso bastó para que dejaran de poner a prueba al Banco Central todos los días. En los tres meses y medio desde ese lunes hasta el catastrófico lunes 12 de agosto, el dólar estuvo estable y el Banco Central no tuvo que vender un solo dólar para mantenerlo tranquilo. Con el comunicado alcanzaba. Exactamente lo que le veníamos diciendo al FMI desde hacía meses: en la Argentina, para manejar el tipo de cambio no alcanza con la política monetaria. El mercado también tiene que temer una intervención del Banco Central.

De todas maneras, la corrida de Semana Santa no fue gratis. Ninguna lo es, pero ese último salto en el dólar volvió a meternos en otro rulo de inflación y recesión, del que recién empezábamos a salir cuando llegaron las PASO. La inflación de agosto, según los registros de los primeros días, apuntaba a ser de poco más del 1%, la inflación mayorista de julio había sido del 0,1% y la actividad económica había mostrado crecimientos consecutivos en mayo, junio y julio, lo que muestra que el país ya había salido de la recesión y estábamos listos para crecer.

Por supuesto que eso no fue suficiente para llegar al bolsillo de los votantes, que en las PASO me castigaron con severidad. Pero me cuesta no pensar que, si la decisión de Lipton hubiera llegado sólo dos semanas antes, a tiempo para ser anunciada, por ejemplo, junto con el paquete de medidas para la clase media, quizás el resto del año habría sido distinto. O por lo menos habría tenido la oportunidad de mostrarles con más certeza a los argentinos que estábamos saliendo juntos de nuestro *annus horribilis* y que valía la pena la aventura de seguir por ese camino cuatro años más. Evitándonos el triste retroceso en el que hemos caído en estos meses de 2020 y 2021.

Esta historia termina acá porque, desde el punto de vista económico, mi gobierno terminó la noche de las PASO. Lo que vino después fue la administración de una economía kirchnerista, que Hernán Lacunza encaró con determinación, valentía y muy buenos resultados, dado el desafío. Leo las páginas anteriores y tengo sensaciones encontradas: a veces siento que les doy demasiada importancia a algunos detalles, que me pregunto demasiado sobre qué hubiera pasado si tal o cual cosa hubiera sido distinta. Y lo cierto es que, con la perspectiva que me da este año de distancia, siento que lo más importante que no logramos fue convencer al resto del mundo político y a la sociedad de la necesidad de tener lo básico de una economía que funciona: un presupuesto equilibrado. No logré los consensos para ese presupuesto equilibrado, no encontré un entendimiento mayoritario para ese desafío, y a la luz de lo que pasó en estos meses me doy cuenta de que seguimos sin entender la importancia y la dimensión de este problema.

Deuda y herencia

Sólo me gustaría aclarar, para cerrar, un par de cosas sobre la deuda pública y la herencia económica que dejé en diciembre de 2019. Se ha hablado mucho en estos años sobre el crecimiento de la deuda pública en mi mandato y de cómo ha sido un problema para el gobierno actual. Por un lado, se generó la falsa sensación de que en 2015 el Estado argentino no tenía deudas. Eso no es cierto. En diciembre de 2015 el Estado nacional debía 240 000 millones de dólares y la deuda venía creciendo hacía muchos años. Cuando dejé el gobierno debíamos más, es cierto, unos 310 000 millones de dólares, pero eso tiene dos causas principales: una es que casi 2 de cada 3 pesos que pedimos fueron para pagar vencimientos de deudas tomadas por gobiernos anteriores al nuestro. El peso restante, mientras tanto, fue para cubrir el déficit que tuvimos los primeros años y que hacia 2019, después de un gran esfuerzo, habíamos casi eliminado. El peronismo no puede alegar inocencia en este proceso: el padre de la deuda son los presupuestos deficitarios sancionados en el Congreso, donde siempre tuvo mayoría el peronismo. Sin déficit no hay deuda.

Por otra parte, cuando dejé el gobierno la deuda pública con el sector privado era del 50% del PBI, más alta que en 2015 pero no en un nivel preocupante para un país como el nuestro. El problema que teníamos con la deuda no era su tamaño sino que no teníamos crédito para refinanciarla. Tan así es que el tamaño de la deuda no era un problema que el gobierno actual acordó renegociar los plazos y las tasas de los bonos, pero no su tamaño.

Aun con una renegociación exitosa, con mejores condiciones financieras para la Argentina, el tamaño de nuestra deuda pública va a seguir siendo el mismo.

Esto no quiere decir que me sienta orgulloso de la deuda que tomé. Siempre tomé a la deuda como una solución temporaria, mi único puente posible para cruzar el río desde el déficit al equilibrio. Por eso, cada día que se demoraban los acuerdos para bajar el déficit o chocaba contra la voluntad de aquellos con responsabilidad para bajar el gasto, sabía que ese era un día que aumentaba la deuda, porque de alguna manera había que pagar esa diferencia. Sabía también que la confianza del mercado nunca es eterna: pende de un hilo fino que un día se corta, y a nosotros se nos cortó en abril de 2018, cuando el mercado vio que no había un compromiso mayoritario en la dirigencia argentina para equilibrar las cuentas.

Estoy convencido, por otra parte, de que, aunque no pude ofrecer resultados a tiempo, dejé una economía lista para crecer y con bases más sólidas de las que tenía en 2015. Algunas de esas bases, por decisiones del gobierno siguiente y también por los efectos de la pandemia, lamentablemente están siendo erosionadas.

Para empezar, bajamos a casi cero un déficit primario altísimo y con una inercia peligrosa, porque venía empeorando año a año. Esto fue un logro importante. Y siento que una conquista de mis años de mandato es que haya avanzado la concientización entre los argentinos y sus dirigentes de la necesidad de vivir con las cuentas equilibradas. Otro concepto que logramos instalar es que, para crecer muchos años seguidos, tenemos que exportar más. En mis años avancé en varios caminos exitosos para aumentar las exportaciones. Les hicimos la vida más fácil a los exportadores, quitamos trabas de todo tipo, lanzamos la Ventanilla Única de Comercio Exterior, creamos Exporta Simple, abrimos más de 200 mercados en todo el mundo. Sí, más de 200 mercados en sólo cuatro años. Y nuestros exportadores respondieron. Cuando terminó mi mandato exportábamos 10 000 millones de dólares más (o 16% más) que cuatro años antes.

Por eso digo que estábamos mejor preparados para crecer. Es cierto que no pudimos ver los frutos y que la inflación era más alta, pero ordenamos las bases de nuestra economía. Dejamos, por ejemplo, casi 20 000 millones de dólares netas de reservas en el Banco Central, que en 2015 eran negativas. Dejamos también un dólar a un precio razonable. El gobierno actual no estuvo obligado a sincerar un dólar ficticio, como sí tuvimos que hacer nosotros y otros gobiernos argentinos en el pasado. También les dejamos trece meses consecutivos de superávit comercial, por lo que no les hizo falta generar dólares extra para pagar nuestras importaciones. Y nuestro déficit de cuenta corriente, que tantos problemas nos había generado, hacia diciembre de 2019 había casi desaparecido.

Todo esto, entonces, que teníamos en diciembre de 2019 y no teníamos cuatro años antes —reservas, superávit comercial, equilibrio fiscal, equilibrio externo, dólar competitivo, energía recuperada, menos gasto y menos impuestos—, eran cimientos importantes para una economía sólida que quiere crecer. Coincido en que estos cimientos eran difíciles de ver para los argentinos y que muchos podían preguntarse qué importaba todo eso si los salarios no mejoraban. Es cierto, y fue una gran frustración para mí que haya sido así. Pero también es cierto que todas estas condiciones son indispensables para crecer y tener más trabajo y mejores salarios. Sobre estas bases y una macroeconomía ordenada, el talento, la innovación y el espíritu emprendedor de los argentinos habrían brillado. Los argentinos saben cómo crecer, cómo producir: lo único que necesitan es un Estado que no los estafe.

Lamento no haber podido ofrecer mejores resultados. Nos chocamos contra la misma piedra de tantas décadas en la vida de los argentinos: el dólar. Con cada suba del dólar venían después una mayor inflación y más pobreza. Pero quiero dejar en claro que el esfuerzo no ha sido en vano. No perdimos cuatro años. Sólo cuando todos nos pongamos de acuerdo sobre cómo tener una moneda sana vamos a poder crecer y generar empleo. Eso es algo que aprendí en estos años. Los problemas principales de nuestra economía no puede solucionarlos un solo gobierno. Tenemos que hacerlo entre todos. Y yo me comprometo a hacer mi aporte en el futuro, desde el rol que me toque.

10

Dos pandemias

En marzo de 2020, unos días antes del comienzo de nuestra larguísima cuarentena, viajé a Guatemala para participar de un encuentro con otros expresidentes latinoamericanos. Ante el crecimiento de los casos de Covid-19, algunos países ya habían empezado a establecer las primeras medidas de aislamiento. En esos días estaba, al igual que todos, muy preocupado por la pandemia, de la que todavía se sabía poco, pero me intranquilizaba además el impacto que podría tener sobre la economía y la situación social de nuestro país.

En Guatemala, donde nos habíamos juntado para hablar de otros temas y nos vimos sorprendidos por el Covid-19, dije una frase que tuvo una fuerte repercusión: «El populismo es mucho más peligroso que el coronavirus». Casi un año después, sigo pensando lo mismo.

No es fácil encontrar una definición única de populismo. Todos sabemos qué encierra, pero cuesta definirlo, incluso a sus impulsores. El populismo puede disfrazarse detrás de cualquier ideología, pero su base es siempre la misma: la invocación de soluciones simples a problemas complejos, el desprecio por las normas establecidas de la democracia y la supuesta satisfacción del presente a costa de los problemas del futuro. El populista siempre se atribuye la representación de la Nación, la Patria y el Pueblo. Y, por ende, todos los que piensan diferente pasan a estar en contra de la Nación y ser enemigos de la Patria y el Pueblo. Este esquema tan simple ha causado y sigue causando muchísimo daño, comparable, a pesar de las muchísimas diferencias entre uno y otro, con el coronavirus. Los argentinos, que hemos atravesado décadas de populismo, sabemos bien de qué se trata.

En esas primeras semanas, el gobierno que me siguió adoptó una actitud moderada en su relación con la pandemia. Se rodeó de expertos, aplicó soluciones adoptadas en otros países y trabajó en conjunto con las provincias, sobre todo con la ciudad de Buenos Aires. Ese espíritu le duró poco. Poco después, a medida que los casos aumentaban y la sociedad empezaba a cansarse del aislamiento estricto, el oficialismo empezó a tomar decisiones que ya no estaban basadas en la evidencia, subestimó el impacto de la cuarentena en la economía y en el ánimo de la población y empezó a buscar enemigos donde no los había: se usaron ciudadanos como chivos expiatorios y se acusó de antidemocrático a cualquiera que osara esbozar una crítica a la estrategia contra el virus. Era la época de la intervención fallida a Vicentin, el proyecto fallido de reforma judicial y el manotazo presupuestario a Horacio, en la que confirmamos que el gobierno estaba dominado por el kirchnerismo. Cuanto más populista se hacía en sus medidas económicas y políticas, más populista se volvía en su estrategia sanitaria.

Como siempre sucede, el populismo colocó todas las responsabilidades fuera de sí mismo. Ante cualquier mala noticia, sobre la situación sanitaria o social, la culpa había sido de la pandemia o de los ciudadanos o mía, pero nunca de las decisiones tomadas por ellos mismos, a pesar de que muchas de esas decisiones —como la pérdida del año escolar presencial, el congelamiento extendido de la economía o las repetidas promesas incumplidas sobre cuándo iba a llegar el pico de casos— fueron responsabilidad absoluta de las autoridades nacionales y provinciales.

El problema, por supuesto, era que, más allá de los discursos altisonantes, los problemas seguían estando ahí. Como ingeniero aprendí que la solución de problemas complejos requiere una mirada compleja. No alcanza con repetir que se prioriza la salud. Eso no hace que la economía, la pobreza, la inflación, el déficit, la deuda o el dólar dejen de existir. Siguen ahí y agravados por el impulso populista. La «maquinita» de imprimir billetes sólo hace eso, imprime rectángulos de papel, no imprime riqueza o prosperidad. Es apenas un recurso que, más temprano que tarde, termina chocando de frente con la realidad, esa misma realidad que el populismo se obstina en ignorar.

Muchos me preguntaron durante los meses de cuarentena cómo habría sido atravesar la pandemia durante nuestro gobierno. Es difícil pensar de manera contrafáctica, es decir, qué habría pasado si no hubiera pasado lo que pasó. Pero tengo algunas certezas: nunca habría hecho comparaciones ofensivas, innecesarias y con datos equivocados de otros países del mundo que intentaban hacer las cosas lo mejor posible ante una crisis inesperada. Y nunca les habría impedido a los argentinos que se encontraban en el exterior volver a nuestro país.

Pero lo más importante de todo es que habría apostado por la responsabilidad de los ciudadanos. Habría apelado a la cooperación para tomar todas las medidas necesarias para garantizar una mejor acción frente al virus. Habría depositado mi confianza en la libertad, porque estoy convencido de que, desde ahí, todos iban a ayudar a salir adelante, cumpliendo con la distancia social y las medidas sanitarias y de protección recíproca necesarias. Nunca, por ejemplo, les habría impedido salir a caminar o a correr o a tomar sol, porque no sólo son actividades de bajísimo riesgo de contagio (y esto se sabía casi desde el principio), sino porque además son importantes para mantener otros aspectos de la salud física y mental.

La libertad no es algo que se otorga, sino algo que se respeta. Creo que tendríamos que haber evitado llevar a la sociedad a vivir en un estado policial, respetando y garantizando su libertad. Desde esta base, habría buscado el equilibrio necesario entre la prevención sanitaria del coronavirus y el funcionamiento del sistema de salud para que cuide la salud física y mental de la gente sin descuidar los puestos de trabajo actuales y futuros.

Haber puesto al sistema de salud durante un período tan extenso en función exclusiva del impacto del coronavirus podrá terminar ocasionando un número enorme de muertes entre quienes presentan problemas cardíacos y oncológicos, y otras patologías, quienes debieron ser desatendidos a causa de la cuarentena obligatoria.

La irrupción de un nuevo virus y las causas de la pandemia son algo que escapa a nuestras posibilidades de acción. Los científicos buscan sus explicaciones en la naturaleza mientras que los religiosos las atribuyen a una decisión de Dios. Pero la cuarentena es algo que deciden los seres humanos y, antes que nadie, quienes tienen responsabilidades políticas concretas. Jamás puede ser bueno haber tenido una de las cuarentenas más largas del mundo. Cada vez que hemos intentado batir un récord de este tipo, ya sea el más largo o el más corto, el más grande o el más chico, los efectos se han vuelto en contra de nosotros.

Podría haberme tocado a mí. Y hubiera escuchado no sólo las voces de los infectólogos. También hubiera escuchado a los médicos clínicos, a los economistas, a los empresarios, a los trabajadores, a los que tienen ideas diferentes de las mías. Habría procurado elaborar una estrategia que fuera más allá de las dos semanas siguientes. La razón es muy simple: cuando el coronavirus haya pasado y sea un recuerdo, nos quedarán fábricas, talleres y pequeñas empresas quebradas o diezmadas en su capacidad productiva y con serias dificultades para sobrevivir. Nos quedarán, además, cifras récord de pobreza y otros problemas sociales, con millones de argentinos habiendo retrocedido varios años en sus objetivos de ahorro y crecimiento. Mirar más allá del corto plazo es una de las tareas primordiales de un presidente. No todos lo hacen. No siempre reditúa en las encuestas. Pero siempre es la verdadera obligación de un líder.

A través de mi amigo Mario Vargas Llosa, incansable promotor del ideario liberal, recibí un documento que expresaba muchas de mis ideas acerca de los peligros que encierran los gobiernos populistas cuando se enamoran de la autoridad. El texto hacía mención a la situación que habíamos comenzado a vivir en aquellas semanas: «En España y la Argentina, dirigentes con un marcado sesgo ideológico pretenden utilizar las duras circunstancias para acaparar prerrogativas políticas y económicas que en otro contexto la ciudadanía rechazaría resueltamente».

La carta afirmaba algunos hechos que lamentablemente se confirmaron con el correr de las semanas: «A ambos lados del Atlántico resurgen el estatismo, el intervencionismo y el populismo con un ímpetu que hace pensar en un cambio de modelo alejado de la democracia liberal y la economía de mercado».

El tiempo hizo realidad esos pronósticos, al menos en lo que respecta a nuestra Argentina. Desde la fantasía de estatizar empresas y limitar la propiedad privada hasta la ilusión de intentar controlarlo todo. Todas las alertas en materia de cuidado y control del funcionamiento de nuestras instituciones resultan imprescindibles siempre, y sobre todo en momentos de emergencia.

La ilusión de la emisión infinita, el déficit fuera de control y la vulnerabilidad financiera con el mundo tienen un costo. Todos lo sabemos. Y quienes gobiernan también lo saben. Como bien decía el texto que acompañé con mi firma: «Queremos manifestar enérgicamente que esta crisis no debe ser enfrentada sacrificando los derechos y libertades que ha costado mucho conseguir». Para que no le queden dudas a nadie.

Los meses inmediatos al final de mi mandato me darían la razón. Hay toda una concepción cultural detrás de algunas ideas que se vieron en el transcurso de nuestra cuarentena eterna. La cuestión de los miles de presos liberados con la excusa de la pandemia fue la principal. La más grave y la más dolorosa. Tal vez la que más claramente muestre la diferencia de ideas que nos separa.

No es mi rol el de ser un comentarista de la realidad. Para eso están los periodistas y los analistas políticos. Lo que busco es advertir que los principios básicos de nuestra convivencia no pueden ser puestos en peligro con ningún argumento. Se trata de nuestro acuerdo democrático y constitucional. La república debe funcionar siempre a pleno, sobre todo en las situaciones más difíciles. No se puede gobernar en un estado eterno de emergencia, ni sanitaria de ningún tipo. Y mucho menos podemos aceptar que se improvisen reformas institucionales en el contexto de la emergencia, a las apuradas y sin el debate imprescindible en una sociedad democrática y libre.

Al mismo tiempo, la pandemia no lo explica todo. Los tres meses anteriores al inicio de la cuarentena ya habían mostrado una voluntad política dirigida a agravar los problemas en lugar de resolverlos. En muy poco tiempo el nuevo gobierno decidió arrasar con muchos de los logros de los argentinos en el período anterior. Los esfuerzos por controlar el gasto público y el déficit fiscal quedaron en el camino, al igual que el cálculo de los haberes jubilatorios, lo que generó un enorme daño al bolsillo de nuestros mayores. Se pusieron en duda políticas aplaudidas internacionalmente como la transparencia en los procesos de compras y licitaciones en el Estado, la mayor competencia en el mercado aerocomercial (que incluyó el doloroso cierre del aeropuerto de El Palomar, desde el cual tantos argentinos habían volado por primera vez) y las empresas de formato simplificado, entre otras medidas.

El gobierno planteó una opción falsa: «Entre la economía y la vida, elegimos la vida», repitió Alberto Fernández. Pero no era una opción real, sino un modo de decirnos a los argentinos que el gobierno carecía de un plan de contingencia para hacer frente al impacto de la cuarentena en las vidas y los trabajos de millones de compatriotas. La economía es una parte indivisible de la vida. Al presentarlos como si fueran conceptos opuestos, los argentinos fuimos empujados a la incertidumbre de lo que fuera ocurriendo con el recorrido de la infección. Así, por su propia negligencia e incapacidad, el gobierno nos fue dejando más débiles, más frágiles y más vulnerables. Nuestra economía sufrió una caída similar a la de 2002, pero no por no haber sido elegida sino por haber sido dejada de lado. Por eso digo que, más allá de las discusiones teóricas sobre cuál debió haber sido la estrategia contra el coronavirus, lo que importan son los resultados. Y los resultados fueron malos. Un informe publicado a principios de 2021 por el Foro Económico Mundial mostraba a la Argentina como uno de los tres países donde más cayó la economía en 2020 y uno de los seis con más muertes por Covid-19 por millón de habitantes (hasta noviembre).

El mismo retroceso que presenciamos en la economía lo vivimos en la política internacional. En uno de los momentos más delicados de que tengamos memoria, el gobierno argentino generó cortocircuitos con innumerables países hermanos y amigos. Como siempre, el populismo necesita hacerse fuerte frente a un mundo al que no comprende. La secuencia de peleas, entredichos, discusiones y cortocircuitos alcanzó a Chile, Uruguay, Brasil, Bolivia, Paraguay y toda la Unión Europea. Destratamos a los Estados Unidos y el gobierno decidió alejarse del mundo al sostener su vínculo ambiguo con la dictadura venezolana. Hasta tuvimos una discusión innecesaria con Suecia acerca de su estrategia contra la pandemia.

Durante más de medio año, guardé silencio. Sabía de lo delicada de la situación y nada más alejado de mí que querer dañar a un gobierno nuevo con las mismas herramientas que habían usado en mi contra siendo opositores. Mi responsabilidad institucional como expresidente hizo que no contribuyese a agravar la enorme debilidad de un presidente gobernado por su vicepresidenta. Comencé a expresar estas diferencias de opiniones después de un tiempo prudencial, y al ver cómo el oficialismo insistía en culpar de todos sus males a la gestión de Cambiemos y atacaba a las provincias opositoras, especialmente a la ciudad de Buenos Aires, a medida que la cantidad de muertos y contagios iba en aumento.

Y, sobre todo, cuando quedó claro que no habían vuelto mejores. En el momento del cambio de mando, muchos analistas, empresarios y dirigentes políticos tuvieron la esperanza de que Alberto Fernández lograra imponer sus instintos moderados por sobre la radicalización y la sed de venganza de sus aliados kirchneristas. Yo siempre tuve mis dudas, tanto respecto de la fortaleza como de la vocación de Fernández para lograr ese objetivo. A medida que avanzó el año, aquella esperanza inicial se desvaneció, especialmente entre los hombres de negocios, pero también entre los políticos y los periodistas que habían apostado por una conducción más dominada por los gobernadores que por la vicepresidenta.

En aquellos primeros meses entendí y apoyé a los dirigentes de Juntos por el Cambio que buscaron explorar caminos de diálogo y acuerdo con el gobierno, sobre todo a partir de la pandemia. Era una situación muy particular que requería un esfuerzo conjunto de los dirigentes con responsabilidades de gobierno. Lamentablemente el tiempo reafirmó que el kirchnerismo no cree en el diálogo y que el peronismo está completamente sometido por los deseos y las ambiciones del Instituto Patria y La Cámpora. Los líderes más radicalizados de la coalición oficialista siguen creyendo, aun para los problemas más complejos, en soluciones arbitrarias, improvisadas, anticapitalistas y generalmente con un sesgo no democrático y no institucionalista. Reclamaban una oposición responsable mientras intentaban expropiar a Vicentin, soltaban presos condenados por delitos violentos, atacaban sin fundamento al procurador general de la Nación, buscaban trasladar jueces que investigaban la corrupción kirchnerista, justificaban o alentaban las tomas de tierras en todo el país y modificaban por decreto (para empeorarlo) el mercado de las telecomunicaciones, que tanto había progresado durante mi gestión gracias a un marco regulatorio claro, la colaboración entre el Estado y las empresas (sobre todo pymes) y la inversión del sector privado.

Por último, en este balance rápido del primer año de la gestión del Frente de Todos, quiero mencionar la tozudez y la crueldad del oficialismo en su relación con la educación. Mantuvieron encerrados a nuestros chicos durante muchos más meses que los necesarios, apoyándose únicamente en el poder político de los gremios docentes (que a su vez tenían y tienen una enorme influencia en la política educativa del gobierno), a pesar de los estudios y las recomendaciones internacionales, que con toda claridad empezaron a decir que las escuelas debían ser lo último en cerrarse y lo primero en abrirse. Las conclusiones de la OMS, Unicef y los análisis de otros países, donde se mostraba que el contagio en las escuelas era prácticamente inexistente, caían en oídos sordos. En lugar de escuchar a los padres de las familias, que finalmente pudieron organizarse y tener una voz en el debate, el gobierno insistía en negarse a discutir el regreso a las aulas, a pesar del daño que el encierro había generado en los niños y especialmente en los más pobres, que no tuvieron la conexión a internet ni la contención de su entorno para seguir de cerca los contenidos de la escuela. Cuando escribo esto, el gobierno parece haber cedido en algunos de estos puntos, y dice estar dispuesto a permitir el inicio de clases. Veremos cómo sigue, pero el daño infligido en 2020 a esta generación de niños no lo resarciremos jamás.

En definitiva, fue un año muy difícil para todos, en el que sufrimos los efectos de la pandemia y la cuarentena, pero que también —quiero decir— cerró con esperanza. Sé que suena raro decirlo, porque para muchos es difícil ver cómo pueden mejorar las cosas, pero a mí me dio esperanza ver que los argentinos nos dimos cuenta de que queremos vivir en paz, con respeto, con trabajo y libertad, sin mentiras ni atropellos, y que estamos dispuestos a luchar por ese país que queremos.

Fue un año en el que perdimos muchas cosas, pero lo que no se perdió —es más, está más fuerte que nunca— es la convicción de los argentinos de que queremos vivir en libertad, que se respeten la ley y nuestros derechos. Un aprendizaje que nos dejó el frustrante 2020 es que el rumbo a retomar es el del trabajo y la verdad. Nunca más al pobrismo, la mentira y el atropello. El velorio de Diego Maradona —caótico, desorganizado y finalmente irrespetuoso para la memoria de uno de nuestros mayores ídolos— fue una muestra de lo que estamos listos a dejar atrás.

Conozco las responsabilidades de gobernar y conozco el desafío de hacer una oposición constructiva y responsable. Y también sé que hay valores que deben ser defendidos cuando son amenazados. Estas páginas son mi manera de aportar a hacer mejor nuestra democracia. Una manera alternativa y diferente de pensar frente a la perspectiva populista, que una vez más nos vuelve a empantanar.

Sé que estas ideas no son de mi propiedad. Al contrario, le pertenecen a millones de argentinos que han atravesado este año sintiendo que su gobierno los había abandonado. Quiero abrazarlos a cada uno y a cada una. Estoy y estuve siempre. En las buenas y en las malas. Y estoy seguro de que juntos vamos a vencer a las dos pandemias: la del coronavirus y la del populismo.

11

Todo está en la gente

Siempre pensé la Argentina a partir de los millones de hombres y mujeres que todos los días se levantan para trabajar y producir. A pesar de todos los obstáculos, a pesar de todos los gobiernos, a pesar de todas las situaciones difíciles, en cada uno de ellos existe siempre una historia de esperanza y compromiso con salir adelante. En ser un poquito mejores cada día. En el valor del esfuerzo. Pude encontrarme y conocer a muchísimos de estos argentinos anónimos, que no aparecen en los diarios pero que son los que hacen el país día a día. En cada viaje, cada recorrida, cada timbreo, siempre pedía que me dejaran un rato libre para poder conversar con alguien fuera de todo protocolo.

Lo peor que le puede pasar a un líder es alejarse de la gente. Los despachos, la custodia, las cuestiones de seguridad, el traje, el atril, las cámaras y los micrófonos te pueden alejar y hacerte perder las referencias entre lo urgente y lo importante. El mejor antídoto no son las encuestas ni los *focus groups* sino sentarse a conversar y, sobre todo, escuchar. Lo he hecho desde los tiempos como jefe de Gobierno en la ciudad de Buenos Aires y lo profundicé a lo largo de mi mandato como presidente.

Es cierto aquello de «la soledad del poder». Hay momentos en que estás solo. El liderazgo viene con la exigencia de cumplir con un sentido de responsabilidad. Y para eso tenés que tener una conformación interior en la que el poder no puede ser un juego ni una herramienta de satisfacción personal.

Estos encuentros con personas que habían confiado en el Cambio fueron mi radar, mi brújula y mi mapa. La vida real no sale en la tele ni circula por las redes. No suele estar presente en las cenas protocolares ni en las reuniones políticas. La vida real está en cada historia, en cada casa, en esos intercambios que tanto bien me hicieron en todos los momentos.

Para todos era una sorpresa que el presidente de la Nación llamara por teléfono o golpeara las puertas de una casa de familia con un paquete de facturas en las manos. O que invitara a personas que me habían escrito por las redes a conversar a Olivos o a la Casa Rosada. No debiera haber sorprendido a nadie. Se trata de algo que tendría que ser normal y habitual. Yo necesitaba esos encuentros más que ninguno. Quién mejor que el ciudadano de a pie, esos argentinos que lo dejan todo por el proyecto de sus familias, por su trabajo, por su emprendimiento, para contarme cómo sentían el país, cómo veían al gobierno, cuáles eran sus miedos y cuáles sus esperanzas.

Miles de personas me han escrito en estos años y he podido llamar o encontrarme «mano a mano» con unos pocos cientos. Quisiera mencionarlos a todos pero tendría que dedicar un libro entero sólo para dejar testimonio de la importancia que tuvieron cada uno de esos mensajes para mí. Fueron el apoyo que me sostuvo en las malas y la posibilidad de compartir un sueño en las buenas. Son miles de historias que se fueron hilvanando en un diálogo franco y sincero, que me hicieron mejor y que mantengo aún hoy, mientras escribo esto, bajo los límites de una cuarentena que parece haberse eternizado.

A los pocos días de asumir el cargo, llegó una carta desde Cuatro Esquinas, en la provincia de Santa Fe. En ese tiempo todavía me estaba organizando para poder procesar el volumen enorme de correspondencia, mensajes y redes. Apenas acabábamos de empezar cuando leí la carta de Alfredo Farías. Alfredo me conmovió. Me contaba que todos los días, invierno y verano, se levantaban a las 3 de la madrugada junto con Mónica, su mujer, en una pequeña casa de madera que construyeron juntos, para abrir su puesto de venta de pastelitos, bolas de fraile y tortas asadas a la parrilla al costado de la ruta 178, cerca de Rosario. Junto a su carta había un billete de 100 pesos. «Soy un argentino simple y trabajador pero con mucha esperanza y fe de que Ud. va a sacar el país adelante, pero lamento mucho el collar de adoquines que le dejaron […] Señor Presidente, mi intención es decirle que no se preocupe, usted va a sacar el país a florecer. Usted va a ser el orgullo de cada habitante, ese es mi deseo. Y muchos de nosotros lo vamos a ayudar. Por tal situación del país, acepte estos $100. Porque con un poquito de cada uno juntaremos mucho […] y apenas Mónica y yo podamos le enviaremos más».

De inmediato pedí hablar con Alfredo. Quería agradecerle su gesto y sus palabras. Hablamos del país. Me contó de su curiosidad por las mariposas y hablamos de los hijos, y de la colaboración que realizan con Mónica en una villa del Gran Rosario llevando alimentos enlatados a quienes los necesitan. ¿Por qué lo hacían? No tengo una teoría o una ideología para esto. Se trata simplemente de saber que todo empieza y termina en las personas.

Unas semanas después, aprovechando un viaje a Rosario, lo visité en su puesto al costado de la ruta y compartimos unos mates. Nos emocionamos los tres y nos despedimos con un fuerte abrazo. Nadie podía suponer que, unas horas más tarde, Alfredo sería víctima de un cobarde ataque, en el que fueron golpeados él y Mónica y en el que destruyeron su puesto y su parrilla. ¿La causa? Haberse encontrado con el presidente de la Nación. Este hecho fue un indicador directo del nivel de odio que anida en algunos sectores de nuestra sociedad. El odio enceguece y daña al que odia más que a ningún otro, como ya he afirmado. Los argentinos aún tenemos que ser más fuertes que el odio y aprender a convivir mejor con nuestras diferencias.

A mediados de 2016 recibí otro mensaje de Santa Fe. Nahuel, de 16 años y «bostero a muerte», como él mismo se definió, tenía que hacer un trabajo práctico para el colegio: «Hola señor Presidente me llamo Nahuel y quería pedirle si pudiéramos tener una entrevista. Tengo un trabajo práctico en la escuela y me dijeron que eligiera a una persona como ejemplo y me parece que usted sería un muy buen ejemplo para demostrar que a pesar de que se digan muchas cosas malas para que uno se baje, con valor y honradez se puede llegar a las metas que uno se propone. Yo soy un chico de bajos recursos. Vivo en una villa, muy pocas veces salí de Rosario y tengo la fe y perseverancia que se debe tener para demostrar que a pesar de no tener las posibilidades de una persona de clase alta llegaré a mis metas y cumpliré mis sueños de ayudar a mi familia. Sé que usted es una de las personas más importantes de Argentina y muchos quieren hablar con usted y hacerle preguntas. Tal vez ni siquiera lea esto pero al menos hice el intento y con eso me voy a quedar desde ya muchas gracias». Por supuesto, le respondí su cuestionario. La Argentina real se hace también con los chicos como Nahuel, que cree que «el país necesita ingenieros y necesita que los chicos estudien». Yo pienso igual que él.

¡Son tantas las historias como la de Nahuel! De cada viaje por nuestras provincias pude traer historias que siempre tenían una lección. Como el caso de Irene y Gloria Herrera en la ciudad de San Juan, haciendo lo imposible por hacer crecer su fábrica de alpargatas. Durante años habían trabajado en negro en otra fábrica y habían pasado a generar trabajo para otras quince mujeres de su barrio. Ellas no hicieron más que ratificar toda la verdad que contiene nuestro grito: «¡Se puede!».

Como ingeniero, tengo una verdadera obsesión por las obras. La realización de cada obra es el resultado de una larga cadena de trabajo: la que va desde quienes la diseñan y la planifican hasta las manos de los que la hacen realidad. David Tejerina es una de esas personas que están con el casco, manejando la «locomotora», el vehículo que sirve para desplazar grandes cantidades de tierra. Conocerlo fue otro privilegio. Recuerdo que conocí a David por casualidad en la inauguración del conector de la ruta 5 en Luján, donde había trabajado. Ahí me contó que también había participado de la construcción de otras dos obras de las que me siento muy orgulloso: el Metrobús de la avenida 9 de Julio y el gigantesco trabajo que llevamos adelante en el arroyo Maldonado. Esa obra invisible desde la superficie, pero que hizo que nunca más se inunden los barrios de Palermo y Belgrano. Ese día nos quedamos con las ganas de conversar y un tiempo después acordamos un encuentro con David en su casa, en Moreno. David es jujeño, el quinto de ocho hermanos. A los 15 quince años y tras la muerte de su padre, David tuvo que dejar los estudios para comenzar a trabajar. Como tantos argentinos desde hace tantos años, vino a Buenos Aires en 2001. David me dijo que «hay que tener paciencia». Y que él había visto con sus propios ojos y había puesto sus brazos para lo que habíamos hecho en la ciudad de Buenos Aires y que tenía la esperanza de que eso pudiera llevarse a todo el país. La misma esperanza que, pese a todo lo que vivimos, permanece intacta en mí.

La Argentina real está también en Cielo Patat, de Colonia Avellaneda, Entre Ríos. Su historia resume una de las peleas que dimos desde el gobierno: la de lograr una verdadera igualdad entre hombres y mujeres en nuestro país. Cielo maneja un camión de la empresa de transporte que fundó su padre. Su mensaje me llegó por Facebook: «Porque nosotras le decimos SÍ A LA IGUALDAD DE GÉNERO sentadas atrás de un volante manejando camiones… Porque decimos NO A LOS PAROS con la esperanza de sacar nuestra Argentina adelante trabajando… Porque somos muchas las que recorremos día a día nuestras rutas… Porque decimos SÍ, SE PUEDE!! Fuerza!! Vivimos a 10 kilómetros de Paraná. Y estamos en pie para sacar a nuestro país adelante!!!».

Cada encuentro fue parte de mi propio aprendizaje. Aún hoy recuerdo la perplejidad de Beto y sus comensales en Cañuelas cuando, tras visitar el puesto de chacinados de Silvia y Javier, los tres llegamos caminando a la hora del almuerzo a su parrilla un mediodía frío de julio de 2017. O cuando visité a Mabel Díaz en Selva, Santiago del Estero, una pequeña localidad de 2500 habitantes donde aún falta casi todo, y que nunca había recibido la visita de ningún presidente ni de ningún gobernador de su provincia. Cómo olvidar a Lucas Recalde que, junto con un grupo de emprendedores desde Agua de Oro, en la provincia de Córdoba, me contó sobre la fabricación de viviendas construidas con botellas de plástico extraídas de la basura. Le terminamos pidiendo que hiciera un espacio de usos múltiples para la Quinta de Olivos, donde tuvimos muchas reuniones durante los últimos meses de la gestión. De la misma manera me impactó el ingenio para salir adelante de Enrique Espeche, quien en El Manantial, en la provincia de Tucumán, me contó su proyecto de convertir su heladería en la que más gustos y sabores ofreciera en el país, ¡llegando a las 150 variedades! Y haciendo de la elaboración y la venta de helados un atractivo turístico único. Enrique y su hermano dirigen el emprendimiento familiar en el que van experimentando para lograr los sabores más insólitos. La última novedad, que probé y no estaba nada mal, era el helado de humo. Sí, de humo.

Nunca voy a olvidarme del ejemplo de vida de Julio Torcello, con el que festejamos juntos nuestros cumpleaños en 2018. Ese 8 de febrero yo cumplí 59, pero Julio cumplió los 100 y me contó la historia del siglo XX desde el punto de vista de quien lo ha visto todo.

Existe una verdadera pasión argentina por crear, emprender y producir. Y yo estoy absolutamente convencido de que esa pasión es más fuerte que su contracara, la recurrente vuelta atrás, buscando probar una y otra vez las mismas recetas que nos llevaron al estancamiento. Mientras una parte de la política estaba ocupada por las elecciones de medio término, en octubre de 2017, recibí una carta más desde ese país real. Desde Castelar me escribió un muchacho de 19 años llamado Valentino Romano. Había pasado tan sólo un mes desde la muerte de su papá, propietario del aserradero que había fundado su abuelo. Su carta contenía una pregunta que me llegó al corazón: «Quiero preguntarle si vale la pena. Si vale la pena desvelarse con problemas, ser el único de la empresa que, si se enferma, trabaja igual, correr a cubrir el banco, postergar mis estudios, hacerle frente a la industria del juicio, quedarme una hora y media después del cierre para controlar, soportar presiones sindicales, municipales, provinciales, nacionales y no tener tiempo para tomarme un café con un amigo a tan temprana edad. Quiero saber si vale la pena que esta vez la apuesta la haga yo por mi país, en el momento más difícil para mí, que me encuentro a cargo del barco, sin su verdadero capitán, que tanto tenía aún para enseñarme. Y más, en el rubro de la construcción, que usted sabe que es uno de los más complicados…». Soy un optimista incurable y estoy convencido de que siempre vale la pena. Sé que puede ser difícil y que a veces uno siente que lucha solo contra todo. Continué en contacto con Valentino tras la carta. Tiempo después fue asaltado con violencia y volvimos a hablar por teléfono. Un día lo invité a almorzar a Olivos junto con su familia. Quería mostrarle que en la vida siempre vale la pena seguir peleándola. Siempre.

La carta de Santiago Ranciari y la conversación que tuvimos cuando lo llamé para agradecerle sus líneas también me marcaron en un momento muy complicado de nuestra gestión. En los primeros meses de 2018 empezaban a escucharse los ruidos sordos de los problemas de nuestra economía. Y Santiago —un PPP, según su propia definición: padre de familia, productor ganadero y payaso— me escribió desde Pehuajó: «…Usted está en ese camino, el de inculcarnos a todos que HAY ESPERANZA y siento que irremediablemente el camino es ser solidarios unos con otros, puedo entenderlo, Señor Presidente, usted ve tres años adelante, no hoy. ¡Ánimo, Señor Mauricio!, yo empecé con mi esposa cuidando mis vaquitas, día y noche para aprovechar las amplias banquinas a la vera de los caminos, donde hay pasto que nadie aprovecha. Hoy de eso hace 12 años y me siento orgulloso de haber perseverado, hoy tenemos nuestras propias madres fruto de esperar con paciencia y TRABAJAR TODOS LOS DÍAS. ¡Por último, quiero decirle que rezo por usted y le pido a Dios lo bendiga siempre!… ¡Ánimo, así como va, SE PUEDE! Un abrazo y ojalá pueda conversar con usted. ÁNIMO, Señor Presidente».

Por momentos tengo la impresión de que la gente tiene un radar muy especial que nos permite conectarnos más allá de las palabras. A los pocos días de recibir la carta lo llamé a Santiago. Y me dijo una frase que sintetizaba todas mis percepciones sobre el país y sus dirigentes: «Cuando en el campo se encaja un carro, todos los vecinos ayudan para sacarlo». Parece increíble cómo hay personas que saben por dónde pasa la solución de nuestros problemas y lo pueden expresar de un modo tan simple y tan claro. Usé la frase de Santiago en muchos discursos porque me pareció una metáfora perfecta de lo que nos pasa: si se queda el carro, no hay más remedio que empujar todos juntos para el mismo lado. Unos días después me encontré con Santiago y su mujer en persona durante una visita a la Casa Rosada. Y del despacho nos fuimos juntos en auto hasta la Casa Garrahan, donde Santiago demostró sus dotes como payaso e hizo reír a los niños internados allí, enseñándonos a todos que aun en las dificultades más extremas, la alegría y la risa siguen siendo una posibilidad y una ayuda importantísima.

La creación de nuevas áreas protegidas de naturaleza fue uno de nuestros grandes logros. En los cuatro años de mandato inauguramos seis parques nacionales, una reserva natural y dos áreas marinas protegidas. Y uno de mis parques nacionales favoritos es el de los Esteros del Iberá. Allí fui en junio de 2018 a conocer a Jorge Cabrera, en Colonia Carlos Pellegrini, provincia de Corrientes.

Era un momento de muchísima tensión, como todos los que sobrevinieron a la devaluación de abril de ese año. Mientras recorría los esteros junto con Jorge en su lancha descubrí que mi celular se había quedado sin señal, justo en un momento en que el dólar subía y nada parecía poder frenarlo. Los 20 minutos en que permanecí incomunicado fueron muy difíciles: el contraste era duro entre la belleza deslumbrante del paisaje, las historias que Jorge me contaba de su larga experiencia como guía del lugar, su conocimiento de la naturaleza y mi preocupación absoluta por lo que estaba pasando en los mercados financieros. Fue un momento irreal, en el que mi mente estaba en un lugar y mi cuerpo en otro. Pasado el trance, me reencontré con el valor del dólar tras esos minutos en que todo era el murmullo del agua y los sonidos de la increíble variedad de aves de la zona.

«Mirá si algún día viene para acá», le dijo Ramiro a su mamá, Silvia Madueño, un día de 2018. Juntos tienen una pizzería en La Plata atendida por personas con síndrome de Down. Cuando leí en mi Facebook su proyecto, nacido del propio Ramiro, de 19 años y que también tiene el mismo síndrome, supe que iría. «Un Lugar Especial» se llama la pizzería. Y vaya si lo es. Allí busca desarrollar su capacidad como cocinero y emprendedor, dándoles la oportunidad a otros chicos de integrarse a través del trabajo. Allí Ramiro me contó que al principio los clientes eran sólo amigos, pero con el tiempo la voz se fue corriendo y ese «lugar especial» comenzó a recibir público de todos los barrios.

Así como Ramiro nos decía con su ejemplo que Sí, que Se Puede, Leando Paniagua me enseñó lo mismo. Yo había llegado hasta las Cataratas del Iguazú para participar de la inauguración de un nuevo hotel internacional. El turismo es otra de mis obsesiones. Más recorro nuestra querida Argentina y más y más lugares se vuelven oportunidades para que los argentinos y los viajeros de todo el mundo las puedan descubrir. Ese día caluroso de diciembre de 2018 me fui a caminar con Leandro, los dos solos, por las pasarelas de ese lugar majestuoso e imponente que nos regaló la naturaleza. Todo en Leandro era fruto de su esfuerzo y de la búsqueda permanente por salir adelante. Leandro me quedó grabado, su felicidad por poder trabajar en su tierra, sus ganas de aprender, su cultura férrea del trabajo.

Lo que aprendí

Durante la presidencia aprendí que mi estado de salud había dejado de ser un hecho privado y ahora era un tema sobre el que todos tenían derecho a opinar. Si bien siempre me cuidé, hice y sigo haciendo mucho deporte y estoy bien físicamente, tuve mis episodios. Desde aquel accidente en el que me clavé la punta de un banco en Los Abrojos y me rompí una costilla cuando apenas empezábamos la gestión supe que mi salud había dejado de ser sólo mía. No faltaron las interpretaciones de aquella caída y hubo quienes decían que era producto de somatizar el estrés de la presidencia. Y yo, dolorido, me decía: «¿qué voy a estar somatizando?». Sólo pasó que me caí.

«Tengo el corazón que me galopa desde hace dos horas», le dije al médico el 2 de junio de 2016 en Olivos. «¿Usted siempre tiene arritmia?», me respondió después de revisarme. Yo no sabía ni siquiera qué cosa era una arritmia. Pero sí sabía que había estado negándolo toda la tarde. No había terminado de hablar y él ya estaba llamando al jefe de los cardiólogos para tratarlo de manera urgente. Recuerdo que le dije que me esperara porque tenía una reunión y que después seguiríamos. Se trataba de un encuentro con algunos periodistas. Y uno de ellos me pregunta, para mi sorpresa absoluta, si me iba a internar en la Clínica Maipú, cerca de la Quinta. No sabía de qué me estaban hablando. «Es imposible que me interne en ningún lado porque estoy acá con ustedes», le respondí. Una vez finalizada la reunión, el médico me dice: «Vamos a la clínica. Lo vamos a tener que dormir». Ahí supe que desde la clínica se había filtrado la información de que me internaría… ¡aun antes de que yo mismo lo supiera!

Hay momentos en que la presidencia de nuestro país parece exigir que uno se convierta en un superhéroe o en un mago. Y yo, como dije muchas veces, no soy David Copperfield. La supervivencia cotidiana en nuestro caos corporativo y mafioso, que tiene algo de anómico y anárquico, es muy compleja. He observado a presidentes de países con instituciones sólidas y me imaginaba cómo sería de diferente poder tener la oportunidad de hacer sin tener que lidiar con esa cosa tan combativa desde el día cero que nos tocó a nosotros.

Las instituciones enmarcan el funcionamiento de la sociedad y la hacen más previsible. La debilidad de las instituciones, por su parte, genera una enorme tensión porque los actores parecen buscar el límite. Estoy convencido de que contar con instituciones más sólidas va a aliviar nuestra convivencia generando un respeto distinto entre todos.

Una noche a finales de 2013 fui a comer a lo de Guillermo Cóppola junto a un grupo de amigos del mundo del fútbol. Guillote me había invitado junto con el Coco Basile, el Bambino Veira y el periodista Beto Casella. El tema excluyente en aquel momento eran las próximas elecciones en River Plate. Aún era incierto si Daniel Passarella sería reelecto o si Rodolfo D'Onofrio obtendría los votos necesarios para quedarse con la presidencia del club. La situación económica y financiera de River era muy mala. Recuerdo que, cuando ya me estaba yendo, les dije a todos que no podía entender por qué alguien podía hacer tanto esfuerzo por ser presidente de una institución que todos sabíamos que estaba fundida y con innumerables problemas con sus barras bravas. Se hizo un silencio y el Coco Basile, con su voz sabia e inconfundible, me miró y me dijo: «¿Y vos, Mauricito? ¿Acaso no querés ser presidente de la Argentina, que está mucho más fundida que River?».

No supe qué contestarle al Coco y me quedé pensando en su frase unos instantes hasta olvidarla. Ya como presidente y en los momentos más difíciles, cuando tenía que sacar fuerzas de donde no sabía que las tenía, volví a recordarla varias veces. Y llegué a una respuesta: hay decisiones que uno toma desde el corazón y no desde la razón. La decisión de intentar cambiar las cosas en el lugar que uno ama es una que sólo puede tomarse desde el corazón. No admite cálculos. Va más allá de lo material. No se puede calcular el amor al país y a su gente como se calculan las distancias o las inversiones. Este amor es incondicional. Uno lo da y uno lo recibe sin pedir nada a cambio. Siempre es así.

Y al amor que me dieron con tanta generosidad millones de argentinos tengo que sumarle el de la familia y mis amigos. Sin todos ellos hubiese sido imposible realizar una tarea capaz de enloquecer a cualquiera. Fue clave mantener ese espacio íntimo y personal. Yo llegaba a casa y allí estaba Juliana invitándome a desconectar y a ingresar en su mundo. Un mundo diferente al del gobierno. Y con ello, dedicar algo de tiempo a compartirlo con ese regalo increíble que es Antonia y el enorme descubrimiento para mi vida que es Valentina. Ellas, junto con el apoyo que siempre recibí desde el anonimato responsable de mis tres hijos mayores, lograron que pudiéramos sentirnos como cualquier familia común. Ninguno de mis hijos utilizó jamás como una ventaja la condición de ser «hijos del Presidente» y eso me llena de orgullo. Mi hija mayor, cineasta, optó por no solicitar los subsidios y créditos del Incaa para la realización de su primer largometraje, cosa que hubiera podido hacer como cualquier ciudadano.

Si el equilibrio familiar y afectivo fue siempre algo fundamental para mí, lo mismo ocurre con mis amigos, quienes siguieron tratándome de la misma manera que siempre. Con los amigos no existen los cargos ni el protocolo ni entra la política. La amistad es horizontal y la disfrutamos jugando al tenis, al fútbol, al paddle o conversando, de igual a igual, como debe ser.

La política sí generó cambios en mi visión de la realidad. Me permitió entender más la situación de los demás, la vida del ciudadano común. Me hizo mirar la pobreza de frente. Me ayudó a ponerme en el lugar de los otros. Aprendí a comprender que detrás de cada persona hay un mundo, una vida, una historia, una necesidad, un desafío, una angustia, que buscan ser expresados.

Pero también aprendí que tengo mis límites. Cada día me despierto y me levanto dispuesto a dar lo que me toca dar y a recibir lo que me toque recibir. Y al mismo tiempo, a dejar en la tarea mi mejor esfuerzo para volver a empezar al día siguiente. Si voy más allá de mi límite, más allá de donde puedo, viene el colapso y uno se pierde, se abruma, se decepciona, se deprime. El ejercicio de cada día es encontrar el modo y el lugar para saber dar lo que hay que dar y saber recibir lo que a uno le toque.

Aprendí también que el poder puede ser alienante. Hay que tomar al poder con mucho cuidado. Con distancia y respeto y no dejar nunca que te obnubile. Y lo más importante, aprendí que el poder es siempre pasajero.

La vocación de servicio me llevó a lugares maravillosos. Mi compromiso con el futuro de todos no dejó de crecer. Viví la presidencia como un honor a partir del hecho de ser el representante de todos los argentinos. Y eso es muy diferente al alcance que tuve como jefe de Gobierno. En una ciudad, aun en una metrópolis como Buenos Aires, uno está más cerca de los problemas de la vida diaria de sus vecinos. Y esos problemas pueden ser resueltos de un modo directo y con medidas concretas. La Presidencia de la Nación, por su parte, me acercó más a los sueños, a los temas existenciales de los argentinos. Me hizo compenetrarme más con todos ellos y, paradójicamente, esto me volvió más vulnerable, más expuesto. Es por esta razón que tantas veces sentí que las emociones me superaban. Nunca dejé de ser yo mismo. Jamás resigné mi autenticidad. Nunca actué lo que no sentía. He crecido como persona, pero mi esencia sigue siendo la misma. De algún modo, me liberé a sentir.

Una faceta desconocida de mis encuentros en los mano a

mano y los timbreos fueron las reuniones con los «desencantados». Leyendo los mensajes que llegaban a mi cuenta de Facebook también aparecían los de aquellos que, habiendo votado a Cambiemos en 2015, sentían que el cambio prometido no llegaba y me lo hacían saber. Enojados, frustrados, desilusionados, los invitaba en grupos de cuatro o cinco para conversar un par de horas en Olivos o en la Casa Rosada. A veces había bronca y otras veces comprensión. Pero siempre estuvo la posibilidad del diálogo. Siempre pudimos hablar y escucharnos. La fuente estaba en la confianza, que para mí lo es todo. En el valor de la palabra.

Y esas personas, tal vez sin saberlo, fueron las que le dieron forma a la última gran hazaña: las marchas del #SíSePuede. Fue allí donde muchos que habían perdido la fe y la esperanza en el cambio notaron que, aun en medio de las dificultades, lo que estaba en juego era mucho más que un gobierno o un presidente. Era algo mucho más grande y trascendente, tal como se haría evidente después del 10 de diciembre de 2019. Pero eso es tema para otro capítulo.

12

La campaña que me transformó

Desde el 10 de diciembre de 2015 no habíamos tenido tregua. No tuvimos un solo día en que sintiéramos que podíamos relajarnos. El kirchnerismo jamás prestó la menor colaboración. Sabíamos desde el primer día que la reelección no estaba ganada y que la batalla sería de una intensidad enorme.

El año 2018 estuvo marcado por el final del crédito para nuestro país. Ya en 2019 el mundo político y financiero internacional sólo emitía mensajes de temor ante un posible regreso del kirchnerismo al gobierno. De poco había servido nuestro triunfo categórico en las elecciones de medio término. Las reformas estructurales que nuestro país necesitaba fueron diluyéndose por la reticencia de la oposición, la falta de mayorías en el Congreso y el desinterés de muchos que, pese a decir que teníamos razón, por miedo, falta de convicción o simple oportunismo no nos acompañaron.

No tengo dudas de que el cambio fue el mandato que recibimos de la mayoría de los argentinos. Hoy me queda más claro que todos nuestros votantes querían un cambio político después de 12 años de kirchnerismo. Pero no todos querían el cambio económico. Esto nos debilitó al impedirnos contar con la autoridad necesaria para emprender las reformas económicas estructurales que el país necesita.

De hecho, y pese a todas las piedras —en este caso litera-les—, pudimos avanzar con una modesta reforma previsional cu-yos efectos positivos se extinguieron con el cambio de gobierno. Fue otra de las tantas vueltas atrás que protagonizó el kirchne-rismo. Como si se tratara de una monarquía, el dedo del Poder Ejecutivo se volvió amo y señor de las jubilaciones. Me resulta increíble que los mismos que se rasgaron las vestiduras ante nues-tra fórmula sean los mismos que decidieron meses después me-terle la mano en los bolsillos a nuestros jubilados.

Aun así, los números de la economía de 2019 fueron presen-tando un panorama cada vez menos dramático. Ya conté lo que fue la macroeconomía de nuestro gobierno y sus marchas y con-tramarchas. Pero lo que había logrado en abril Guido Sandleris desde el Banco Central tras duras negociaciones con el FMI fue generar un espacio de estabilidad en el valor del dólar en medio de la tormenta, que evitó que perdiéramos reservas. Con ello, lo-gramos llegar a las PASO con tres meses consecutivos de creci-miento de la economía, con la inflación a la baja, cuyo índice de agosto se esperaba estuviera en el orden del 1%.

Entre marzo y abril también crecieron las presiones del círculo rojo para que yo diera un paso al costado y no me presentara a la reelección. La opción que se discutía era que María Eugenia to-mara la candidatura presidencial. Algunos medios venían plan-teando esta idea, a la que denominaron «Plan V». Como es lógi-co, el tema había generado muchas tensiones en el equipo.

Estuve dispuesto a considerar seriamente el Plan V si se de-mostraba que el cambio incrementaba nuestras chances de conti-nuar. En abril, dos noticias parecían alentar la alternativa de una candidatura presidencial para María Eugenia. Por un lado, había presiones desde el mundo financiero reclamando un cambio de timón, o más bien de timonel. Por el otro, Alejandro Catterberg,

238

uno de los más respetados encuestadores del país, le había hecho saber a Marcos que las chances de mi reelección, de acuerdo a lo que observaba en sus estudios, se estaban extinguiendo.

Por aquellos días invité a Felipe González a conversar. A lo largo de mi vida mantuve algunos diálogos muy valiosos con Felipe. El gran político español es un argentinófilo de ley que, desde hace muchos años, sigue muy de cerca la política de nuestro país.

Felipe me dijo en esta oportunidad que estaba impresionado por una característica de nuestro círculo rojo. Me contó que había mantenido encuentros con muchos empresarios y políticos argentinos y que todos, sin distinción, habían reconocido que yo estaba dando las batallas que había que dar y que las reformas que estaba planteando eran correctas y necesarias. Sin embargo, tras escuchar a todos había descubierto que aquí sucedía algo muy extraño. Al revisar las opiniones y declaraciones en los medios de las mismas personas con las que se había entrevistado, todos se mostraban en contra de nuestras políticas. «En España los hombres públicos, en la inmensa mayoría de las ocasiones, dicen lo mismo cuando hablan en privado y cuando aparecen en los medios». Me pareció una lectura genial de la conducta de buena parte de nuestros empresarios y políticos.

Me llamaba la atención que Felipe no hiciera ninguna mención del famoso «Plan V» del que tanto se estaba hablando. Como no me decía nada, antes de concluir nuestro encuentro le pedí su opinión. Su posición fue muy clara y contundente. Me dijo que era absurdo dar un paso al costado en ese momento. Si yo aceptaba como un hecho mi propia derrota iba a ser imposible empoderar a alguien para que tuviera chances de éxito. Y, como si esto fuera poco, esa decisión nos debilitaría ya definitivamente y nos impediría llegar al final del mandato.

Antes de tomar una decisión, quería encontrarme y conversar

abiertamente sobre este tema con María Eugenia. Tuvimos una larga charla el último sábado de abril en Los Abrojos. Yo era muy consciente de la enorme presión que pesaba sobre ella. «Si es indispensable, sí, pero no es lo que quiero», me dijo. Sentía que no era su momento y que no iba a poder en las condiciones en las que estábamos. Pero también me dijo que, si yo necesitaba que asumiera la candidatura, lo haría. Me comprometí, entonces, a hacer lo posible para evitarlo y que sólo se lo pediría si fuera absolutamente necesario. A partir de ese momento se dejó de hablar del «Plan V».

Por qué Miguel

La incorporación de Miguel Ángel Pichetto como compañero de fórmula sorprendió a muchos y fue muy bien recibida. Necesitábamos dar un mensaje de mayor apertura, no sólo hacia los votantes sino también hacia el círculo rojo, que lo reclamaba desde el primer día. Esta apertura debía ser entendida como algo que ampliase nuestra coalición y no como algo que la debilitara. Hay que tener en cuenta que desde siempre, tanto para la Coalición Cívica como para la Unión Cívica Radical, el peronismo había sido percibido más como un rival que como un aliado.

A medida que se acercaba el cierre para la presentación de candidaturas, la falta de acuerdo entre Roberto Lavagna y Sergio Massa para resolver su propia interna abrió las puertas a una oportunidad que hasta entonces no habíamos tenido: la de sumar a un referente de la importancia de Pichetto, que hasta entonces había integrado ese sector del justicialismo.

Faltaba saber si Pichetto estaba en condiciones de dar un paso tan traumático y con tantas consecuencias, como era salirse de su propio espacio político. Un amigo en común ayudó mucho a que Miguel se convenciera de la importancia histórica que tenía que se atreviera a dar ese paso. Lejos de una traición, se trataba de una apuesta para ampliar las bases necesarias para lograr esa Argentina con la que él también sueña.

Finalmente tomé la decisión el martes 11 de junio a la mañana. Sentía que había llegado el momento. Lo llamé a Marcos y le dije: «Me parece que la persona ideal para invitar a acompañarme en la fórmula es Miguel Ángel Pichetto». «No me parece nada mal», fue su respuesta. Tanto Lilita como Ernesto Sanz, los cofundadores conmigo de Cambiemos, estuvieron de acuerdo y me expresaron su entusiasmo con la idea. Gabriela Michetti, una de las personas más cercanas que tuve y que siempre me brindó su apoyo generoso, me dijo que le parecía una idea brillante. Aún faltaba el último paso y tal vez el más difícil: que el propio Miguel aceptara.

Marcos me propuso citarlo al día siguiente. «No, no. Tiene que ser más rápido», le respondí. «¿Hoy a la tarde entonces?». «Tampoco», le dije. Yo sabía que era muy posible que la noticia se filtrase y que los periodistas se enteraran antes que nosotros mismos pudiéramos comunicarlo. Decidí llamarlo de inmediato y hacerle yo mismo la propuesta.

«Hola, Miguel, quiero decirte que te llamo para pedirte formalmente que me acompañes…». Y antes de que alcanzara a terminar la frase, no me voy a olvidar nunca, me dijo «¡Acepto!». Yo pensé: «Me voy a llevar bien con él porque es igual de ansioso que yo». Y acto seguido comenzó a darme las razones de Estado por las que aceptaba.

Dos meses antes, en aquel abril difícil de 2019, Pichetto me había impresionado como un verdadero patriota. Miguel estaba de gira en los Estados Unidos cuando trascendieron los resultados de la encuesta de Isonomía en los que se aseguraba el triunfo de Cristina Fernández en un hipotético balotaje. En Nueva York se reunió con inversores a los que tranquilizó diciéndoles que daba por hecho mi triunfo en las presidenciales y que no había ninguna posibilidad para el kirchnerismo de volver al poder. Y como si fuera poco, aseguró que su espacio nos apoyaría con todas las leyes que fueran necesarias. «El país tiene que ir hacia el futuro, no puede volver al pasado», les dijo, pidiéndoles que renovaran su confianza en nuestro país.

En ese momento Pichetto me impactó. No es frecuente en nuestra historia ver a un opositor de peso abandonar toda especulación política para poner al país por delante de sus propios intereses partidarios. La mayoría hubiera seguido el viejo lema trotskista: «Cuanto peor, mejor».

La noticia de la incorporación de Miguel generó un clima de euforia que se reflejó en los mercados, que subieron 100 puntos. El entusiasmo tapó por completo la otra noticia política de aquel martes: Sergio Massa había vuelto al kirchnerismo, lo que tenía un objetivo muy claro: eliminar nuestras chances de pasar a la segunda vuelta. Veinticuatro horas después, ya sin Pichetto y sin Massa, Alternativa Federal anunció su fórmula con Lavagna como candidato a presidente y Urtubey, el gobernador de Salta, como candidato a vice.

Siempre encontré en Miguel un gran apoyo. Sabía que era una jugada arriesgada porque entre nuestros votantes existe un porcentaje que rechaza de manera frontal al peronismo. Y este fue otro triunfo. A poco de escuchar sus ideas, Pichetto encantó a todos con su experiencia política y sus definiciones claras y directas sobre cuál debía ser el camino que teníamos que recorrer juntos para salir adelante. Conversamos mucho. Lo invité a participar de las reuniones de Gabinete y al poco tiempo Miguel ocupó su lugar como uno más en Juntos por el Cambio. Un hombre serio, ubicado, trabajador de equipo, responsable. Y como ya dije, ansioso como yo.

«Colapso absoluto»

Llegamos al domingo 11 de agosto con todas las estimaciones indicando un resultado muy parejo, con una diferencia muy pequeña en el resultado a favor de la fórmula del Frente de Todos. Algunas podían estirar esa diferencia a 5 puntos, mientras otras la reducían a sólo 2. Algunas encuestadoras llegaban incluso a contemplar hasta la posibilidad de un empate técnico. El viernes anterior a la votación estos números generaron un clima de optimismo muy fuerte en los mercados, con una fuerte baja del riesgo país hasta los 861 puntos y con subas en las acciones y los bonos argentinos. El dólar se vendía a 46,54 pesos.

Durante la campaña para las PASO había decidido evitar los reportajes y concentrarme en la gente. En Ferro, durante el cierre de Horacio, pude disfrutar de un momento muy lindo de locura y euforia cuando grité aquello de «¡No se inunda más, carajo!» con el propósito de destacar la importancia de darse el tiempo para que la gente pueda entender el sentido de las obras. En el cierre de María Eugenia en Vicente López pude soltar mis emociones sin filtro. Yo le había advertido que quería darle un gran abrazo en el escenario y quería que estuviera preparada. Pero el que no estaba preparado para tanto fui yo, y me quebré antes que ella. Todo pasaba a flor de piel. Fue una campaña diferente, con mucha participación a través de las redes sociales y los teléfonos celulares.

Pasé muy tranquilo el domingo de la elección en Los Abrojos, desconectado, hasta las 5 de la tarde, en que partí para Olivos a preparar mi discurso de esa noche. Sonó el teléfono y a Marcos le alcanzó con una sola frase: «Colapso absoluto. Estamos perdiendo por más de 15 puntos».

Ya en el búnker de Costa Salguero, algunos optimistas imaginaban que se trataba sólo de una cuestión de tiempo, que en un rato todo se normalizaría porque faltaba tal o cual distrito. Pero no, los números eran irreversibles. Estaba muy preocupado por lo que sucedería en cuanto abrieran los mercados con la noticia de que el kirchnerismo había quedado a las puertas de volver al poder en la Argentina.

Mientras todos parecían buscar una explicación ante lo que había sucedido yo quería salir a hablar, dar la cara y terminar cuanto antes con la agonía de esa noche. Si todos los números eran malos, los de la provincia de Buenos Aires eran los que más empujaban para sacarnos de la carrera. La diferencia entre María Eugenia Vidal y Axel Kicillof parecía irremontable y eso acercaba a muchos votantes y dirigentes nuestros a la resignación. Hay que recordar que la provincia de Buenos Aires no cuenta con la instancia del balotaje y la mitad más uno de los votos había quedado muy lejos.

El conurbano bonaerense fue el lugar del país que más sufrió la recesión que venía castigándonos desde abril del año anterior. En el conurbano no hay turismo, no hay generación de energía, el desarrollo de la economía del conocimiento aún es bajo. Y el conurbano no cuenta con la gran locomotora del campo. El enojo fue una respuesta entendible frente a las dificultades. No había manera que el voto de muchos bonaerenses no reflejara un desánimo extendido.

Reconocí la mala elección y la necesidad de redoblar los esfuerzos con miras a octubre, «para lograr el apoyo que se necesita para continuar con el cambio». Quería dejar en claro que el mensaje de las urnas sería escuchado y que tenía muy presentes cuáles habían sido las dificultades que atravesamos durante todos estos meses. En esta dirección, afirmé que esto había generado «mucha duda y mucha angustia» entre nosotros. Luego, dije algo que pensaba y sigo pensando hoy: «Me duele en el alma que haya habido tantos argentinos que crean que hay una alternativa volviendo al pasado. Yo creo que no la hay».

Algunos interpretaron con algo de mala fe ese dolor en el alma como una expresión de enojo con los votantes, algo que jamás podría haber existido de mi parte. Al contrario, el momento fue de mucho dolor, de tristeza, de angustia por nuestro país y su futuro, por lo que iba a pasar al día siguiente, los meses y los años que vendrían por delante. Pero jamás estuve enojado con la gente.

Nunca fui un seguidor obsesivo de las encuestas. Pero la distancia enorme entre lo que habían proyectado todas las empresas serias y los resultados hizo que me preguntara qué había pasado. Evidentemente hubo un enorme pudor en expresar el voto por parte de un buen número de encuestados. Hoy creo que la razón principal que explica estas enormes diferencias estuvo en la discusión política que se planteó en la campaña, sobre todo desde el círculo rojo y de buena parte del periodismo. Con buena intención, muchos pusieron el acento en el altísimo nivel de corrupción del kirchnerismo. Pero al mismo tiempo se omitió —y creo que fue un error— la incapacidad del populismo en el gobierno. Este punto estuvo ausente del debate público. Ni Néstor ni Cristina Kirchner hicieron buenos gobiernos, aunque haya habido corrupción. Fueron gobiernos que destruyeron valor, que dejaron al país sin energía, sin infraestructura, que nos aislaron del mundo, que hicieron posible la penetración del narcotráfico como nunca antes había sucedido, que desmantelaron el Estado pese a subir impuestos e incrementar fuera de toda proporción el gasto público, al mismo tiempo que debilitaron las instituciones de la República. La corrupción fue una derivación. Pero no fue el daño principal. Meses después, esa incapacidad ha vuelto a quedar expuesta en la falta total de rumbo por parte del gobierno que me sucedió.

En esos momentos finales del domingo 11 de agosto, con el correr de las horas y de los mil y un intentos por explicar lo que había ocurrido, volví a Olivos. No pude dormir, sobre todo porque sabía que a la mañana siguiente la reacción de los mercados iba a ser catastrófica. No podía dejar de pensar en la disparada del dólar y el riesgo país que ocurriría en apenas unas horas. No pude pegar un ojo. El daño ya estaba hecho y la impotencia por no haber logrado evitarlo me dominó aquella noche.

Tuve que bucear mucho dentro de mí mismo, de mi historia personal, para entender las sensaciones que viví ese lunes 12 a la mañana cuando llegué a la Casa Rosada. Recién una semana después, hablando con mi analista, pude interpretar el sentido real de lo que estaba viviendo y de dónde venía esa sensación de vacío. Recuerdo que le dije: «¡Lo encontré!». Allí estaba yo, 28 años antes, el 24 de agosto de 1991. Me habían molido a golpes en la puerta de mi casa, me desnudaron dentro de una furgoneta y me metieron en un ataúd completamente atado, amordazado, vendado. Así llegué a esa caja de madera en la que me tiraron. Me engrillaron al piso. Me soltaron las manos. Me dijeron que no me diera vuelta. Me sacaron la venda. Ahí me quedé. Golpeado, aturdido, dolorido y sin entender dónde estaba y qué había pasado. En silencio me preguntaba: «¿pasó lo que pasó o lo estoy soñando?». Fue muy fuerte. Muy fuerte.

Esa fue la sensación que me acompañó todo el lunes 12 caminando por las oficinas en la Casa Rosada, donde de pronto todo había adquirido un tono fantasmagórico. La centralidad había desaparecido. Yo seguía allí pero mi mente estaba en otro lugar haciéndose preguntas: ¿pasó lo que pasó? ¿Ya está? ¿Se acabó? ¿Tantos años, tanta lucha, tanto esfuerzo, para nada? ¿Todo lo que hicimos fue inútil? ¿Todo para volver para atrás? Las preguntas se agolpaban en mi cabeza hasta que me crucé con el único que seguía en pie: Marcos Peña, que como un Ironman indestructible me repetía que no. Que no había terminado nada. «Vamos a arrancar de nuevo», afirmaba mientras mi cabeza seguía dando vueltas y más vueltas. De ahí fui a la reunión de Gabinete y luego, a la conferencia de prensa prevista.

No quise volver a ver esa conferencia de prensa, aunque quienes sí lo han hecho no han podido encontrar una sola afirmación mía que sugiriera esa suerte de «enojo» con los votantes que muchos políticos y periodistas manifestaron por esos días. Sin dudas, se trató de una conferencia de prensa muy especial, con las heridas del día anterior aún sin cicatrizar. Hablé desde mí mismo, sin ningún guion y más allá de cualquier cálculo. Recuerdo, eso sí, una frase: «Es importante que la gente analice los efectos del voto». Estoy seguro de que, a la luz de lo que vino después, ese análisis se hizo y se sigue haciendo. De hecho, el exministro Domingo Cavallo había sido muy claro desde su blog personal unos días antes al escribir, con tono de alerta, que «si el resultado de las PASO insinúa un posible triunfo del kirchnerismo en las generales, es posible que se produzca una corrida cambiaria antes de las elecciones de octubre». Hoy creo que debí haber puesto mucho más énfasis una semana antes en la gravedad de lo que tendría que enfrentar nuestro país.

Esa noche grabé: «Locura. Día lunes. Anoche estaba listo para salir al escenario a dar un discurso de esperanza y optimismo y llegó la catástrofe más grande que vi en mi vida. No entiendo nada, nada, nada. Estoy destrozado. Tenemos que terminar el gobierno, tenemos que ir a la elección para sacar la máxima cantidad posible de diputados y senadores. Y siempre soñar con el milagro. Ni qué hablar de la destrucción económica que esto provoca a todos los argentinos».

Votar una opción u otra tiene consecuencias concretas. Ese es el verdadero poder del ciudadano en el cuarto oscuro. No se trataba sólo de un cambio de nombres. Y las consecuencias no se hicieron esperar. Ese lunes 12 de agosto el dólar subió un 23% tras superar los 60 pesos, para cerrar en 57,30 pesos, y los bonos de la deuda pública tuvieron caídas de hasta el 20%, lo que hizo que el riesgo país diera un salto sin precedentes en la historia, que lo llevaría a triplicarse con el correr de los días. Las acciones se derrumbaron y la Bolsa tuvo su mayor caída en 70 años. El mundo había entrado en pánico y parecía resuelto a mostrarnos los efectos de los resultados de las PASO con toda virulencia. La decisión soberana de los argentinos con respecto a su futuro había destruido todas las variables en el momento en que empezábamos a salir del pantano. Mi enojo era inexistente. Mi tristeza, en cambio, era infinita.

Comenzó a darse un fenómeno muy curioso por parte de algunos periodistas y de una parte importante del círculo rojo: el enojo era conmigo. De acuerdo con esta visión, el gobierno se merecía el resultado por su supuesta soberbia y yo era el responsable último del resultado electoral y, por ende, de sus efectos. Se trasladaba la responsabilidad completa a un solo hombre, el presidente. Hubo preguntas con una enorme carga de agresividad. Hoy pienso que ocurrió algo que es propio del ser humano. Todos sabían que lo que yo estaba diciendo era cierto, pero no había manera de asimilarlo. La imagen del kirchnerismo en el mundo seguía siendo peor que pésima y el precio de su victoria iba a ser muy alto para el futuro del país. Representé este concepto en una sola frase: «Hoy estamos más pobres que antes de las

PASO». Y, desafortunadamente, desde aquel lunes 12 de agosto no dejó de ser verdad.

El martes 13 de agosto me dejé un mensaje: «Martes de la semana negra que me ha tocado vivir. Estoy un poco mejor, recomponiéndome. Tratando de entender cómo seguirá mi vida. Van a destruir parte de lo que hemos avanzado, pero bueno, acá estamos. Acá estamos, listos para avanzar. María Eugenia muy golpeada. La otra cosa increíble son los resultados de Corrientes, de CABA. Horacio sacó apenas el 46%. Podría haber llegado al 55. Marcos destrozado por todo el mundo. Es increíble que lo maltraten así. Dujovne más sólido. Qué feo. Qué asco la descomposición del poder. Mis funcionarios me miran con cara de pánico...».

La interpretación de las palabras de un presidente en una crisis es siempre impredecible. Muchas de las principales figuras de nuestro espacio vinieron a decirme que la conferencia de prensa había sido un verdadero desastre y que debía disculparme ante la gente, sin que yo entendiera muy bien por qué. Hoy creo que había un fenómeno de otro tipo, en parte por el miedo a lo que venía, en parte por la necesidad de todos de reacomodarse ante el nuevo escenario que parecía inexorable. Así llegué, a las cuarenta y ocho horas, a grabar un discurso en el que pedí disculpas por algo que no había dicho y que ni siquiera pensaba. Accedí, recordando la famosa respuesta a Julio Argentino Roca que se le atribuye a Bartolomé Mitre: «Cuando todo el mundo se equivoca, todo el mundo tiene razón».

El miércoles 14 de agosto volví a grabarme: «Me parece que fue hace millones de años. Tres días interminables. La tristeza me invade de una manera que nunca soñé, pero ya no estoy desintegrado, estuve batallando, dando la cara, empujando. Qué increíble lo que está pasando. Bien María Eugenia. Bien Marcos. Dujovne se está cayendo a pedazos y se quiere ir. Juliana una fiera.

Mis hijos muy cerca, muy dolidos también». Fernando de Andreis, que me había acompañado durante tantos años con lealtad y capacidad, se mantuvo a mi lado y no dejó nunca de buscar maneras de revertir la situación.

La semana posterior a las PASO el clima político continuó enrareciéndose mientras intentábamos dictar medidas heterodoxas que permitieran compensar de alguna manera el daño que el resultado había provocado en el bolsillo de los argentinos. A su vez, en muchas reparticiones públicas, militantes kirchneristas se expresaban de manera furibunda, hostigando, amenazando e insultando a nuestros funcionarios tras la derrota o prácticamente abandonando sus tareas. No era algo casual, ya que a lo largo de los mandatos de Néstor y Cristina Kirchner habían logrado la dudosa proeza de duplicar la planta de empleados públicos, incorporando a decenas de miles de cuadros y militantes a la estructura del Estado.

El viernes 16 de agosto seguí con la catarsis: «Viernes de la semana más confusa de mi vida, parece como que pasó y no pasó. Parece que podemos y no podemos. Si esto no lo damos vuelta, la Argentina entra en la sombra por 20 años más, es muy triste todo. Es inentendible. Por qué tiene el país esta condena de repetir y repetir las mismas cosas. Hay que ocupar de vuelta el lugar de la esperanza. Hay que lograrlo. Hay que lograrlo. Hay que lograrlo… Tengo que encontrar las fuerzas para lograrlo. Estoy tan preocupado por todo. Se me mezcla la misión con lo personal. No me gusta. La tengo que luchar…».

Comenzaron distintas operaciones políticas por parte de diversos sectores del círculo rojo que pretendían dar por terminada la batalla con los resultados de las primarias, lo cual le daba a todo un aire casi surrealista, pretendiendo convertir a las PASO en la elección nacional y reclamando de manera anticonstitucional que se suspendieran las elecciones y se adelantara la entrega del poder al candidato que más votos había recibido. Hernán Lombardi hizo circular un mensaje entre el equipo que decía: «Van a intentar canjear gobernabilidad por rendición». Todo parecía haber perdido su lógica. Esta presión, que se hacía escuchar entre propios y extraños, terminaría generando el efecto contrario.

#24A. *La tarde en que volví a creer*

Hacía unos días que había comenzado a circular con mucha fuerza en las redes sociales una convocatoria a reunirse en el Obelisco. Luis Brandoni, una de las voces más lúcidas del mundo cultural, había hecho circular un video casero muy conmovedor sumándose a la movida desde España, donde estaba trabajando. Brandoni había manifestado desde el primer día un fuerte apoyo a nuestra gestión. Junto con Juan Campanella y muchos otros, se sumaron a miles de *tweets* y mensajes de ciudadanos comunes en Facebook y WhatsApp convocando a «Defender la República». Había nacido el #24A.

Mientras tanto, en el gobierno las aguas estaban divididas entre los que apoyaban la marcha con entusiasmo y quienes estaban temerosos de que la convocatoria fuera débil y generara un impacto negativo en la campaña electoral con miras a octubre. Ese sábado había comenzado con un encuentro en Santa Fe con motivo de cumplirse 25 años de la reforma constitucional de 1994. El éxito de la marcha era una incógnita. Nadie, ni siquiera yo mismo, imaginaba que ese sábado significaría el principio de otra historia.

Acababa de jugar un partido de paddle en Los Abrojos cuando llegó el primer mensaje contándome lo que estaba sucediendo en el centro de la ciudad. Miles y miles de argentinos autoconvocados se habían reunido en el Obelisco superando todas las expectativas. Me llegaban fotos y videos y encendí el televisor para poder ver qué estaba pasando allí. Mientras la gente iba llegando de manera masiva desde todas partes al cruce de Corrientes y 9 de Julio, otra marea humana se encaminaba por Diagonal Norte hacia la Plaza de Mayo. Las imágenes eran conmovedoras. Familias completas, jóvenes y viejos, llevando banderas argentinas estaban diciéndome algo. Lo mismo estaba ocurriendo en Córdoba, Mar del Plata, Tucumán, Mendoza y Rosario. Incluso, me decían que había mucha gente congregada frente a la Quinta de Olivos sobre la avenida Maipú.

Me resulta difícil poder transmitir todo lo que pasaba por mi cabeza y mi corazón en ese momento. Esa enorme cantidad de gente estaba en la calle defendiendo los valores en los que siempre creí. La República, nuestras libertades, nuestro proyecto de convivir en una sociedad abierta y democrática. Estaban gritando «¡Sí, se puede!», cantaban el Himno Nacional, pedían justicia, estaban dispuestos a defender los logros de nuestro gobierno. Miré a Juliana y, pese a las advertencias de algunos funcionarios que me recomendaban lo contrario, le dije «¡Vamos!» y salimos para la Plaza de Mayo.

Llegué cuando ya estaba anocheciendo. Las rejas de la Plaza se habían abierto y la gente había avanzado hasta llegar a la calle Balcarce. Ingresé en la Casa Rosada lo más rápido que pude. El rumor de mi llegada había corrido y nadie parecía dispuesto a moverse de allí.

Ingresé caminando a toda velocidad con Juliana. Subimos al primer piso hasta el Salón de los Científicos, donde había participado de tantas reuniones de Gabinete y de seguimiento de los proyectos a lo largo de los últimos años. Los sonidos que llegaban de la plaza eran atronadores.

Abrimos las puertas que comunican con los balcones, salí y no pude contener las lágrimas. Alguien había colgado una gran bandera celeste y blanca y la imagen que tenía frente a mí no entraba en mis ojos. Nunca, en toda mi carrera, había visto nada igual. Eran miles y miles de argentinos que, como yo, querían seguir cambiando nuestro querido país. Que no se resignaban a dar todo por perdido. Que me decían que no podía abandonar la lucha. Que me estaban convocando para que juntos pudiéramos seguir haciendo la Argentina que soñamos y nos merecemos. Estas palabras, que tantas veces había repetido, de pronto se volvían más reales que nunca y se encarnaban en cada uno de los miles y miles que gritaban y cantaban.

Y entonces salí y me estalló el corazón. Y grité como pude con mi voz. Le agradecí a Dios estar viviendo ese momento. Una energía muy especial iba y venía entre la gente y yo. Quería abrazarme con cada uno. Sentía, por encima de todo, que era un despertar. Después de las dos semanas más difíciles, después de cuatro años de pelearla todos y cada uno de los días, después de escuchar a los que querían que no nos presentáramos a la elección de octubre porque ya estaba todo dicho, miles de argentinos me estaban devolviendo lo que yo había querido darles: la oportunidad de soñar con un país mejor, más moderno y transparente, basado en la Constitución y la libertad. Ni más ni menos.

Ya era de noche. No me quería ir. Nadie se quería ir. Lo que estábamos viviendo era único. Entré al salón a tomar agua y volví a salir. El corazón me latía con fuerza. Las preguntas que habían estado rebotando en mi cerebro el lunes posterior a las PASO estaban encontrando su respuesta. No, no había sido en vano. La pelea valía la pena y había que seguir dándola. La batalla por nuestras ideas continuaba. Las heridas de la derrota habían cicatrizado y teníamos aún una epopeya por delante. Con esas emociones en el alma, descubrí que mi tristeza se había esfumado. En ese momento lo registré así: «Hay mucha gente valiosa que está dispuesta a dar la batalla y eso me ha puesto de pie definitivamente».

Había llegado el momento de demostrarnos a nosotros mismos que no habíamos sido un accidente en la historia de nuestro país. Allí estábamos, alistándonos para llevar el mensaje de nuestras ideas y nuestros valores a todos los argentinos de bien que no estaban dispuestos a volver al camino del fracaso y la decadencia.

Las marchas y el regreso a los orígenes

La marcha del 24 de agosto generó un cambio de humor en todo el equipo, conmigo a la cabeza. La confianza expresada por miles y miles de argentinos en todo el país hizo que nos replanteáramos la campaña por completo. Pocos días después de lo ocurrido en Plaza de Mayo, Pablo Avelluto le acercó a Marcos Peña una idea en borrador. La idea implicaba un regreso a las fuentes de nuestro concepto de la política: encontrarnos cara a cara con la gente para recorrer todo el país en una suerte de marcha gigantesca que replicara lo ocurrido el sábado anterior. Si la gente había salido espontáneamente a la calle a convocarme, a pedirme que no los dejara solos, era posible imaginar que ahora podríamos juntarnos en las plazas, en los pueblos, con escenarios simples, sin vallas y al aire libre. Marcos tomó la idea y la trabajó junto con el equipo de campaña y así nació la Marcha del #SíSePuede. Hernán Lombardi y su equipo tuvieron a cargo la tarea de cumplir con la producción. El concepto era simple y, a la vez, poderoso. Pero aún restaba comprobar si lo que había ocurrido en la Plaza de Mayo era un hecho excepcional o si se trataba del inicio de una tendencia.

La Argentina es un país singular. Las cuestiones vinculadas a valores y principios fueron siempre muy movilizadoras. Nuestro espacio político había sido históricamente reacio a disputar la calle. La izquierda y el peronismo desarrollaron una gimnasia para las movilizaciones callejeras mediante el uso de ómnibus y colectivos y diferentes formas de ocupar el espacio público. Otro tanto ocurre desde hace años con los sindicatos y las organizaciones sociales. Entre algunos de los nuestros había temor. La calle era algo ajeno a nuestra cultura política. Las dudas y los riesgos eran grandes: ¿saldría la gente a las calles para defender valores? Ellos me habían convocado en la Plaza de Mayo. Ahora era yo el que los convocaba. El plan era audaz: una gigantesca marcha en 30 ciudades a lo largo de 30 días. Sólo con banderas argentinas, sólo por los principios, reconociendo lo difícil que había sido todo para los bolsillos de la clase media, comprometiéndome a seguir, a no abandonar a todos los que compartían nuestra visión.

Creo que no hubo una sola de las 30 marchas en la que no me haya quebrado por la emoción. Decidimos que la primera sería en Buenos Aires. Pero la pregunta era dónde hacerla. La falta de confianza en nuestra capacidad de convocatoria era enorme entre la gente de la ciudad. Tenían sus razones: la diferencia en las PASO había alcanzado los 16 puntos y ya había pasado un mes desde la movilización espontánea al Obelisco y la Plaza de Mayo. Estaba claro que un fracaso en la campaña presidencial impactaría también en el desempeño de los candidatos locales, en este caso, la reelección del propio jefe de Gobierno. Descartamos hacer la primera en Plaza Francia o en el Parque Thays, dos lugares que nos habían recomendado porque habrían permitido disimular una escasa concurrencia. Concluimos que el mejor escenario para lo que nos proponíamos era la nueva estación del Ferrocarril Mitre en Belgrano. Las barrancas naturales le permitirían a la gente una buena visibilidad. Pero, como siempre, la respuesta final la tendríamos recién en la tarde del sábado 28 de septiembre.

Di mi primer discurso de campaña junto a Lilita, Horacio y Miguel, parados sobre un tráiler. Frente a mí, una masa compacta de banderas y personas había silenciado a los pesimistas. ¿Eran 30 000, 50 000? No importaba. Estaba todo repleto de abajo hacia arriba y de un costado al otro. Las muestras de alegría y satisfacción se multiplicaban en el escenario improvisado, de la misma manera que sucedía entre la gente. Pude ver cuántos y cuán diversos éramos. Algo nuevo estaba empezando y, aunque muchos nos seguían dando por perdidos, comencé a sentir una emoción en mí que no haría más que crecer y crecer con el transcurso de los días siguientes.

Los escépticos de siempre me decían que una cosa era la ciudad de Buenos Aires, cuyos votantes nos habían ratificado su confianza en numerosas oportunidades, y que algo bien diferente pasaría cuando la marcha llegara a las ciudades medianas y grandes en las provincias. Algún día deberemos pensar con psicólogos de dónde nos viene esa tendencia hacia la crítica destructiva que intenta alejarnos una y otra vez de nuestras metas.

El recorrido continuó el lunes 30 de septiembre en Junín, en el interior de la provincia de Buenos Aires, y el martes 1º de octubre continuamos en Tránsito y Río Primero, pasando por Santiago Temple, en Córdoba. Córdoba había sido decisiva en el triunfo de 2015. Avisé a través de Twitter el itinerario y el hashtag #YoVoy se transformó en tendencia rápidamente. Al día siguiente la marcha me llevó a Esperanza, pasando por Humboldt y Nuevo Torino, para concluir la tarde con los vecinos de Rafaela y alrededores. Las caravanas en el camino, el contacto personal como nunca antes y los miles de saludos y abrazos eran permanentes. Recuerdo que hablé desde la caja de una camioneta. Recuerdo las cartas, los rosarios, las bendiciones. La gente coreaba el «¡Sí-Se-Puede!» y su deseo de no volver al pasado. Era el candidato pero no dejaba de sentirme uno más entre todos.

Una de las lecciones que habíamos recibido de las PASO fue que debíamos fortalecer nuestra organización para la fiscalización del comicio. En cada parada de la Marcha del #SíSePuede insistía con eso. Nuestro sistema electoral es arcaico y obsoleto. Prácticamente no quedan países en el mundo donde se vote como lo hacemos nosotros. Y el peronismo sabía que ese era uno de nuestros puntos débiles. Teníamos que llegar al 27 de octubre con el cuchillo entre los dientes. Cada uno de los votos contaba para nuestro objetivo: achicar la diferencia lo suficiente para poder forzar una segunda vuelta. Era difícil, claro. Pero es siempre la dificultad la que despierta esa fuerza que tenemos dentro y que nos lleva a darlo todo para cumplir nuestros sueños.

No me detuve un solo momento para criticar a nuestros rivales. Pero no podía disimular una sonrisa de satisfacción cuando los veía completamente perplejos ante el hecho de haber perdido «la calle». La movilización de miles y miles parecía crecer de una marcha a la siguiente y las calles habían dejado de ser de su propiedad para ser el escenario de la afirmación de los valores de la libertad y la República.

Los lugares se amontonan y se mezclan en mi memoria. El jueves 3 fue el turno de Entre Ríos y estuve en La Paz y en Concepción del Uruguay. Al día siguiente llegamos a Bahía Blanca. El sábado 5, una Mendoza apoteósica me esperaba con los brazos abiertos. Recuerdo que nos querían mandar a un gimnasio cerrado con capacidad para muy poca gente. Mendoza explotó como explotó Tucumán. Miles y miles de compatriotas iban marcando el ritmo. Más difícil era el desafío y más y más ganas se despertaban. Era emocionante levantar la mirada desde los escenarios pequeños en los que hablaba y perderla en una multitud que parecía no terminar nunca. Vinieron luego Neuquén y Posadas y Salta y Olavarría. Y una vez más la misma pasión, las mismas ganas de defender algo que todos sabíamos que estaba en peligro por el resultado electoral.

Mi propio proceso me llevó a ir dejando de lado al «ingeniero» para convertirme en algo más. Mi profesión, que me ha dado mucho de lo que soy, es profundamente racional. No hay manera de ser un buen ingeniero si no es a través de la precisión, la exactitud y cierto rigor en la manera de pensar. Un ingeniero aplica su conocimiento, su experiencia y su creatividad a resolver problemas. Y eso no deja demasiado espacio para las emociones. Eso me orientó siempre hacia las obras, lo concreto, lo que se puede ver y tocar. De alguna manera siempre estuvo primero, en mi rol como empresario, como presidente de Boca Juniors, como jefe de Gobierno o como presidente, la idea de armar equipos integrados por personas de gran calidad humana y con capacidad para resolver problemas, y que pudieran desde meter goles hasta mejorar la vida de los ciudadanos.

Pero la intensidad de lo que viví en la campaña fue mostrando otro costado, que estaba allí, en mi interior, y que no podía reprimir. Esas marchas significaron mucho para mí. Me sanaron y me hicieron mejor. Pude entender de un modo mucho más cabal, más profundo, más humano, las emociones de los demás. De los que estaban allí. Muchísima gente que nunca en su vida había estado en un acto político, argentinos de clase media que aún en dificultades económicas habían decidido salir de sus casas para estar conmigo y afirmarnos juntos en nuestras convicciones. Algunos llaman a esta emoción con el nombre de «empatía». El ingeniero fue dando cada vez más espacio a algo más profundo que las obras: los valores, aquello en lo que uno cree. En mi caso personal, estos valores están muy concentrados en la idea de libertad. Amo la libertad. Yo pude elegir y quiero que todos puedan transcurrir su vida con su derecho a elegir y a vivir como les parezca a partir del respeto por los derechos de los demás. Este es, en última instancia, mi credo.

Me costaba muchísimo llegar al escenario, que muchas veces estaba apenas elevado con respecto al suelo. La gente me expresaba sus emociones agarrándome las piernas, las manos, la ropa. Era un contacto muy fuerte y muy directo, como nunca antes había vivido. Era energía en estado puro. Una manera de entender que no teníamos que abandonar el camino que nos habíamos propuesto. Aún hoy me estremezco.

Había un momento en que se generaba un diálogo. Yo preguntaba: «¿Dónde están los micros?». Y ellos me respondían con muchísimo orgullo gritando que habían llegado por sus propios medios, por su propia decisión, que habían venido con su tarjeta SUBE, que no habían sido traídos por nadie, muchas veces llegando desde muy lejos, que no había colectivos ni micros que los hubieran llevado. Fuera cual fuese el resultado de la elección habíamos descubierto, la gente y yo, que no iban a volver a pasar por encima de las instituciones, de la ley, del respeto y de la libertad. Varios meses después volví a recordar esa misma emoción cuando vi salir, en todo el país, fuera de toda cuarentena, a miles de argentinos para decirle al presidente y a su vice que la propiedad privada no se toca. Las semillas que sembramos juntos en aquellas marchas de la campaña brotaron en la reacción popular ante las decisiones más disparatadas de quienes nos gobiernan. El espíritu del «¡Sí-Se-Puede!» se sintió tanto en el rechazo a la liberación masiva de presos durante la cuarentena como en el repudio al intento de expropiación de la empresa Vicentin.

El domingo 13 me preparé para el debate previsto con los demás candidatos, que tendría lugar en la ciudad de Santa Fe. Siempre estuve a favor de los debates y, aunque parezca mentira, los de 2015 fueron los primeros debates entre candidatos a presidente. El primero con la recordada ausencia de mi principal contrincante, Daniel Scioli, y el segundo, entre los dos, ambos en la Facultad de Derecho de la Universidad de Buenos Aires.

Si bien nuestros debates presidenciales están excesivamente reglamentados, con sus sorteos de temas, su orden de exposiciones, el tiempo riguroso y cronometrado y las réplicas también pautadas, no dejan de ser una oportunidad única para que los ciudadanos puedan observar a los candidatos, ya no en la soledad de un acto partidario, sino en la interacción con sus competidores. Esto es sumamente importante y así lo pensamos junto al equipo.

Siendo gobierno, era inevitable que rápidamente me convirtiera en el blanco de las críticas de todos los candidatos. Pero a esta altura tenía muy claro que debía dirigirme a quienes seguían el debate en las pantallas y no engancharme con los ataques de los demás. Pero a poco de escuchar al candidato Fernández, noté algo llamativo en su manera de argumentar que me recordó el estilo arrogante y agresivo de Cristina Fernández de Kirchner cuando emprendía sus maratónicos mensajes por cadena nacional. Y decidí improvisar a partir de lo que yo mismo había sentido al ver y escuchar a mi contrincante. Leídas meses después, esas palabras fueron premonitorias:

> Lamentablemente hemos visto que volvió el dedito acusador, volvió el atril, volvió la canchereada. El kirchnerismo no cambió. Por más que se oculte, trate de mostrarnos algo

distinto, es lo mismo. Con lo cual todo esto depende de nosotros. Sabemos que tenemos problemas, pero volver a traer los problemas del pasado no nos va a ayudar. Tenemos que confiar en nosotros mismos y en lo que hemos podido hacer. Hoy tenemos otra cultura del poder. Hoy hemos modernizado la Argentina. Hoy hemos construido infraestructura para el futuro. Hemos mejorado la educación. Estamos dando una batalla dura contra el narcotráfico. Hemos vuelto al mundo. Si pudimos hacer todo eso, cómo no vamos a poder arreglar la economía. Pero tres años y medio, casi cuatro, es muy poco tiempo para enderezar décadas de políticas erróneas. Depende de nosotros. Yo estoy convencido de que podemos, que vale la pena, que este octubre histórico nos tiene que encontrar dando vuelta la historia para siempre. Los espero a todos. Gracias.

La figura del «dedito acusador» se hizo muy popular en las redes durante los días siguientes. Pero una vez terminado el debate no quedaba tiempo para mucho y al día siguiente la gran Marcha retomó su ritmo vibrante cuando nos juntamos con la gente en Paraná, Entre Ríos. Y seguimos con Pergamino en la provincia de Buenos Aires, con Río Cuarto y Carlos Paz en Córdoba, con Reconquista en Santa Fe y Sáenz Peña en el Chaco, para concluir el viernes en la ciudad de Corrientes. En cada lugar se repetía la misma locura de abrazos, besos y energía. Era una ola muy profunda, muy potente.

Desde que arrancamos en Barrancas de Belgrano comencé a notar otro fenómeno. A medida que octubre y nuestras marchas avanzaban empezaron a participar cada vez más y más jóvenes. Los propios candidatos locales de cada ciudad, todos golpeados por el resultado de las PASO, subían al escenario y recuperaban su autoestima y las ganas de seguir. El nivel de resiliencia de cada uno de nosotros había sido puesto a prueba y creo que todos lo incrementamos en mayor o menor medida con el avance de la campaña. Mi propio cuerpo había acusado la exigencia a la que lo estaba sometiendo con una lesión muy dolorosa en la espalda. Pero el momento culminante aún estaba por llegar.

El sábado 19 nos habíamos propuesto llenar la avenida 9 de Julio en Buenos Aires. Era la apuesta más difícil de todas por varias razones. Se trata de un lugar con mucha historia. Allí cerraron sus campañas electorales en 1983 Raúl Alfonsín e Ítalo Luder para las primeras elecciones de nuestra democracia. Se decía que habían reunido un millón de personas cada uno, aunque siempre fue muy difícil estimar los números exactos. Fuera como fuese, el antecedente tenía un peso muy significativo. Nunca más se produjo una concentración equiparable a aquellas en el transcurso de las décadas siguientes. Y para no quedarnos atrás, la convocatoria fue muy clara. Sería «La Marcha del Millón».

Nunca sabremos con exactitud cuántos estuvimos esa tarde en la 9 de Julio. Pero éramos muchos. Muchísimos. Varios centenares de miles. Un océano majestuoso celeste y blanco que se extendía a lo largo de cuadras y cuadras, desde el Obelisco hasta la avenida Santa Fe, doblando por las transversales, con gente apretada sobre Corrientes en ambos sentidos y aún más gente que llegaba desde el sur, por detrás del altísimo escenario que se había montado para que todos pudieran ver lo que sucedía. Desde allí hablé en un atardecer increíble. Quería abrazarme con cada uno.

Para muchos analistas extranjeros nuestra campaña era difícil de entender. Mientras el mundo viene marchando hacia el desinterés por la política, en la Argentina las marchas del #SíSePuede lograron el compromiso de más de 2 millones de ciudadanos que decidieron libremente salir de sus casas sin miedo a expresarse por los valores que sintieron amenazados: la República, el respeto, la cultura del trabajo, la dignidad. Esa defensa que hicimos juntos a muchos les parecía exagerada. Sin embargo, quedaría completamente justificada a la luz de lo que vendría después del 10 de diciembre.

El domingo 20, a siete días de las elecciones, tuvo lugar el segundo debate entre los candidatos, esta vez en la Facultad de Derecho de la Universidad de Buenos Aires. La agresividad descontrolada de Alberto Fernández me puso otra vez a prueba. Nunca supe si se trató de una estrategia deliberada para el debate, del temor ante la arremetida que a esa altura estábamos generando o si se trató de un rasgo inocultable de autoritarismo en su personalidad. Daba igual. En cualquier caso, el kirchnerismo estaba volviendo con sus peores rasgos.

Se tocaba la cuestión energética y yo acababa de explicar cómo habíamos dado vuelta la historia tras haber recibido un país sin gas y sin petróleo, hablé del relanzamiento de Vaca Muerta, del desarrollo de las energías renovables y de lo que significaba haber vuelto a ser un país exportador de gas. Al cabo de mi intervención fueron los turnos de Roberto Lavagna, Nicolás Del Caño y José Luis Espert. Yo había señalado que Lavagna había abandonado el gobierno del que había formado parte junto a Alberto Fernández tras denunciar graves casos de corrupción con la obra pública, mientras que Fernández, por entonces jefe de Gabinete, permaneció tres años más sin registrar ni denunciar la megacorrupción instalada por el kirchnerismo.

Cuando tuvo que hacer uso de la palabra, la reacción de Fernández fue cobarde. La emprendió contra mi familia y mi padre, completamente exaltado, desparramando todo tipo de acusaciones falsas. Recuerdo que respiré hondo. Mi padre había fallecido unos meses antes tras un largo proceso, muy doloroso para él y también para toda nuestra familia. Acompañar a un ser querido en el terrible proceso de una enfermedad degenerativa es algo muy duro. Cualquiera que lo haya vivido lo sabe. Mi padre había llegado a pedirme que lo matara. Su orgullo le impedía en sus momentos de lucidez tolerar su situación de vulnerabilidad y dependencia.

Cuando volví a hacer uso de la palabra, unos minutos después, no pude quedarme callado. Mi padre, que tuvo defectos y virtudes como todos los padres, no estaba allí para poder responder y dije lo que sentía: «Es de muy mal gusto citar a una persona que ya no está en este mundo y no se puede defender. Pero, claro, teniendo que tapar 51 contratos por 2000 millones de dólares para Báez, una empresa inexistente, o los departamentos de Muñoz, o las valijas de Antonini Wilson, o los bolsos de López, o la efedrina que mencionaba Espert, es difícil creer que usted no vio nada, ¿no?». Y con esas palabras flotando todavía en el Aula Magna de la facultad fuimos a un corte.

Al bajar las escaleras hacia el sector de descanso me topé con el propio Fernández, que me increpó por lo que acababa de decir. «Vos estuviste muy mal», fue mi respuesta, y de inmediato comenzó a insultarme, descontrolado. En ese momento comencé a dudar si este hombre tendría el temple necesario para tomar decisiones y gobernar. Uno de los aprendizajes de la presidencia es la necesidad permanente de mantener la calma. Mordí mi lengua y elegí concentrarme en lo que restaba del debate. Si aún teníamos alguna posibilidad de ganar, esa posibilidad vendría de la campaña y del vínculo que había construido con la gente. Y lo dije de esta manera: «Queridos argentinos, habrán visto en las últimas semanas que el kirchnerismo volvió a ponerse agresivo, tal cual su historia. Y es por lo que está pasando en la Argentina, lo que están haciendo ustedes, lo que hemos vivido todas estas semanas y lo que pasó ayer en la 9 de Julio, en distintos lugares del país y hasta en el exterior: cientos de miles de argentinos marchando con alegría, en paz, con libertad, convencidos de que con corazón y con fuerza vamos a dar vuelta esta historia. Pero no sólo una elección, vamos a dar vuelta la historia de la Argentina».

Una vez concluido el debate volvimos a focalizarnos en las marchas que quedaban. Estuve en Jujuy, Rosario y Mar del Plata, para llegar a un cierre gigantesco en Córdoba. A esa altura ya era incalculable el número de personas que asistieron a cada acto en cada ciudad. Todo había sido más grande y más emocionante de lo que cualquiera se hubiera atrevido a predecir. Mi gratitud era infinita a cada argentino y a cada argentina. Estaba exhausto. Córdoba me había vuelto a mostrar su identidad rebelde a toda prueba.

El rol de Juliana había comenzado a crecer en las marchas. Joaquín Morales Solá me dijo un día que habrá presidentes mejores y peores que yo. Pero que para él nunca tendremos una mejor primera dama. No puedo estar más de acuerdo. Juliana fue mi principal sostén emocional a lo largo de toda la presidencia y la gente que se acercaba a nuestros actos comenzó a notar su presencia y a demostrarle también todo su amor. Ella nunca quiso ser protagonista ni participar en la política. Pero la campaña hizo que la gente descubriera su carisma. Juliana fue ocupando su lugar de una forma mágica y en cada viaje al exterior había contribuido a generar una nueva imagen para nuestro país. La combinación de distinción, educación, sencillez, elegancia y belleza que se da en ella no es habitual.

En Córdoba, durante nuestro acto final de la campaña, Juliana se decidió a hablar y pidió el micrófono. Y por un buen rato la «hechicera» cautivó a los cientos de miles de cordobeses que nos rodeaban en el centro de la ciudad. Se soltó como si lo hubiera hecho toda su vida. Cuando concluyó el acto y nos fuimos, como siempre, caminando entre la gente, me dijo: «Me parece que hablé poco» y yo me empecé a reír. Ya en la camioneta alguien nos acercó un teléfono con el video de su discurso y mientras se veía en la pantalla me decía: «¡No puedo creer todo lo que hablé!».

A lo largo de toda la campaña, mi fuerza vino de dos usinas enormes: el amor de los argentinos y de ella, Juliana, mi hechicera.

13

Esto recién empieza

A fines de 2014 vino a verme Javier Campos para decirme una sola cosa: «No puede ser que vos y Lilita no estén juntos». Le contesté que yo estaba dispuesto, pero que Lilita nunca había querido reunirse conmigo y que con sus legisladores porteños jamás habíamos podido acordar proyectos comunes. «¿Puedo intentar?», me preguntó después. «Adelante», le respondí.

En ese momento Javier no conocía a Lilita, no tenía actividad política y no tenía contacto conmigo (había ido a mi colegio, no lo veía desde el secundario), pero a través de sus hermanas, que participaban en fundaciones conocidas, logró llegar a Carrió y convencerla de reunirse conmigo. Nos vimos por primera vez en la casa en San Isidro de los padres de Javier, que hoy es diputado nacional. Charlamos casi dos horas. Lilita me dijo que, por Dios y por la República, había decidido aceptar mi historia de vida y que estaba dispuesta a ampliar el espacio con la UCR. Ahí arrancamos. A las pocas semanas nos sacamos esa famosa foto en el Parque Thays y nuestra alianza quedó sellada.

Un par de meses más tarde, después de su convención en Gualeguaychú, se sumaron oficialmente los radicales, con quienes ya venía hablando hace tiempo, especialmente con Ernesto Sanz y su grupo. Así nació Cambiemos, por una conversación fortuita generada por un intermediario ajeno a la política, pero también por la convicción de que, si queríamos ganarle al populismo y a un gobierno hegemónico, que iba a usar todo el poder del Estado para perpetuarse y hacer campaña, nuestra única alternativa era juntarnos todos los que compartíamos una serie de valores comunes, como la defensa de la república y las instituciones, más allá de las diferentes visiones que pudiéramos tener sobre desarrollo económico.

Desde ese momento pasaron más de 5 años. Estoy orgulloso de la trayectoria de Cambiemos y, ahora, de Juntos por el Cambio, por el crecimiento que hemos tenido, por cómo nos mantuvimos unidos, aun en los momentos más difíciles, y por cómo seguimos representando los deseos y la visión de país de millones de argentinos.

En estos años se han publicado decenas de historias sobre los conflictos internos de Cambiemos, rumores de peleas, declaraciones a veces altisonantes. Cuando salía alguna de estas declaraciones, siempre venía alguien a decirme que no podía permitirlo, que estaban erosionando mi autoridad y mi conducción. Y yo les respondía, y sigo pensando lo mismo, que uno tiene que juzgar a los demás respetando la historia de cada uno. Por eso creo, por ejemplo, que el radicalismo se portó conmigo mejor de lo que se portó con Fernando de la Rúa. La UCR me apoyó en los momentos malos con una convicción que no había tenido con un presidente de su propio partido. Eso es importante y hay que valorarlo y agradecerlo, sin dejarse llevar por una frase o un roce inevitable dentro de una coalición. Los roces muchas veces venían porque no querían apoyar ciertas reformas o ajustes que yo consideraba necesarios. Pero creo que ha sido una relación respetuosa, constructiva y de afecto creciente. Es muy bueno lo que armamos y, lo mejor de todo, es que tiene futuro.

Lo mismo con Carrió. A veces la gente a mi alrededor criticaba sus declaraciones, por lo que decía y porque lo decía en público, antes de haberlo expresado en privado. Yo les respondía que, con nosotros, Lilita tuvo la versión más orgánica de su historia. Había huido despavorida de UNEN, meses antes de nuestra primera charla; se había ido de su propio partido unos años antes y se había ido del partido de toda su vida una década antes. Con nosotros se quedó y nos apoyó y nos enriqueció de mil maneras. Empezó haciéndolo a regañadientes, como me dijo en la casa de los padres de Javier, porque veía nuestra unión como la única manera de salvar la república. Pero con los años creció nuestro afecto y nuestra confianza, hasta convertirnos en socios muy cercanos. Para ella, haber llegado a decir, como dijo en la campaña de 2019, «Yo apoyo ciegamente a Macri», muestra un recorrido importante. ¿Era perfecta Lilita? No. ¿Servían sus ataques permanentes contra Lorenzetti? ¿O las críticas a funcionarios de mi gobierno? No, no estaban bien. Pero en el contexto de su historia, Lilita hizo el mayor esfuerzo por ser orgánica y fue una de las mejoras defensoras de mi gestión hasta el final. Siempre le voy a estar agradecido por su fortaleza en esos cuatro años y por nunca haber dejado de creer en mí. Lilita sigue siendo Lilita, pero hoy nos conocemos y nos respetamos.

El bloque de Cambiemos en el Congreso también se mantuvo unido durante los cuatro años, un requisito clave para negociar con otros la aprobación de leyes. En minoría y contra una oposición feroz, lo primero que necesitás es un bloque comprometido y con convicción. Es lo que tuvimos. Nunca en cuatro años un diputado o un senador de nuestro espacio votó en contra de un proyecto del Poder Ejecutivo o del oficialismo, fue el bloque más disciplinado desde el regreso de la democracia. Esa unidad parlamentaria se mantiene y en 2020 fue un dique efectivo contra los proyectos más problemáticos del nuevo oficialismo.

Todo esto es importante porque, haber sobrevivido juntos a la crisis de nuestro último año y medio de gobierno, unidos y respetándonos, sin que nadie sacara los pies del plato, dio lugar a un cambio histórico en la vida política argentina. A algunos les suena a poco cuando digo que es un gran logro haber sido el primer presidente no peronista en casi un siglo que termina su mandato en paz. Pero hay que mirarlo con la perspectiva necesaria y valorarlo en su magnitud. No sólo terminamos el mandato sino que lo hicimos sin el trauma que había significado para dirigentes y votantes no peronistas el final de los gobiernos de Alfonsín y De la Rúa. Y se puede incluir en esa lista a otros presidentes no peronistas, como Frondizi e Illia, que también tuvieron, por distintas razones, finales traumáticos.

A las fuerzas políticas y sociales que acompañaron a esos presidentes les costó mucho tiempo superar el dolor de esos finales y recuperar la autoestima y el protagonismo político. Y nosotros, sin embargo, acá estamos, fuertes y unidos, sabiendo que representamos al 41% de los argentinos y con ganas de seguir transformando este país. Los argentinos saben ahora que Juntos por el Cambio es una alternativa cierta frente al posible fracaso del peronismo o a la posibilidad de que el peronismo no pueda cumplir las promesas populistas que ha hecho una vez más.

Esta situación representa también una novedad para el sistema político argentino y pone incómodo al peronismo, desacostumbrado a gobernar frente a una oposición consolidada, con un proyecto de poder tan ambicioso como el suyo y acompañada por un sector social que comparte sus valores y a la vez le da energía política. En junio de 2020, después de las marchas populares que ayudaron a frenar la expropiación de Vicentin, Luis Brandoni me mandó un mensaje que sintetiza bien estas sensaciones: «Te felicito. La mejor herencia que nos dejaste de tu presidencia es que lograste que el pueblo le perdiera el miedo a manifestarse por sus convicciones. Y, además, haberle ganado al peronismo su mayor capital político en décadas: LA CALLE. Un abrazo».

Estoy de acuerdo con lo que dice Beto. Uno de los procesos más enriquecedores de estos cuatro años ha sido el despertar político de nuestros votantes, que se animaron a disputarle al peronismo el liderazgo de las manifestaciones callejeras. Y lo hicieron además sin grandes convocatorias ni aparatos políticos ni intermediarios de ningún tipo: ciudadanos de a pie con banderas argentinas que se sintieron convocados a manifestarse públicamente, quizás por primera vez en sus vidas. Ya no están dispuestos a votar cada cuatro años y después retirarse a sus vidas privadas a esperar que un gobierno finalmente solucione nuestros problemas. Decidieron ser parte de ese proceso, en la calle, en las redes, en sus barrios. Y todavía lo son. La vuelta en U de Alberto Fernández sobre la expropiación de Vicentin, por ejemplo, no se explica sin la reacción espontánea de ciudadanos de todo el país que salieron a defender la propiedad privada y a protestar por la radicalización del gobierno.

Valió la pena

Esto me da pie para responder la pregunta que a veces me hacen sobre si creo que —porque no logré ganar la reelección— mi gobierno fue un fracaso. Ese tipo de preguntas tienen sentido si miramos sólo la elección y el gobierno de Cambiemos como un juego finito, de corto plazo, cuyos resultados se agotan en sí mismos. Si, en cambio, lo miramos como un juego infinito, de largo plazo, como un proceso al que le vamos a dedicar nuestras vidas, el panorama cambia: ahí podemos empezar a mirar estos cuatro años como el primer tiempo de una corriente de cambio que sigue viva y puede volver al poder en 2023, para seguir transformando el país en la dirección que queremos y una parte importante de los argentinos nos reclama.

El mejor ejemplo de la metáfora del juego finito y el juego infinito es la Guerra de Vietnam, que para los estadounidenses era un conflicto lejano pero para los vietnamitas significaba su propia supervivencia como país. Militarmente, los norteamericanos ganaron la mayoría de las batallas y pusieron una minoría de los muertos, pero no entendieron hasta bien entrada la guerra que los 2 millones de vietnamitas muertos (contra los 150 000 propios) no significaban nada. Para los vietnamitas, la guerra era un juego infinito, porque nunca iban a rendirse, mientras que para los norteamericanos la guerra era una molestia que muy rápido había perdido su razón de ser.

El peronismo considera a la política y la lucha por el poder como un juego infinito, es parte esencial de su identidad y de su manera de entender la vida. Esto le da resiliencia y capacidad para adaptarse y mantenerse vigentes a lo largo de las décadas. La disputa con ellos, por lo tanto, debe ser analizada en los mismos términos. Si alguna vez alguno de nosotros pensó que con ganar en 2015 era suficiente, que en cuatro años podíamos arreglar el país y después cada uno —funcionarios, legisladores y votantes— podía retirarse otra vez a disfrutar de un país encaminado, hoy ya sabemos que no es así. Que la pelea por transformar la Argentina según nuestros valores y los de la gente que nos apoya —un país más democrático y una cultura del poder más sana— es infinita, no se termina nunca y exige el compromiso vital de todos los que integramos Juntos por el Cambio y todos los que se quieran sumar. Mirado con esta lente, el proceso de transformación del país no depende de un solo gobierno y mucho menos de una persona. Los argentinos tenemos que dejar de creer en atajos que nos rediman del esfuerzo necesario para salir adelante. Y tenemos que entender que no podemos seguir esperando al líder que va a resolver todos nuestros problemas por arte de magia. No es el trabajo de un solo hombre, sino de toda una sociedad. El proceso de cambio que se inició en 2015 tiene muchos obstáculos, pero sigue vivo y no terminará nunca.

Con todo esto quiero darles un mensaje de esperanza a los argentinos que creen que este país, como se dice a veces, «no tiene arreglo». A aquellos jóvenes que están pensando en irse al exterior, aquellos que han sido golpeados tantas veces y ya no quieren volver a creer en nadie, quiero decirles que la transformación ya está ocurriendo, que nuestros cuatro años juntos no fueron en vano y que el país los necesita. Entiendo cómo se sienten: si uno mira nuestros resultados económicos de los últimos 50 años, es difícil no darle la razón a alguien que dice que la Argentina no tiene arreglo. Desde 1961, somos el país que más años pasó en recesión en todo el mundo. Insisto: de todo el mundo. Pero esos datos y esas sensaciones no hacen más que reforzar la urgencia de nuestra tarea: es el momento de no aflojar y de hacernos cargo, con apertura y generosidad, de consolidar el cambio que empezamos en estos años.

Por eso creo que lo fundacional de nuestro gobierno fueron dos cosas, que parecen simples pero están en el germen de lo que queremos lograr. Por un lado, una parte importante de los argentinos tomó conciencia de que debe hacer respetar sus libertades, pelear para que haya instituciones fuertes y respeto por la ley. Esos argentinos quieren un sistema basado en la cultura del trabajo, en el cual aceptamos el desafío de la modernidad y de ser parte del mundo. Estas son cosas que, por lo menos el 41% de los argentinos —y probablemente más, porque muchos piensan igual pero no nos votaron—, ya tomaron como válidas y en cuya demanda no van a dar marcha atrás.

El segundo hecho fundacional, que ya mencioné pero quiero desarrollar mejor, es el aporte histórico a nuestro sistema político de ser el primer gobierno no peronista en 92 años que termina su mandato en paz. Y que además lo hace demostrando que podía gobernar, a pesar de la anomalía de haber sido el único gobierno con minoría en ambas cámaras durante todo su mandato, sin el apoyo de los gremios ni de un sector de los empresarios y con apenas cinco gobernadores de su propio partido. Esta fortaleza genera ahora la posibilidad de que el peronismo tenga que hacerse cargo de los problemas que creó y nos dejó, y que nosotros no pudimos terminar de resolver. Esa fortaleza, combinada con la unidad de Juntos por el Cambio y la alerta de buena parte de la sociedad, genera una situación nueva para el peronismo, al que le cuesta vivir sin mayoría en ambas cámaras, sin el dominio de la calle, sin stocks de fondos públicos para usar en su favor y sin unidad hacia adentro de su propia coalición. Tenemos una situación de virtual empate político y social que tiene al peronismo perplejo y que sólo es posible por haber demostrado que podíamos gobernar, haber hecho una muy buena elección y mantenernos unidos. Por estas razones creo que Juntos por el Cambio tiene chances reales de volver al poder en 2023, pero esta vez con mayorías consolidadas y un mandato más claro sobre los acuerdos que necesitamos para sacar el país adelante.

Dos aprendizajes

Para avanzar en ese proceso, también tenemos que mirar hacia atrás y ver qué lecciones podemos aprender de nuestros años en el gobierno, tanto en la gestión como en la construcción política. Algunas de esas lecciones ya las fui desgranando a lo largo de estas páginas. Ahora quiero concentrarme en dos críticas que me hago a mí mismo.

La primera es que me reprocho haber perdido la escucha de un porcentaje importante de la población, sobre todo en el último año y medio de mandato. Desde mis años en la ciudad de Buenos Aires hasta la campaña presidencial y los primeros años en la Casa Rosada, me enorgullecía de estar atento a lo que los argentinos estaban sintiendo y expresando. Me gustaba visitarlos en sus casas, conversar con ellos y respetar lo que tenían para decirme. Esa cercanía me enriquecía como dirigente y me permitía tomar mejores decisiones, porque entendía qué estaban sintiendo, primero los porteños y después los argentinos. Además, me permitía explicarles desde el corazón, y no sólo desde la racionalidad, los desafíos que teníamos y qué quería decir cuando decía que estabilizar la economía era como cruzar un río.

Desde la crisis de 2018, sin embargo, me fui alejando. Me puse a remar como loco para cruzar el río, agobiado por las preocupaciones y los problemas, y abandoné esa conversación tan rica que habíamos tenido. Dejé de explicarles la situación a los que estaban en el bote conmigo. Dos ejemplos de esto son el mensaje corto y técnico con el que anuncié que estábamos pidiendo la ayuda del FMI y el mensaje de tres minutos, unos meses más tarde, en el que comuniqué un segundo acuerdo con el FMI que no estaba firmado. Esas decisiones no se pueden explicar sólo desde lo técnico y lo racional. Debí explicarlas mejor, entendiendo más el contexto histórico y simbólico de estas medidas, y poniéndome más en los zapatos de quienes me escuchaban. Yo tenía claro el rumbo y sabía por qué debíamos avanzar en esa dirección, pero con la crisis tomé una actitud de combate, defensiva, y dejé de comunicarme de la manera en que lo venía haciendo desde hacía años. Perdí la escucha.

La mayoría de los argentinos no tiene una posición política definida ni lo separan de mí diferencias ideológicas profundas. Creo que reconocían mis buenas intenciones y me creían cuando les decía que para lo único que había venido a la política era para ayudar. Que no había venido para enriquecerme o porque me obsesionara tener poder. Pero llegó un momento en el que estos argentinos dejaron de entender el camino que les estaba proponiendo, en buena parte porque se lo estaba explicando racionalmente, como un ingeniero, y no como un líder que los entiende y les está pidiendo su confianza.

Esta falta de diálogo duró hasta las PASO, uno de cuyos efectos positivos fue hacerme reconocer esta situación y volver a escuchar lo que las familias argentinas tenían para decirme. No fue suficiente para ganar la elección, pero al menos me permitió reparar un poco mi relación con ellas.

La segunda crítica profunda que me hago a mí mismo es haber delegado una parte importante de la negociación política. En mi genética como líder político, derivada de mi condición de ingeniero pero también de mi propia personalidad, hay una visión de mí mismo como un hacedor, alguien que ofrece soluciones a problemas concretos. Ha sido parte de mi identidad durante toda mi vida. Quizás por eso, cuando llegué a la Casa Rosada, invertí una parte importante de mi tiempo en transmitir un proyecto de desarrollo federal, viajando por el país como ningún presidente lo había hecho antes. A eso hay que sumarle las más de

40 mesas de productividad, en muchas de las cuales participaba personalmente, sobre Vaca Muerta, la industria de la carne y la logística, entre muchas otras. Participaba con la convicción y el entusiasmo de que así estaba cerca de los protagonistas, ayudándolos a crecer y a generar empleo y oportunidades de progreso para otros argentinos. También dediqué muchas horas a acompañar a los ministros en las mesas de seguimiento, para seguir de cerca sus proyectos. Estuve muy cerca de Patricia en la lucha contra el narcotráfico y la inseguridad, y también dediqué muchas horas a seguir los proyectos de modernización del Estado, para poner todo en internet, sumar transparencia y mejorar los servicios al ciudadano.

Todas estas decisiones me llevaron a delegar la negociación política en Emilio en Diputados y en Rogelio con los gobernadores. Si pudiese volver atrás dedicaría mucho más tiempo a generar relaciones de mayor confianza con parte de la oposición y con los gobernadores, para entenderlos mejor, que ellos me entendieran mejor a mí, y comprometerlos en los acuerdos profundos que necesitábamos. Y dedicaría menos tiempo a la pata desarrollista y de gestión. Para ser justo con Monzó y Frigerio, no sé si hubiera obtenido resultados muy distintos, porque siento que no había —ni hay— vocación genuina de asumir los costos de las transformaciones necesarias. Pero al menos estaría tranquilo conmigo mismo, sabiendo que lo había intentado todo.

Quizás podría sumar a esta lista una tercera crítica a mí mismo, pero no estoy del todo convencido, porque tengo más claro por qué hice lo que hice. Es sobre si debí haber explicado con más profundidad el nivel de crisis en que estaba la Argentina cuando llegamos al gobierno. Sé por qué no lo hice: porque necesitaba generar una ola positiva —entre otras cosas, para sacar el cepo y arreglar el problema de la deuda— y porque no existía en la sociedad argentina ni en sus dirigentes el deseo de saber que estábamos al borde de una crisis. De todas maneras, creo que podríamos haber puesto más énfasis en mostrar que el Banco Central estaba quebrado y sin reservas; que el país no tenía energía; que estábamos en *default*, con la infraestructura envejecida, con las relaciones con el mundo cortadas, salvo con Venezuela, Irán y otros pocos; y que teníamos un Estado desmantelado y superpoblado de militantes. Todo esto lo contamos, incluso dediqué buena parte de mi primer discurso ante la Asamblea Legislativa a contar estas mismas cosas. Pero muchas personas cuya opinión valoro creen que fue insuficiente. Es indudable que no establecimos el punto de la crisis inicial. La duda es si, de haberlo establecido, habríamos podido salir del cepo y el *default*.

De todas maneras, quiero aclarar que los éxitos y los fracasos de mi gobierno son míos y de nadie más. En este libro hice reflexiones sobre el funcionamiento del equipo y de las limitaciones que me impusieron las voluntades de otros. Pero el responsable final, por el lugar que tenía y por haber designado a quienes me acompañaron, era yo. No hay otro responsable.

Una cadena nacional

Cuatro días antes de terminar mi mandato usé por primera vez la cadena nacional de radiodifusión para enviarles un mensaje a los argentinos. En mis años como presidente, muchísimas personas, con la mejor intención, me habían pedido que aprovechara ese canal, como lo aprovechaba Cristina Kirchner, pero hasta esa última semana de gobierno había preferido no hacerlo, precisamente porque sentía que el formato había sido bastardeado por un exceso de uso. Además, cada mensaje que había necesitado dar durante mi gobierno había llegado a los lugares donde debía llegar, replicado por los medios de comunicación o directamente a través de las redes sociales.

De todas maneras, quise cerrar mi mandato con una cadena nacional porque me pareció que era un buen momento para reflexionar y hacer un balance sobre el lugar donde estábamos parados como país después de cuatro años de gobierno. Además, lo veía como un ejercicio de rendición de cuentas institucional, quizás el inicio de una costumbre de nuestra democracia, que ameritaba el uso de la cadena.

Mi objetivo era recordarles a los argentinos que, a pesar de la agitación del último año, por el proceso electoral y las dificultades económicas, también había muchos avances que habíamos conquistado y que marcaban un antes y un después para nuestra vida en común. En estos años, les dije, valoramos nuestras instituciones y fortalecimos nuestra democracia, nuestra Justicia fue más independiente, nuestra prensa fue más libre y estuvimos más integrados al mundo. Estuvimos más seguros frente al delito y al narcotráfico. Y la política fue más decente.

Sabía, por supuesto, que los resultados de nuestras reformas económicas no habían llegado a tiempo. Y lamentaba en el mensaje que no hubiéramos podido recuperarnos de la crisis iniciada un año y medio antes. Pero también sabía, y eso es lo que quise comunicar, que habíamos logrado avances muy importantes en todos los objetivos que nos habíamos puesto al principio del gobierno. Esos objetivos, o ejes, eran mejorar la cultura del poder y la calidad de nuestra democracia, resolver nuestro vínculo con el mundo, combatir el narcotráfico y la inseguridad, impulsar el desarrollo humano más allá de la asistencia, recuperar nuestra energía y nuestra infraestructura, y empezar a corregir los desequilibrios económicos que teníamos desde hacía tanto tiempo.

Empecé hablando del eje de la cultura del poder y la calidad democrática. Cuando comenzamos, una de las primeras cosas que los argentinos me pidieron fue cambiar la manera de relacionarnos. Me decían que estábamos cansados, hastiados de nuestro fracaso para ponernos de acuerdo. Y ese cambio, dije aquel día, ya había comenzado. Estaba aún muy lejos de haber concluido, pero la buena noticia era que ya había comenzado y que no tenía vuelta atrás. No era un logro mío como presidente ni de Cambiemos, sino de todos los argentinos, del que teníamos que sentirnos orgullosos.

Sigo pensando lo mismo. Me alegra haber sido parte del proceso, pero más me alegra y me enorgullece que, más allá de los momentos de gran conflictividad que sin dudas tuvimos, hayamos podido ser un poco más tolerantes, más respetuosos con los que piensan diferente, que hayamos podido reconocer que en nuestras diferencias no reside nuestra debilidad sino nuestra fuerza.

Dije también que ser presidente fue un honor y una responsabilidad inmensa. Y que había intentado estar al servicio de todos, buscando la mejor manera de resolver nuestros problemas, los más antiguos y los más nuevos. Quise escuchar todos los puntos de vista para elegir el mejor y evitar equivocarme. Y cuando me equivoqué, busqué corregir mis errores lo más rápido posible. Y siempre, siempre les dije a los argentinos la verdad, como debe ser en el país que queremos construir.

Vivimos, recordé a continuación, cuatro años de libertad total de expresión y de prensa. Sin guerra contra el periodismo ni ataques del gobierno a quienes piensan distinto. Es un logro colectivo que nos merecemos mantener y que por momentos el gobierno actual parece estar descuidando. En mis años como presidente jamás critiqué a un periodista ni desmentí una información que me pareció incorrecta. También puse fin al uso de la publicidad oficial como una herramienta para premiar o castigar a los medios. En nuestros años el presupuesto de publicidad oficial bajó un 70%.

Dije también que estaba muy orgulloso de las mejoras que hicimos en la Justicia. Dejamos una Justicia que funcionaba mucho mejor que cuatro años antes, con procesos más rápidos, más cercanos a los ciudadanos y a las víctimas del delito. Dejamos también más de 300 jueces y fiscales designados por concurso y aprobados por el Senado. Mencioné dos ejemplos de estas mejoras: los juicios civiles, que antes tardaban 5 años y, gracias a los cambios que impulsamos, como las audiencias orales, ahora sólo tardan un año y cuatro meses; y el nuevo Código Procesal Penal, que ya está funcionado en Salta y Jujuy, y donde en dos semanas se resuelven casos por narcotráfico que antes podían tardar hasta 3 años. Respeté la independencia de los jueces y les di herramientas para que puedan investigar mejor. La Ley del Arrepentido es una de esas herramientas. La Ley de Flagrancia, que permite resolver casos en pocos días, es otra.

Después quise dejar en claro que el Estado nacional de 2019 funcionaba mucho mejor que el de 2015. Cuando llegamos encontramos un Estado sin información ni estadísticas, todo en papel, con poca capacidad de ejecución, que atendía mal a los ciudadanos y gastaba mal la plata de los argentinos. Y en el que era difícil detectar a los corruptos.

Cuatro años después teníamos un Estado no perfecto pero sí más eficaz, con información pública y estadísticas confiables. Con más tecnología y ejecución (ya no hay más papel), que atendía mejor a los ciudadanos, como en Anses o el Pami, usaba mejor la plata de los argentinos y era mucho más transparente. Los argentinos hoy pueden llevar el DNI y otros documentos en su celular, gracias a un desarrollo nuestro, y hasta hace unos meses (el nuevo gobierno lo tiene bloqueado) podían abrir una empresa en un día desde el teléfono. Todas las compras y todas las decisiones quedan registradas, y pueden estar al alcance de los ciudadanos gracias a la Ley de Acceso a la Información Pública, que también sancionamos nosotros. En abril de 2020 se supo que el gobierno actual había pagado sobreprecios en la compra de alimentos. Eso pudo conocerse gracias a algunas de estas reglas de transparencia que quedaron de nuestro mandato.

Además, fuimos el gobierno más federal en mucho tiempo. En nuestros cuatro años entregamos fondos y obras a todas las provincias, aunque los gobernadores fueran de otro partido. Con todos tuvimos buen diálogo y solucionamos problemas concretos, como el Fondo del Conurbano, que llevaba casi 20 años. O los aportes de las provincias a Anses, otro conflicto que llevaba 25 años. Dejamos un Estado en el que las provincias ya no estaban sometidas a la chequera del gobierno nacional, sino que tenían derecho a recibir sus fondos automáticamente. Cuando llegué, muchas provincias no tenían ni para pagar los sueldos, pero al final de mi mandato estaban casi todas saneadas. Cuando llegamos, el 40% de los impuestos nacionales iba a las provincias. En 2019 fue el 50%. Este esfuerzo fue reconocido por casi todos los gobernadores peronistas. Los gobernadores de Juntos por el Cambio, en cambio, dicen que la situación ha empeorado, y que otra vez tienen que rogarle a la Casa Rosada parte de los fondos que les corresponden. El manotazo ilegal e inconsulto a la ciudad de Buenos Aires es el mejor ejemplo de la nueva tendencia.

Recordé después que había recibido un Indec que manipulaba y escondía la información sobre cómo vivíamos los argentinos. Y estadísticas falsas o inexistentes en muchas áreas. Después de cuatro años dejé un Indec creíble y profesional, estadísticas reconocidas en seguridad y educación, y una cultura de gobierno abierto y de acceso a la información. El gobierno actual tuvo la ventaja —que yo no tuve— de tener estadísticas creíbles para saber desde el primer día dónde estaba parado.

El segundo eje que mencioné fue el de la infraestructura. Cuando llegamos recibimos un país sin energía y con una infraestructura vieja, que no permitía conectar a los argentinos entre sí ni con el resto del mundo. En 2015 la energía estaba en una situación dramática. Habíamos pasado de ser un país exportador a un país importador, faltaban inversiones desde hacía años, había cortes de luz recurrentes y casi no existían las energías renovables. Cuatro años después todos esos problemas estaban arreglados, gracias a medidas que tomamos y también gracias al esfuerzo de todos los argentinos.

En mi mandato volvimos a exportar gas después de 11 años y en 2019 alcanzamos el equilibrio en la balanza energética: exportar lo mismo que importamos. Esto significa un ahorro muy importante para el país, que el gobierno siguiente podía aprovechar, pero no lo hizo. También aumentamos casi un 30% la capacidad eléctrica, gracias a plantas nuevas y a las energías renovables. Esto ya nos permitió bajar un 40% los cortes de luz y dejarle al sistema una capacidad de reserva muy superior a la anterior, capaz de adaptarse a la demanda en los días de mucho calor. Si en su primer verano como presidente Alberto Fernández no sufrió apagones en los días más calurosos fue gracias a todos estos cambios en el sector eléctrico.

Además, recordé, pusimos en movimiento a Vaca Muerta, que estaba casi paralizada. La actividad en Vaca Muerta se multiplicó por cuatro en nuestros años, con inversiones por varios miles de millones de dólares y la posibilidad, cada vez más cercana, de convertirnos en un país con energía abundante y accesible para todos. La producción de gas no convencional se multiplicó por tres y la de petróleo no convencional, por cuatro. Una parte clave de este proceso fue el impulso a las energías renovables, que cuando llegamos aportaban menos del 2% de nuestra electricidad y cuando nos fuimos ya teníamos días en los que aportaban más del 15%.

Dejamos un país con más energía, con inversiones en marcha, con gas natural en el Noreste, que antes no tenía, con una tarifa social para 3 millones de hogares y con una matriz menos contaminante y mejor preparada para el cambio climático. Un año después el proceso de seguridad energética parece estancado: Vaca Muerta tiene menos de la mitad de actividad que hace un año y existe una gran incertidumbre sobre el futuro del sector, en parte por el efecto de la pandemia y en parte por decisiones del propio gobierno.

En infraestructura, continué, pusimos en marcha un plan ambicioso, en todo el país, para actualizar rutas, trenes y aeropuertos que habían quedado obsoletos. Después de cuatro años dejamos 700 kilómetros de autopistas terminadas y otros 1600 kilómetros en marcha. Y más de 16 000 kilómetros de rutas nacionales pavimentadas y mejoradas. Mejoramos también un sistema de trenes de carga que llevaba 90 años de decadencia. Cuando dejé el gobierno, el Belgrano Cargas transportaba el triple de toneladas que cuatro años antes, en buena parte gracias a los 900 kilómetros de vías que recuperamos.

Un dato importante que quise destacar es que todas las obras —algunas icónicas y esperadas mucho tiempo, como el Paseo del Bajo— las hicimos con transparencia, sin corrupción y precios más bajos para el Estado, las empezamos y las terminamos. Por ejemplo, a nosotros, cada kilómetro de autopista nos costó 2,5 millones de dólares. Antes costaba 4,7 millones, casi el doble.

Dejamos también en pie una revolución en nuestra manera de volar y de conectarnos como país, encarada con audacia y coraje por Guillermo Dietrich y su trabajo en equipo con Gustavo Santos. Cuando llegamos, volar era un privilegio para pocos, casi todas las rutas pasaban por Buenos Aires y Aerolíneas estaba en una situación crítica. En mis años aumentó casi un 60% la cantidad de gente que viajó en avión por el país. Calculamos que más de un millón de argentinos viajaron en avión por primera vez. Este proceso también parece detenido, o directamente en retroceso. Más allá de las restricciones debidas a la pandemia, el gobierno parece querer volver al modelo de tarifas altas, vuelos para pocos y menos competencia, con subsidios de los pobres a los ricos. El cierre de El Palomar, un símbolo de la nueva época, muestra la triste dirección en la que estamos yendo.

Dejamos, también, un país entero conectado a internet, que antes sólo estaba conectado parcialmente. Llevamos internet a los pueblos más chicos y a los lugares donde antes no llegaba. La cantidad de hogares con internet fija aumentó un 43% y el 4G llegó a donde vivía el 93% de los argentinos. La red de fibra óptica de Arsat, que sólo tenía 6000 kilómetros operativos cuando llegamos, tiene hoy 30 000 kilómetros en funcionamiento. Esta mayor conexión a internet terminó siendo fundamental para las exigencias del aislamiento social y obligatorio sobre las familias argentinas, que pudieron seguir conectadas —estudiando, trabajando, hablando con sus amigos— en los momentos de las restricciones más duras. Otra vez, y perdón si me pongo reiterativo, el gobierno está dando marcha atrás con este tema. Su intervención en el sector de las telecomunicaciones va a llevar a menos inversión y, en el mediano plazo, a menos conexión para los argentinos.

El tercer eje fue el desarrollo humano. Empecé reconociendo que la protección social es una política de Estado en la Argentina, que cuatro años antes había prometido mantenerla y ampliarla y que eso es lo que había hecho. Creo en los programas universales y creo que el Estado debe ayudar a las familias que lo necesitan. Mis diferencias con lo que propone el kirchnerismo son dos. Por un lado, creo que los planes deben ser puentes hacia el empleo. No pueden durar eternamente. Y la segunda es que cada familia beneficiaria debe tener relación directa con el Estado, sin intermediarios ni clientelismo. En mi mandato avanzamos mucho en estos dos planos, aunque no tanto como hubiéramos querido.

Estoy muy orgulloso de los progresos que hicimos en educación. Creo en la educación pública y por eso iniciamos una serie de reformas para mejorar su calidad. Cuando llegamos vimos que no había sistemas de evaluación, que se habían alterado las estadísticas y que los maestros y las provincias no sabían si lo que hacían estaba funcionando. Lanzamos las Pruebas Aprender, para ver dónde estábamos parados, y a partir de ahí planteamos una serie de mejoras que tuvieron un éxito instantáneo. En 2018 la cantidad de alumnos con buen rendimiento en Lengua mejoró casi 9 puntos, del 66 al 75%. En 2020 deberían verse las mismas mejoras en matemática, donde desde 2018 empezamos a cambiar todo el método de enseñanza. Dejamos también sistemas de enseñanza de programación, robótica e inglés en todo el país, que están ayudando a nuestros chicos a estar más preparados y mejor conectados con el mundo del futuro. La Unesco dice que somos uno de los cinco países que mejor enseñan herramientas digitales.

En nuestros años acompañamos la creciente demanda de igualdad entre hombres y mujeres que viene de la sociedad. Tomamos medidas importantes para combatir la violencia de género y elaboramos el primer plan integral de igualdad. Habilitamos un debate amplio y respetuoso sobre el aborto y sancionamos varias leyes, como la Ley Brisa, que cuidan mejor a las víctimas de la violencia de género. También lanzamos con éxito el primer programa nacional para combatir el embarazo adolescente no intencional. Trabajamos con diez provincias para fortalecer la educación sexual y facilitar el acceso a métodos anticonceptivos de larga duración. Este programa lo supervisé personalmente, con reuniones todos los meses, y fue una gran satisfacción para mí, porque nos permitió bajar más de un 20% los nacimientos de madres menores de 19 años. Ojalá el programa pueda ampliarse pronto a todo el país.

En el Pami el cambio que logramos fue realmente impresionante. Cuando llegamos era un organismo conocido por la corrupción y por la mala atención a sus afiliados. Cuatro años después estaba saneado económicamente, peleaba mejor sus precios con los laboratorios, era transparente y, lo más importante, mejoró la calidad de vida de 5 millones de jubilados. Los afiliados al Pami hoy tienen beneficios que no ofrecen otras obras sociales o prepagas, como la receta electrónica, que lanzamos el año pasado y debería llegar pronto a todo el país. Y gracias a que negociamos mejores precios, los jubilados pagaban por sus medicamentos un 30% menos que los afiliados de otras obras sociales.

En la cadena conté también que dejamos una política ambiental contemporánea, alineada con la del resto del mundo. Creamos nueve parques nacionales y áreas protegidas, como los de Esteros del Iberá y Traslasierra, más que ningún otro gobierno. Además, empezamos la obra más importante en 70 años para limpiar el Riachuelo.

El cuarto objetivo de nuestro gobierno fue resolver nuestra relación con el mundo. Cuando llegamos estábamos aislados, teníamos pocos aliados y una política exterior basada en la confrontación y la desconfianza. El Mercosur estaba estancado, sin progresos, y teníamos una de las economías más cerradas del mundo. Dejé, después de cuatro años, una Argentina integrada en las conversaciones globales, protagonista y respetada, como vimos, por ejemplo, en la cumbre del G-20.

En esos años lideramos la condena a las violaciones a los derechos humanos en Venezuela y defendimos la democracia en la región. Dejamos un Mercosur más fuerte y acuerdos comerciales importantes, con la Unión Europea y otros países, que nos pueden permitir incorporarnos a la globalización con tiempo y una hoja de ruta clara. Aquel día le pedí al gobierno entrante que no perdiéramos eso, que no volviéramos a refugiarnos dentro de nosotros mismos creyendo que podemos desarrollarnos sin salir al mundo. Las señales del último año son negativas. Más allá de la crisis generada por la pandemia, el gobierno parece querer retroceder en el acuerdo con la Unión Europea y otras negociaciones comerciales. Sería una pena.

Uno de los ejes más importantes de mi gobierno —y así lo dejé claro en la cadena— fue la lucha contra la inseguridad y el narcotráfico. Quisimos que las familias argentinas volvieran a sentirse seguras en sus barrios, que el Estado recuperara la autoridad sobre las fronteras y las zonas tomadas por el narco. Y lo logramos. Cuando llegamos había una sensación de derrota en la lucha contra el narcotráfico, como si fuera una lucha perdida, que no valía la pena. Las fuerzas de seguridad estaban desmotivadas y sin coordinación. Y se había perdido la cooperación con otros países.

Después de cuatro años dejamos unas fuerzas federales ordenadas y profesionales, respetadas por la sociedad y respetuosas de la ley, con un rol claro y comprometidas en servir a la sociedad. Y dejamos una sociedad en paz, con menos delitos. En nuestros años bajaron más de un 30% los homicidios, casi desaparecieron los secuestros, hubo menos denuncias de robos y récords históricos de incautaciones de droga. Esta lucha debería continuar, pero la falta de coordinación que vimos en estos meses y algunas acciones de los funcionarios a cargo muestran una intención de volver hacia atrás, hacia políticas que fracasaron. Ojalá sea sólo parte del proceso de aprendizaje.

El sexto eje era el de la economía. Les expliqué a los argentinos algo parecido a lo quise desarrollar en este libro, aunque sin la perspectiva de este año de reflexión. Dije que, aunque los resultados de nuestras reformas no habían llegado a tiempo, me estaba yendo de la presidencia con una economía mejor preparada para crecer de la que había recibido. Lo sigo creyendo.

Me despedí reconociendo que habían sido cuatro años en los que los argentinos aprendimos a mirar de frente nuestros problemas. Cuatro años de aprendizajes, de logros concretos y de una madurez de la que estaba —y sigo estando— profundamente orgulloso. Nunca tuve dudas de lo que este país podía y puede. Los dirigentes somos circunstanciales. Y eso es algo que todos los líderes debemos tener en claro: no se trata de nosotros, se trata de millones de personas que quieren vivir de otra manera y tienen derecho a hacerlo.

Prometí seguir acompañando a los argentinos desde la oposición, siempre de manera constructiva y responsable, y creo que he cumplido. No tenía ninguna intención en ese momento, y sigo sin tenerla, de poner trabas a propuestas sensatas y transparentes. Me emocioné al decirlas, y me vuelvo a emocionar ahora al recordarlas, con las palabras finales del mensaje: «Este fue el honor más grande de mi vida y me siento bendecido por su cariño y por su confianza. Hasta pronto».

Después del resultado

El clima en el búnker el domingo 27 de octubre fue completamente diferente del que habíamos vivido el 11 de agosto. Fue extraño. Pese a la derrota, todos sentimos que habíamos tenido un cierto éxito muy difícil de definir.

Del 33% en las primarias habíamos crecido hasta casi tocar el 41%, en una de las elecciones más polarizadas de las que tuviéramos memoria. Nuestros rivales perdieron 1 punto y nosotros recuperamos 8. Obviamente queríamos ganar y continuar el proceso de cambio iniciado en 2015, pero a la vez sabíamos que habíamos dejado todo en la cancha. Habíamos crecido más de 3 millones de votos, una cantidad que, si bien insuficiente para pasar a la segunda vuelta, según la curiosa reglamentación del balotaje vigente en nuestra Constitución, nos dio la fuerza necesaria para que Juntos por el Cambio asumiera el desafío de ser la gran alternativa al populismo en nuestro país. Somos ya 10 805 634 ciudadanos comprometidos con los valores de la libertad y las instituciones. Tal vez eso hizo que el dolor por no seguir haya quedado en parte compensado por la solidez y la consistencia que conquistamos juntos. Esa noche nos fuimos a dormir tristes pero a la vez satisfechos.

Esa misma noche llamé a Alberto Fernández para felicitarlo y lo invité para vernos al día siguiente en la Casa Rosada. Mi voluntad era llevar adelante una transición ejemplar entre todos los equipos, los suyos y los nuestros, y poner a su disposición toda la información del Estado. Tenía claro que mi rol a partir de ese momento consistía en hacer todo lo que estuviera a mi alcance para llegar de la mejor manera posible al 10 de diciembre.

En aquella primera reunión Fernández me dijo que quería terminar con los enfrentamientos y que deseaba generar un espacio de diálogo. Al mismo tiempo, insistió con su idea de que había existido una persecución contra Cristina Fernández. Sobre este punto fui tajante, como lo he sido siempre: no hubo por parte de nuestro gobierno ningún intento de perseguir a nadie.

Los jueces actuaron como actuaron con total independencia. El presidente electo me dijo que no quería que Comodoro Py fuera el árbitro de los conflictos entre los políticos y que su voluntad era proponer una reforma profunda al sistema judicial, con un nuevo procurador y cambios en la Corte Suprema. Mi respuesta fue que nuestra fuerza política estaba dispuesta a discutir este y cualquier otro tema trascendente en el momento en que lo considerara oportuno. Días después y sin mediar ninguna negociación envió el nombre de Daniel Rafecas como nuevo procurador. Meses después, el proyecto de reforma enviado al Congreso resultó completamente inoportuno, en plena cuarenta, y pareció, antes que otra cosa, destinado a garantizar la impunidad de quienes estuvieron implicados en causas de corrupción durante el gobierno kirchnerista anterior.

Lamentablemente estas buenas intenciones quedaron sepultadas con la designación de Carlos Zannini como procurador del Tesoro y todo lo que vino después. A los pocos días comenzaron las persecuciones judiciales a distintos integrantes de Juntos por el Cambio, a mi familia y a mí mismo. Aquel «Ministerio de la Venganza», con el que había fantaseado Hugo Moyano durante la campaña, empezaba a hacerse realidad.

Las seis semanas que nos quedaban por delante desde aquel encuentro me parecieron interminables. Un sentimiento muy fuerte de responsabilidad institucional me atrapó por completo. Mi objetivo final era administrar junto con Fernández una transición ordenada y ejemplar, otra de las cuentas pendientes de nuestra democracia.

La transición de una administración a otra implica una responsabilidad mayor por parte del que se va que del que llega. Les indiqué a todos mis colaboradores que aspiraba a una transición ejemplar. Queríamos reunirnos con todos y brindarles toda la información que nos solicitaran. Pero a ellos les costó mucho acercarse. En la mayoría de los ministerios no hubo contactos con las autoridades entrantes o los hubo recién en las últimas horas antes del 10 de diciembre. Parecían tener instrucciones de evitar mostrar una imagen de colaboración de parte de nuestra gente. Tal vez porque para el propio Alberto Fernández o para Cristina Fernández una transición como la que nosotros buscábamos implicaba algún grado de reconocimiento a nuestro gobierno.

Se trataba de mi segunda transición. La primera había sido cuatro años antes, como presidente electo y con Cristina dejando el cargo. Aquella había sido la negación de la propia idea de transición democrática. Recuerdo que, cuando faltaban diez días para el traspaso del mando, le propuse que los ministros ya designados pudieran ir reuniéndose para recibir la información de sus áreas. Su respuesta fue deprimente: «Sí, claro, el 11 de diciembre la empezamos». La discusión sobre el traspaso de los atributos del mando en el Salón Blanco de la Casa Rosada, como mandan la historia, la tradición y el protocolo había sido delirante. Y la llegada a Olivos me demostró que su capacidad de negación de la realidad era mayor de la que imaginaba. Me dijo que había dejado la residencia en perfecto estado y cuando llegamos con Juliana descubrimos que estaba venida abajo por completo, con las instalaciones abandonadas y los jardines descuidados, llenos de plantas secas y árboles muertos.

Como la mayoría de los argentinos, en aquellas semanas finales yo era consciente de las tensiones indisimulables que existían dentro de la fuerza política que había ganado. Y en ese marco volvimos a dialogar con el presidente electo, esta vez por teléfono, a propósito de la marcha de la economía. Ese día Fernández había emitido un *tweet* horrible, en el que atribuía a Marcos Peña la instalación en las redes sociales de noticias que circulaban por entonces acerca de su salud. Como ya dije, la cuestión del uso de las redes alimentó muchos mitos, todos ellos falsos.

No era la primera vez que el kirchnerismo construía un enemigo imaginario. Desde siempre sus líderes tuvieron una inclinación por las teorías conspirativas. Cuando nos vimos después de las PASO Fernández me dejó perplejo al sostener, convencido, que Marcos Peña y Jaime Durán Barba habían generado la suba de los papeles argentinos en Wall Street el viernes anterior a la votación, y que también habían sido los responsables de su caída estrepitosa el lunes siguiente. Le dije que me parecía increíble que pensara que Marcos y Jaime podían tener tanto poder como para manejar los mercados desde Buenos Aires. Fernández no podía admitir que las decisiones de comprar o vender en los mercados son tomadas por personas a partir de sus propios análisis.

Cuando el interlocutor cree que hay una conspiración en su contra la conversación se vuelve muy difícil. Una y otra vez volvimos a discutir sobre el kirchnerismo y sus antecedentes, sobre su identificación con la Venezuela de Chávez y Maduro, sobre el pánico que su regreso al poder había generado en todas partes. A veces con buenos modos y otras de manera verborrágica y algo violenta, Alberto me respondía que eso era un invento nuestro. Yo le recordaba que él mismo había sido uno de los mayores críticos del gobierno de Cristina Fernández. A veces se volvía algo agotador y evitaba pelear para no empeorar las cosas.

En aquellos primeros días de noviembre tuvimos nuestro último y muy especial Gabinete Ampliado. Estas reuniones venían desde los tiempos del gobierno de la ciudad de Buenos Aires y fueron siempre un espacio muy valioso para mí. Me permitieron hablar directamente, sin mediadores, con todos los funcionarios, desde los directores nacionales hasta los ministros. Por supuesto, aquel fue extremadamente emotivo. Para entonces, aquel sentimiento inicial de satisfacción postelectoral se había diluido y las caras de los cientos de funcionarios que me acompañaron esa tarde eran de abatimiento y tristeza.

No sé de dónde saqué las fuerzas para hablarles. No podía dejar de agradecerle a cada uno el esfuerzo por esos años que compartimos detrás del sueño de cambiar la Argentina. Les dije que, aun cuando el resultado no había sido el esperado, podíamos volver a casa orgullosos por lo logrado, aun con los aciertos y los desaciertos que hubiéramos tenido. Habíamos gobernado sin abusar del poder, lo habíamos hecho con honestidad y volvíamos al llano con las manos limpias, con toda humildad y generosidad. Pude ver las lágrimas de muchos. Había una victoria de la que todos habíamos sido parte: demostramos que el cambio es posible y que el tiempo de la resignación había quedado atrás para siempre.

Pocos días después, en Bolivia, la crisis posterior a un posible fraude en las elecciones presidenciales produjo la caída de Evo Morales, que derivó en una nueva polémica con Alberto Fernández. Lo que para muchos era una situación traumática y compleja, para Fernández había sido un golpe de Estado clásico. Fernández quería que la Argentina le brindara asilo político inmediato a Morales. Nosotros, en cambio, queríamos empujar a la dirigencia política boliviana a resolver su crisis manteniendo el orden constitucional y sin intervención desde el exterior. Si había una orden de detención contra Morales, le dije, podría ser considerado el pedido del presidente electo. Si no, sería una intromisión en los asuntos internos de Bolivia, algo que no correspondía. Finalmente, ayudamos a los familiares de Morales a llegar a la Argentina, cosa que Fernández reconocería después públicamente, y Morales se asiló en México.

El fin de semana siguiente viajamos a Córdoba con Juliana

y Antonia. Lo que ocurrió allí fue tremendo y movilizador. El plan era pasar el fin de semana largo tranquilos, con amigos, después de la intensidad de los meses anteriores. Estuvimos en Villa Allende y en Mendiolaza con la idea de jugar un poco al golf y descansar. Fue maravillosamente imposible. En cada lugar viví escenas increíbles de euforia y cariño por parte de los cordobeses. Recuerdo cuando el Gato Romero me quiso llevar a una plaza y en cuanto bajé del auto y puse un pie en la vereda una marea humana casi me aplastó mostrándome que el amor seguía vigente.

Los días finales los dediqué a monitorear que la economía no se desmadrara y a reunirme con todo el equipo. Quise acompañar a cada uno en el cierre de su gestión y darles ánimo para lo que vendría. Pasé por la COP25, la gran reunión multilateral de las Naciones Unidas donde se discuten las cuestiones vinculadas con el cambio climático. La reunión se había trasladado desde Santiago de Chile a Madrid, producto de las movilizaciones, muchas de ellas violentas, que venían sacudiendo por entonces a nuestro país hermano.

En 1916 Hipólito Yrigoyen sucedió a Victorino de la Plaza en las primeras elecciones llevadas a cabo bajo la Ley Sáenz Peña, que había establecido el voto secreto y obligatorio. En esa elección histórica, la Unión Cívica Radical llegó por primera vez al poder después de años de lucha democrática. Tras el primer mandato completo de don Hipólito, otro radical, Marcelo Torcuato de Alvear, lo sucedió y completó su período, por entonces de seis años. En 1928 volvió Yrigoyen y en 1930 fue derrocado por un golpe militar, el primero de la larga y dolorosa serie que para muchos marcó el inicio de nuestra decadencia institucional. Con el peronismo proscripto, tanto Arturo Frondizi como Arturo Illia sufrieron golpes de Estado que les impidieron completar sus mandatos. Y tras la recuperación democrática, ni Raúl Alfonsín ni Fernando de la Rúa pudieron completar sus períodos constitucionales. Alfonsín debió adelantar la entrega del poder a Carlos Menem y De la Rúa apenas pudo cumplir poco más de dos años de su mandato. Ambos debieron dejar la Casa Rosada en situaciones muy dramáticas.

Sólo el peronismo había sido capaz de garantizar la gobernabilidad de sus presidentes. Así, tanto Carlos Menem como Néstor y Cristina Kirchner lograron completar sus mandatos. Parecía existir una maldición sobre las fuerzas o coaliciones no peronistas. Por eso considero que haber cumplido nuestro período constitucional implicó un salto cualitativo de nuestro sistema político. Y esto no fue un logro mío ni de Cambiemos, sino de todos los argentinos.

Aún me quedaba un último golpe a la emoción, el sábado 7 de diciembre a la tarde. El escenario fue otra vez la Plaza de Mayo, colmada de argentinos que habían llegado para despedirnos del gobierno, pero no del compromiso y la lucha por nuestras ideas. Yo quería dejar bien en claro que dejábamos el poder con la frente bien alta, tal como se los había transmitido a cada uno de los funcionarios con los que me había reunido en esos días. Habíamos llegado por el voto de la gente y nos íbamos con la responsabilidad de representar los valores y las convicciones de más del 40% de nuestros compatriotas.

Pude ver a algunos ministros, legisladores y funcionarios junto a sus familias entremezclados con la gente. La tristeza se había vuelto satisfacción otra vez. La tarde se estiraba entre abrazos y buenos deseos para todos. Desde el pequeño escenario montado en la plaza hablé de la angustia que probablemente muchos sentían, pero les dije que teníamos que estar tranquilos, porque íbamos a seguir estando todos juntos. «Más juntos que nunca», como decía la convocatoria de aquella tarde.

Desde allí hablé por última vez como presidente de la Nación para decirle a Alberto Fernández que en nosotros encontraría una oposición constructiva y no destructiva, una oposición firme y severa que iba a defender la democracia, la calidad institucional y nuestras libertades. Estoy feliz de no haberme equivocado y de haber visto en los meses siguientes y en condiciones muy difíciles a los hombres y las mujeres de Juntos por el Cambio cumpliendo palabra por palabra con aquel mensaje.

Faltaban apenas setenta y dos horas para el final del primer tiempo.

Epílogo

Antes del segundo tiempo

Leo y releo este libro y me doy cuenta de que esta es la historia de muchos aprendizajes: del mío y del de una enorme cantidad de argentinos. La experiencia de 2015-2019 me deja muchos motivos de orgullo. Es el momento de ponerla en valor. Con todos sus menos. Pero sobre todo con sus más, que fueron muchos y muy valiosos.

Estuve ahí. Tomé decisiones creyendo que eran las mejores para cada momento. El gobierno es una tarea de una enorme complejidad. No es fácil percibirlo desde afuera. A veces las críticas parecen olvidar lo que fueron las condiciones reales en las que nos hicimos cargo del poder. Modificar una cultura del Estado y también de buena parte de la sociedad lleva mucho tiempo. No es tan simple como tomar una o dos medidas. Lo digo a partir de la experiencia. Pero también estoy convencido de que dimos los pasos iniciales, los más importantes, para mostrarles a los argentinos que hay otro camino y que, si trabajamos juntos, podemos recorrerlo.

Hay una generación entera que se animó, se comprometió y aprendió el funcionamiento del Estado. Que puso en práctica esa nueva cultura del poder de la que tanto me gusta hablar. Que hoy está más segura que nunca de la importancia y la urgencia de cambiar la Argentina.

2023 no es 2015. Parece un juego de números pero no lo es. El gobierno que me sucedió, con su combinación inédita de improvisación e ineficacia, generó las condiciones para un gigantesco avance de la pobreza y la exclusión. Y la pandemia no es un atenuante. Al contrario, su pésimo manejo hizo aún peores todos los indicadores sociales. Estamos siendo testigos del fracaso definitivo del populismo.

Uno a uno los logros que tuvimos se destruyeron: la energía, las telecomunicaciones, la Justicia independiente, la educación, la modernización y la transparencia. Los argentinos pudimos ver que algunas cosas que hicimos funcionaron hasta que el gobierno kirchnerista comenzó a desmantelar esos logros, que no son míos sino que nos pertenecen a todos los argentinos.

Lo mismo pasa con el federalismo que supimos construir, con desarrollo local en todo el país. Tenemos que seguir avanzando en esa dirección, mostrarle a una provincia como Chubut, por ejemplo, que puede dejar de vivir del empleo público y alcanzar su enorme potencial en minería, energía, pesca, agroindustria y turismo. Sé que muchas provincias extrañan la actitud federal de nuestro gobierno y esperamos volver a darles otra oportunidad.

El final del populismo es también el final de cualquier tipo de autoridad moral para continuar recomendando las recetas de consumir los stocks y luego no poder reponerlos, de intromisión en la vida cotidiana de los ciudadanos, de repartir lo que no se tiene, de cercenar libertades básicas. El fracaso populista generará una valoración aún mayor de nuestras ideas.

Nosotros somos los que queremos modernizar la Argentina. Y aunque somos muchos, tenemos que ser aún más. Al principio del libro contaba que me considero un optimista a toda prueba. Por eso creo que la salida no es irse sino seguir peleando por los argentinos que compartimos la cultura del trabajo, del cumplimiento de la palabra, por los que están a favor de la innovación y del emprendimiento; todos vamos a ser más necesarios que nunca. Los que queremos reconstruir el país al que llegaron tantos inmigrantes y donde el futuro estaba en las manos de cada uno y fueron capaces de lograrlo.

Aprendí que el tiempo es el recurso más escaso de un presidente. Hoy creo que debí poner más el foco en lo prioritario, que en 2015 estaba simbolizado por el déficit fiscal enorme que recibí, la crisis silenciosa producto de años de generación de deudas que hicieron vivir en una ficción a millones de argentinos. Y por supuesto, debería haber dedicado más tiempo a lograr el acuerdo por las reformas que el kirchnerismo una y otra vez rechazó.

Llegamos al gobierno en 2015 con lo justo, sin un número significativo de gobernadores y en minoría en el Congreso. Hoy ya no somos los mismos. Contamos con una enorme experiencia acumulada, con un aprendizaje colectivo que me llena de orgullo. Tenemos la oportunidad de las elecciones de medio término, en las que mejoraremos nuestra representación parlamentaria para contar con la cantidad necesaria de diputados y senadores que nos permitan ya no sólo frenar las irresponsabilidades del gobierno, sino también imponer nuestra propia agenda.

Pero lo más importante, como siempre, está en la gente. Los que se levantan a trabajar todos los días y que ven que su propia economía familiar no está funcionando. Que no hubo asado en la parrilla, que pronto no habrá ni luz ni heladera. En esa enorme mayoría de argentinos que entienden que su futuro pasa por su trabajo y su esfuerzo personal. El Cambio está ahí.

Mi trabajo como expresidente es silencioso. Consiste en ayudar a que sigamos juntos y en empujar el crecimiento de todos los nuevos liderazgos políticos y sociales que compartan nuestros valores. Pero cuidado: mi silencio no es complacencia. Voy a seguir levantando mi voz cuando los arrebatos del gobierno lo hagan necesario. Haber sido presidente de la Nación me obliga a buscar la manera de conversar con honestidad con cada argentino. Explicar lo que aprendimos y mostrar que nuestros valores están más vigentes que nunca. Hoy creo que esta es la razón más importante de este libro.

Mantengo todos mis sueños intactos. Quiero ayudar a que cada uno sea libre de ser el artífice de su destino. Quiero que la iniciativa privada sea el motor del desarrollo argentino. Quiero la mejor educación, la mejor seguridad y la mejor Justicia para mis compatriotas. Creo que estamos más cerca de lo que parece de hacerlos realidad.

Y entonces vendrán nuevas metas en esta carrera sin fin por ser el país que nos merecemos. El fútbol me enseñó que ser campeón es maravilloso. Pero lo mejor de salir campeón sucede al jugar cada partido. Se trata de ir cumpliendo una meta tras otra. Nuestro país puede lograrlo y el requisito es poder construir juntos una tierra previsible como nunca lo fuimos, donde podamos vivir un futuro con mayores certezas. Cada día un poquito mejor. Un espacio de convivencia y felicidad diferente del que hoy tenemos, más pacífico, sin atajos y sin milagros, con esfuerzo y con trabajo.

Este es el rumbo. Allá vamos.

Agradecimientos

A todo el equipo de gobierno, muchos de cuyos integrantes contribuyeron con información de sus áreas a estas páginas.

A Pablo Avelluto y Hernán Iglesias Illa, que me ayudaron a encontrar las palabras precisas para transmitir mis ideas y recuerdos.

A Jorge Ahumada y Fernando Marín, que leyeron los primeros borradores y me dieron sus visiones críticas.

A Ana Moschini, Darío Nieto, Julieta Herrero y Nicolás Gimbatti por su colaboración.

Y por supuesto, a Juliana y a mis hijos, que comprendieron desde el primer momento la importancia de este proyecto para mí.